P. G. Maxwell-Stuart

HEXEN

Wahn und Wirklichkeit
von der Antike bis heute

P. G. Maxwell-Stuart

HEXEN

Wahn und Wirklichkeit von der Antike bis heute

Magnus Verlag

Aus dem Englischen von Hans-Bernd Seppi

Die englische Originalausgabe erschien 2000/2001
unter dem Titel „Witchcraft – A History" bei
Tempus Publishing, Stroud.

Umschlag: Punkt für Punkt GmbH, Düsseldorf
nach einer Idee von H. J. Jungfleisch.

Umschlagbild: Sophia Salzwedel
nach einem Holzschnitt von Hans Baldung, genannt Grien.

Satz: Punkt für Punkt GmbH, Düsseldorf

ISBN 3-88400-023-3

Inhalt

Vorwort

Die Hexenkunst ist wahrlich kein leichtes Thema, um darüber zu schreiben. Das hängt zum einen damit zusammen, daß schon der Begriff an sich schwer zu bestimmen ist. So hat man auf der Grundlage anthropologischer Studien nichteuropäischer Völker versucht, zu unterscheiden zwischen Zauberei als dem Individuum angeborener und von den Eltern und Großeltern weitergegebener Kraft einerseits und der Hexerei als dem Ergebnis magischer Techniken, die man lehren und damit lernen kann, andererseits. Solch eine Unterscheidung ist jedoch auf dem Hintergrund der westeuropäischen Hexerei schwerlich durchzuhalten, besonders, wenn man an die Zeiten des Mittelalters und der frühen Neuzeit denkt, die der Abendländer für gewöhnlich beide sowohl mit Zauberei wie mit Hexerei in Verbindung bringt.

Deshalb ist es wirklich einfacher, zu unterstellen, daß Hexerei das ist, was eine Hexe macht, und eine Hexe wiederum jemand ist, der zu seiner Lebenszeit im Einklang mit den bestehenden Gesetzen und örtlichen Anschauungen seines Lebensraumes als eine solche betrachtet wird. Denn obwohl Theologen und Rechtsgelehrte im Laufe des 15. Jahrhunderts eine Arbeitshypothese entwickelten, die dann auch, mit Änderungen, durch das 16. bis ins 17. Jahrhundert Bestand hatte, wechselten die magischen Praktiken, deren jemand beschuldigt werden konnte, von Zeit zu Zeit und von Ort zu Ort zuweilen beträchtlich.

Mehr noch geben die Begriffe „Hexe“ und „Hexerei“ einen falschen Eindruck von dem wieder, was jemand, der Zaubereien durchführt, eigentlich tut, seit sie für einen gegebenen Zeitraum von einem Ende Europas bis zum anderen eine bemerkenswerte Gleichförmigkeit der Auffassung und der Praxis implizieren. Dabei legt das seltsam abwechslungsreiche Vokabular, mit dem diese Leute und ihre Handlungen belegt wurden, ein nahezu vollständiges Fehlen ebendieser Gleichförmigkeit außerhalb der engen Grenzen theologischer oder juristischer Abhandlungen frei. Allgemeine Übereinstimmung herrschte lediglich in der Auffassung, daß bestimmte magische Handlungen als unerwünschte Vergehen betrachtet wurden, wobei die genaue Natur dieser Handlungen sowie die Schwelle zur Kriminalität, die, einmal überschritten, andere zu einer Klage vor dem Gerichtshof provozieren mochte, ebenfalls von Zeit zu Zeit und von Ort zu Ort wechselten. Somit läuft, wer „Hexe“ und

„Hexerei" zu definieren versucht, Gefahr, sich mehr oder weniger in semantischen Spielereien zu verlieren.

Ich habe nicht versucht, die Hexerei von Weltteilen außerhalb Westeuropas sowie Mittel- und Nordamerikas einzubeziehen. Teils, weil die Aufnahme anderer Zauberkünste den Rahmen dieses Buches über alle Möglichkeiten hinaus gesprengt hätte, teils, weil diese anderen Zauberkünste mit dem lange Zeit in Europa vorherrschenden Typus wenig gemein haben und folglich eine gesonderte sorgfältige Behandlung verdienen, sorgfältiger jedenfalls als eine gedrängte, möglicherweise irreführende Zusammenfassung. Damit soll natürlich nicht gesagt werden, daß ein Vergleich zwischen anderen Hexenzünften und der europäischen Variante nicht fruchtbar wäre. Aber weil wir, auch wenn der Schein dagegen spricht, über die europäische Hexerei noch eine Menge zu lernen haben, ist die Zeit wohl noch nicht reif, einen Vergleich zu ziehen, der ebenso nutzbringend wie aufschlußreich wäre.

Die Übersetzungen in diesem Buch stammen von mir, mit den folgenden Ausnahmen: (i) Bibelzitate, die in der autorisierten Form wiedergegeben werden; (ii) Zitate aus dem *Malleus Maleficarum,* für den ich Montague Summers Übersetzung benutzt habe; und (iii) der Auszug aus Cazottes *Le diable amoureux* in der englischen Übersetzung von 1798.

1

„Hexen“ in Griechenland und Rom

Im Jahre 1599 veröffentlichte der berühmte Gelehrte aus dem Jesuitenorden Martín Del Rio die erste Fortsetzung eines gewaltigen Werkes, das die Magie und andere okkulte Wissenschaften von allen Seiten beleuchtete. Hier konnte man erfahren, auf welche Weise Hexen zu ihrem Treffen, dem Sabbat, gelangten und was sie nach ihrer Ankunft dort taten. Nach seinen Worten flogen sie auf einem Stock von nicht festgelegter Form, der zuvor mit einer Salbe aus dem Körperfett toter Kinder eingerieben wurde, oder sie ritten auf dem Rücken eines Tieres wie etwa einer Ziege. Hatten sie wieder festen Boden unter den Füßen, dann wurden sie eines bösen Geistes ansichtig, der in ihrer Mitte thronte und dem sie erst mit der Einnahme verschiedener widernatürlicher Körperhaltungen und sodann mit einem Kuß auf den Anus huldigten. Als nächstes äfften sie höhnisch die Heilige Messe und weitere katholische Zeremonien nach, und dann setzten sie sich zu einem Mahl nieder, wobei jede von ihnen maskiert oder mit einem Schleier bedeckt und in Begleitung eines bösen Geistes war. Nach Beendigung des Mahles wird die ganze Gesellschaft tanzen und sich perversen Formen des geschlechtlichen Verkehrs hingeben, gefolgt von Berichten jedes oder jeder einzelnen über die jeweiligen lasterhaften und gemeinen Taten seit dem letzten Sabbat, die eine erbarmungslose körperliche Züchtigung nach sich ziehen konnten, wenn der den Vorsitz führende Geist den Eindruck haben sollte, sie seien nicht niederträchtig genug. Zum Schluß wurden ihnen magische Pulver ausgehändigt, die ihre künftigen bösen Taten unterstützen sollten, und dann machten sie sich auf den Heimweg, entweder zu Fuß oder in der gleichen unnatürlichen Art und Weise, in der sie gekommen waren.

Diese Schilderung, die auf einer Vielzahl von Einzelheiten aufbaut, die Del Rio in seiner ausgedehnten Lektüre gesammelt hatte, wird dem modernen Leser bekannt vorkommen und seiner Vorstellung, die er mit dem Wort „Hexe“ verbindet, vermutlich entsprechen. In der Welt der Griechen und Römer war diese Spielart der Hexen jedoch eindeutig unbekannt. Sicher wird das Wort „Hexe“ nach überkommenem Brauch mit ihren magischen Praktiken verbunden, aber was der Abendländer seiner Überlieferung nach unter einer Hexe versteht, hat seine Wurzeln im wesentlichen in spätem Mittelalter und früher Neuzeit und hängt in seiner Wiedergabe von der speziellen Ausprägung des christlichen Glaubens in dieser Zeit ab. So ist die Übersetzung verschiedener griechischer und römischer Begriffe für Magier oder Zauberer, Wahrsager und Nekromanten zu verstehen, und so erkennen wir, daß das Wort „Hexe“ nicht nur ungenau, sondern auch irreführend ist. Nichtsdestoweniger wurden bestimmte Vorstellungen über Magietreibende ebenso wie der besondere Wortschatz zu ihrer Benennung vom Altertum auf das Mittelalter übertragen, und deshalb muß jede Beschreibung der „abendländischen“ Hexe wohl oder übel in dieser früheren Periode beginnen, in der es sie oder ihn genaugenommen gar nicht gab.

Plinius der Ältere, ein römischer Geschichtsschreiber des 1. Jahrhunderts n. Chr., machte geltend, daß die Magie in direkter Linie von der Medizin komme und erst danach die Religion und Astrologie umfasse[1]. Dergestalt betrachtete Plinius die Magie als eine praktische Kunst, die die reine Naturwissenschaft eines Arztes oder Naturheilkundigen ersetzte oder ergänzte. Sie war jedoch auch eine Kunst, die auf Verbindungslinien zu anderen als menschlichen Kräften angewiesen war, um Ergebnisse zustandezubringen, die auf andere Weise möglicherweise nicht erreicht worden wären. Es liegt auf der Hand, daß diese Ausdehnung ins Reich des Übernatürlichen, von dem Teile von der Staatsreligion als ihr ureigener Bereich angesehen wurden, leicht die Möglichkeit von Konflikten zwischen magischen und den öffentlich anerkannten religiösen Praktiken mit sich bringen konnte. Nutzer der Magie konnten sogar versuchen, mit Randgottheiten des Staatskultes in Verbindung zu treten oder Staatsgötter und -göttinnen für ihre eigenen Zwecke einzuspannen. Diese naheliegenden Fragen stellte sich auch der römische Dichter Lukan.

> Welch körperliches Leid fügen diese Beschwörungen und Kräuter den Himmelswesen zu, was macht sie tun, wie man sie heißt, und furchtsam, jene mit Verachtung zu behandeln? Was ist die Grundlage dieses Geschäfts, welcher Pakt läßt diese [Magier] die Götter unter ihre Botmäßigkeit zwingen? Gehorchen ihnen die Götter wirklich unter Zwang, oder gehorchen sie nur, weil sie Gefallen daran finden, so zu tun? Werden die Götter durch eine Art gegenseitiger Anziehung belohnt, die sonst keiner kennt, oder wurden sie durch Drohungen bewegt, die außer ihnen niemand hört?
>
> *Bellum Civile,* 6.492–6

Diese Fragen tragen den Keim der künftigen Debatten über Hexen und ihre Kräfte in sich, die katholische wie protestantische Theologen in ihren Dämonologien führen sollten. Können Satan und seine bösen Geister wirklich durch bloße menschliche Wesen gezwungen werden, bei magischen Operationen mitzuwirken, oder gibt Satan für eine gewisse Zeit nur vor, zu helfen, um den Anwender der Magie tiefer und tiefer in die Verstrickungen der Sünde zu führen? Gibt es wirklich einen Pakt zwischen dem Magier und dem bösen Geist? (Diese Frage beschäftigte jene, die sich mit Magie befaßten, während des Mittelalters und der frühen Neuzeit ganz besonders.) Führte die Verbindung zwischen Magier und bösem Geist beim Menschen zur Götzenverehrung? Wenn ja, hatte er oder sie nicht Gott verlassen und war in Heidentum und Teufelsanbetung zurückgefallen? In diesem Fall nahm es nicht wunder, wenn der Staat und im Christentum die Kirche dem Tun des Magietreibenden ein lebhaftes und oftmals feindseliges Interesse entgegenbrachten. Reibungen zwischen dem Staats- und Nebenkult konnten leicht ein ärgerliches und sogar unerträgliches Ausmaß annehmen. Im Grunde konnte schon der Versuch, die Zukunft mit Hilfe der Sterne oder eines ganzen Bündels weiterer Prophezeiungsmittel vorauszusagen, zu unerwünschten politischen Verwicklungen führen, je nachdem, wer die Zukunft erfahren und wer einen Blick in sie tun wollte. Auch Zauberheilungen bargen, sollte der Patient nicht wiederhergestellt werden, einige Gefahr in sich. Und so liefen die Anwender der Magie, soweit ihr Gegenstand zumindest teilweise mit der amtlichen Religion, Medizin oder Wahrsagekunst zusammenstoßen konnte, immer Gefahr, schief angesehen zu werden, obwohl durchweg eine große Nachfrage nach ihren Diensten bestand, zuweilen auch von solchen, deren gesellschaftliche oder politische Position ihnen eigentlich nahelegte, gegen Zauberer und Wahrsager das volle Straßmaß der staatlichen oder religiösen Mißbilligung in Anwendung zu bringen.

Aus diesen Ausführungen sollte man aber nicht den Schluß ziehen, daß Anwender der Magie notwendigerweise eine Randexistenz geführt hätten. Ihr untergeordneter oder fremdländischer Status war vielmehr Bestandteil ihrer schon aus Selbstschutzgründen freiwillig gewählten Abgeschlossenheit dabei gewiß einflußreicher Leute. Tatsache ist, daß in Athen und Rom, Heimstätte so vieler, von denen wir unser Wissen herleiten, politische Macht und Staatskult sich in den Händen einer Minderheit, sprich den Männern, die Bürger waren, befanden. Die offizielle Behandlung eines beliebigen Themas gibt daher im allgemeinen die Anschauung dieser Elite wieder. Aus deren Sicht fielen Frauen, Männer, die keine Bürger waren, und Ausländer aus dieser bevorzugten Kategorie heraus, und daher sollte die öffentliche Mißbilligung oder Verfolgung der Magie als ein Versuch bewertet werden, Wert und Rang der erlaubten Staatsreligion, der herkömmlichen Medizin und der öffentlichen Wahrsagekunst zu schützen. Illegale Praktiken oder unerlaubte Magie wurden deshalb unvermeidlicherweise mit Frauen, Nichtbürgern oder Ausländern, von Sklaven ganz zu schweigen, in einen Topf geworfen, und diese Gleichsetzung war für sich allein schon geeignet, die Magie in Gegensatz zum öffentlichen Kult zu stellen und ihren Wert in den Augen derer herabzusetzen, die, aus welchem Grund auch immer, Anhänger der staatlich anerkannten Wege waren, Religion, Medizin und Wahrsagekunst mit ihren verwandten Betätigungen zu betreiben.

Dieser Punkt mag durch eine Stelle beim Geschichtsschreiber Dio Cassius verdeutlicht werden:

> Weissagung ist nötig, um Gewißheit zu erlangen, und natürlich sollte man Menschen bestimmen, die den Willen der Götter durch Opfer und die Beobachtung des Vogelflugs vorhersagen, so daß jeder, der dies zu wissen wünscht, sich an sie wenden und sie befragen kann. Aber es ist besser, wenn davon die Betreiber der Magie ausgenommen werden, denn obwohl diese manchmal die Wahrheit sagen, neigen Menschen ihrer Art doch häufiger zur Lüge, und manchen wiegeln sie zum Umsturz auf.
>
> *Dio Cassius*, 52.36.3

Es überrascht nicht, daß diese Worte ein Politiker in den Mund genommen hat. Sie faßten die öffentliche Mißbilligung so zusammen, daß unvorschriftsmäßige okkulte Betätigungen schreckliche Folgen für den glatten, staatlich gelenkten Lauf der Gesellschaft haben könnten, und daß die staatliche Mißbilligung durchaus streng ausfallen konnte, zeigt die Massenausweisung von Astrologen und Nekromanten im Rom des Jahres 33 v. Chr.[2] Zwei ungewöhnliche Vorfälle geben einen Vorgeschmack auf die später mit einem Reizwort so bezeichnete „Hexenjagd“, als 184–183 und 180–179 v. Chr. eine große Zahl – der Geschichtsschreiber Livius berichtet, wenn auch unter Vorbehalt, von 2000 und 3000 Menschen – unter der Anklage hingerichtet wurde, *veneficia* zu benutzen, eine Magie, die auf die eine oder andere Weise darauf abgerichtet war, zu verletzen oder gar zu töten[3].

Aber was genau waren das für Aktivitäten, die den Staat so in Unruhe versetzten? Magie Betreibende nahmen für sich in Anspruch, Liebe und Leidenschaft zügeln und lenken, körperliche Leiden heilen, fremder Hexerei oder angeborenem Zauber wie dem bösem Blick entgegenwirken, die Zukunft voraussagen, Ernten vernichten und das Wetter beherrschen oder anderen Personen auf übernatürlichem Wege Schaden zufügen zu können, und es wird nützlich sein zu sehen, welchen Eindruck uns die erhaltenen Berichte von griechischen und römischen Magiern vermitteln.

Der herkömmliche Liebeszauber versuchte zwei Dinge zu erreichen: zu fesseln und zu verlocken. „Raffe dich für mich auf", fordert ein Zauberspruch an die Adresse einer kleinen, tönernen Frauenfigur,

> „und gehe an jeden Ort, in jedes Viertel, in jedes Haus. Kette an dich Ptolemais, die Tochter des Origines. Führe sie mir zu. Mach, daß sie weder essen noch trinken kann, bis sie zu mir kommt, und verhindere, daß sie sich einem anderen Mann als mir hingibt. Ziehe an ihrem Haar, an ihrem Gedärm, bis sie mich nicht mehr auf Abstand hält, bis sie für den Rest meines Lebens mir gehört, mich liebt, mich begehrt und mir alles sagt, was sie denkt."
>
> Nach dem *Supplementum Magicum* 47.19–27

> „Bemächtige dich der Euphemia", sagt ein anderer Zauberspruch, „und bringe sie her, toll vor Verlangen nach mir. Binde sie mit starken, unzerstörbaren Ketten, so daß sie nicht entkommen kann, liebt sie mich doch so sehr. Laß sie nicht essen, trinken, schlafen, scherzen oder lachen und bewirke, daß sie Vater, Mutter, Brüder, Schwestern verläßt und zu mir kommt."
>
> Nach dem *Supplementum Magicum* 45

Die gewalttätige Leidenschaft beider Sprüche ist bemerkenswert. Die Frauen, gegen die sie gerichtet sind, scheinen willenlosen Insekten zu ähneln, eingewickelt in ein Spinnennetz, um dort für den weiteren Verzehr aufbewahrt zu werden. Diese Gewalttätigkeit scheint auch im Gebrauch der verschiedenen Vorrichtungen auf, die oft der Untermauerung dieser Zaubersprüche dienten. Aphrodite, die Göttin der Liebe und der Schönheit, soll menschliche Wesen beispielsweise dazu gebracht haben, einen Wendehals an die vier Speichen eines Rades zu binden, das unter dem Absingen einer Beschwörung um und um gewirbelt wurde[4]. Wachsfiguren wurden so gearbeitet, daß sie Herrscher- oder Unterwerfungsposen einnahmen, und es wurden Nadeln in bestimmte Teile der

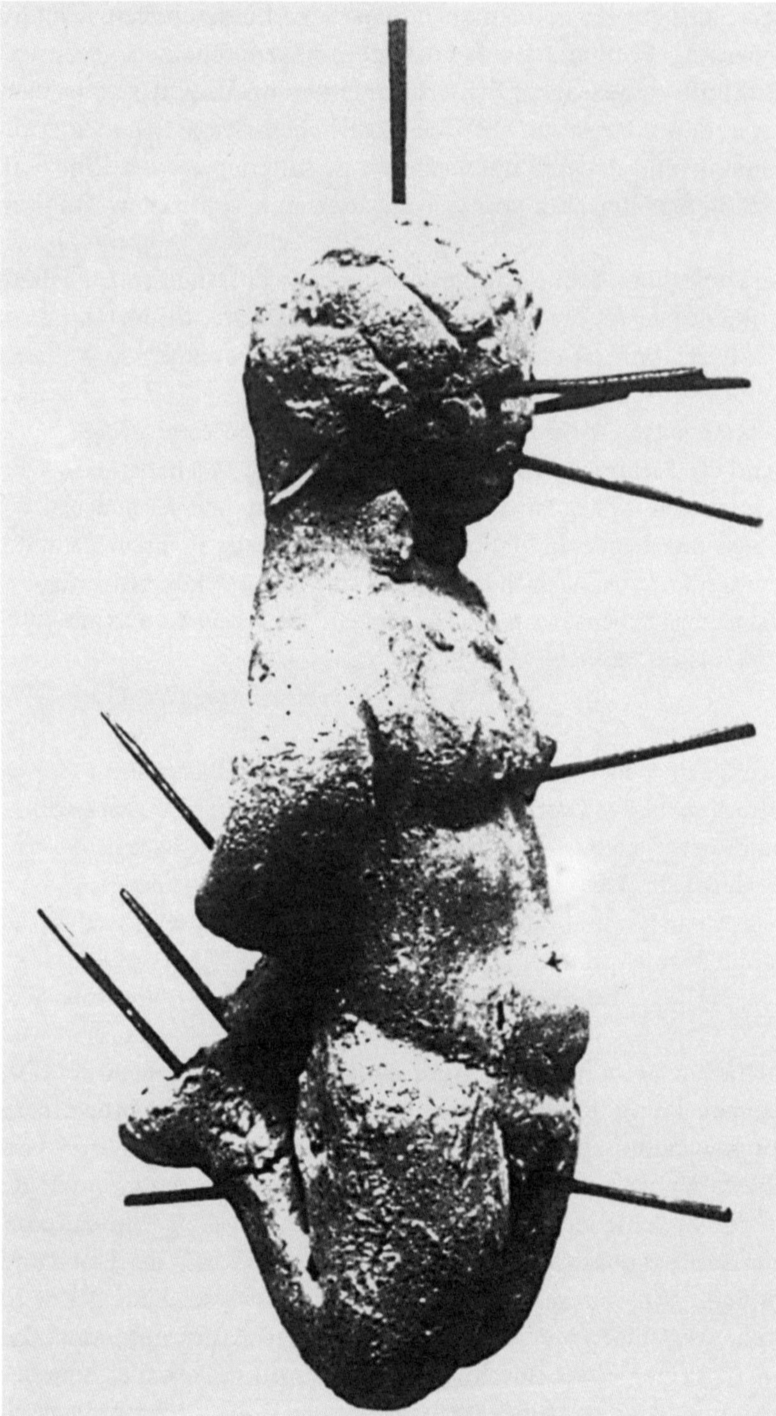

1.1 Eine Puppe, angefertigt, um Liebeszauber auszuüben

Frauenfigur gesteckt, so viele, wie gebraucht wurden, um entweder zu verfluchen oder Schaden zuzufügen oder Leidenschaft zu erzwingen; eine dritte Methode war der Gebrauch von *pharmaka*, ein vieldeutiger Begriff, der unter anderem auf medizinische Substanzen wie Wurzeln oder Kräuter oder Rinde hinwies, aus denen Tränke bereitet wurden. Diese Methode konnte, wie man sich leicht denken kann, auch tödlich enden. Eine Gerichtssache aus dem 5. Jahrhundert v. Chr. handelte von folgendem Zwischenfall: Ein Mann namens Philoneus wollte sich seines Weibes entledigen. Jene wollte seine Liebe jedoch zurückgewinnen, so, wie sie früher gewesen war. Deshalb versetzte sie seinen Trank auf den Rat einer anderen Frau hin mit einem *pharmakon*, hatte aber die unglückselige Idee, ihrem Philoneus eine größere Dosis als vorgegeben zu verabreichen, weil sie dachte, daß seine Liebe dann über alle Maßen wachsen würde. Diese Überdosis hatte nicht nur den Tod des Philoneus, sondern auch eines anderen Mannes zur Folge, der aus dem gleichen Weinkrater getrunken hatte, und das Ergebnis war, daß die Frau eingekerkert, des Mordes angeklagt, für schuldig befunden und hingerichtet wurde[5].

Der Liebeszauber konnte jedoch auch eine zerstörerische Seite haben, wenn der böswillige Wunsch bestand, jemanden nicht zum Geschlechtsverkehr zu verführen, sondern diesen zu verhindern. Die entsprechenden Zaubersprüche kehrten den Begriff der Fesselung von seinem positiven Aspekt der beständigen Anziehung in einen negativen der Impotenz oder seelischen Entmannung um. So beklagt sich zum Beispiel Ovid, daß er sich bei einer besonderen Gelegenheit trotz der Schönheit und Begierde seiner Bettgenossin unfähig zum Geschlechtsverkehr gefunden habe, und wundert sich: „Kann es wirklich nicht sein, daß mein Körper behext wurde und nun von einem Zaubertrank oder –spruch entkräftet ist [*venenum*]? Kann ich wirklich nicht das unglückliche Opfer einer böswilligen Beschwörung und verderblicher Kräuter sein? Oder hat ein Hervorbringer von Schadenzauber [*saga*] meinen Namen in ein Ebenbild aus glänzend rotem Wachs geschlossen und dünne Nadeln in die Mitte seiner Leber getrieben?"[6] – Ein anonymes Lexikon der Amulette aus dem ersten vorchristlichen Jahrhundert, *Cyranides*, gibt Anleitungen, wie jemand es einem Mann unmöglich machen kann, mit einer Frau zu verkehren. Dazu muß man einen kastrierten Mann in Obsidian meißeln, die Geschlechtsteile neben seinen Füßen, den fertigen Stein in eine flache Dose aus Gold legen und diese in einen aus Falkensehnen gewirkten Gürtel einnähen. Jeder Mann, der diesen Gürtel berührt, wird unverzüglich impotent. Sobald er versucht, die Kleidung jener Frau loszunesteln, legt er sich selbst magische Fesseln an.

Ging es darum, eine Krankheit zu behandeln, bestanden die Heilmittel oft aus der Verabreichung bestimmter Arzneien, begleitet von Beschwörungen, oder dem Tragen eines Amuletts, das für diesen Zweck besonders angefertigt wurde. Plinius der Ältere führt einschlägige Beispiele im 30. Buch seiner *Naturalis Historia* auf, die aus römischen wie nichtrömischen Quellen schöpft. Er neigt dazu, letztere als wertlos und abergläubisch abzutun: die ersteren hingegen bringt er ohne Anmerkung oder bezeichnet sie als stichhaltig. Diese magischen Heilverfahren zerfallen grob betrachtet in zwei Kategorien. Die eine enthält Mittel, die zu ihrer Wirkung nicht offen von übernatürlichen Mächten abhängen. So können Zahnschmerzen gelindert werden, indem man Regenwürmer in Öl siedet, das dann auf der Seite ins Ohr geträufelt wird, wo der Schmerz pocht[7]; Quetschungen und blaue Flecken werden mit dünnen Scheiben heißer Widder- oder Schaflungen behandelt oder mit Taubenmist[8]; Wieselfleisch ist gut gegen Skrofulose[9]; und Durchfall wird gebremst, indem man eine Schnecke mit ihrem Haus zerstampft, in Wein einlegt und diese Mixtur für die Dauer von höchstens neun Tagen in warmem Wein verabreicht[10]. Diese Art der Magie war es, die, um die gewünschte Wirkung zu erzielen, auf natürlichen Bestandteilen und der Natur innewohnenden Kräften beruhte und später als „Naturmagie“ [engl. Natural Magic] bezeichnet wurde, während man im Gegensatz dazu die angeblich von den Hexen betriebene die „Schwarze Magie“ [engl. Demonic Magic] nannte.

Doch Plinius‘ zweite Heilmittelkategorie hing zu ihrem Gelingen ersichtlich an der Einwirkung mehr als natürlicher Kräfte, auch wenn auf diese nicht immer verwiesen wurde. „In meinen Quellen finde ich“, so sagte er etwa, „daß Kälte im Kopf verschwindet, wenn man die Nüstern eines Maultiers küßt[11].“ Wer an quälenden Schmerzen der Milz litt, sollte eine frische Schafsmilz auf die entsprechende Stelle gelegt bekommen, wobei der Heiler anzukündigen hatte, daß er oder sie dies tue, um ein Heilverfahren in Gang zu setzen, nach dem die Schafsmilz innerhalb der Wände des Schlafzimmers des Patienten eingeschlossen werden müsse, während das Pflaster unter mündlicher Wiederholung der Absicht der Heilung neunmal dreifach mit einem Siegelring versiegelt wurde[12]. Dabei mochten in den Ring oder einen in ihn eingesetzten Stein magische Bilder oder Schriftzeichen eingraviert worden sein, oder der im feuchten Pflaster zurückgelassene Eindruck mochte den Leidenden für sich eingenommen haben, ganz so, wie es der im Wachs eines gesetzlichen Dokumentes getan haben würde. Das Gebet in der Welt der Griechen und Römer bekundete eine Verpflichtung, der beide Seiten unterlagen. Es beruhte auf Gegenseitigkeit – ich gebe in der Erwartung, im Gegenzug von dir etwas zu erhalten – und schuf oder verstärkte so eine Art Pakt zwischen der Gottheit und dem Anbeter, eine Ausgangslage, die der staatliche Kult und die im Privaten betriebene Magie miteinander teilten. Wir haben Lukan schon im Zusammenhang mit der Magie nach der Grundlage dieses Paktes fragen hören, und diese Vorstellung sollte der Schlüsselpunkt in späteren Kriminaluntersuchungen werden, die gegen alle Betreiber der Magie unter Einschluß der Hexen angestrengt wurden.

Plinius bietet auch noch Rezepte für die Zusammenstellung von Amuletten feil: Der Schwanz einer Pythonschlange mit einer Hirschsehne in Gazellenhaut genäht und das Ganze um den linken Oberarm gebunden, ist ein Talisman gegen epileptische Anfälle[13]; eine Raupe, eingewickelt in ein Leinentuch, das mit drei Knoten dreimal umgebunden wird, während der Anwender den Zweck des Amuletts erläutert, schützt vor Vierteljahrsfieber[14]; und ein Schlangenhemd, um die Lende gelegt, wird die Kindbettnöte lindern helfen[15]. Dieser Art von Amuletten eng verwandt waren jene, die den gegen eine Person oder dessen Familie gerichteten bösen Zauber brechen sollten. Das wohl häufigste und gefürchtetste Beispiel in diesem Zusammenhang war der böse Blick, von dem man glaubte, daß sein Ursprung in Haß und Neid liege. Plinius gibt die Erzählungen griechischer Schriftsteller zu diesem Thema weiter. Da gab es Bewohner nichtgriechischer Abstammung, die andere Leute allein dadurch behexen konnten, daß sie diese anblickten, und sie konnten sie sogar töten, wenn sie ihr Opfer im Zustand der Wut anstarrten[16]. Cicero hielt fest, daß jedes Weib mit einer doppelten Pupille schon durch einen schnellen Blick Schaden anrichten könne[17], und Plutarch vermerkte, daß Kinder für diese Form der magischen Beeinflussung besonders anfällig seien, weil ihr körperlicher Zustand noch nicht so weit gediehen sei, um dieser widerstehen zu können[18]. Der Gegenzauber konnte darin bestehen, auszuspucken oder aber ein passendes Amulett zu tragen. Dies häufig in der Gestalt eines *fascinum*, eines Gegenstands in Form eines Penis, der nicht nur von Einzelpersonen getragen wurde, sondern auch imTriumphzug am Streitwagen des Heerführers befestigt sein[19] oder als immerwährender Schutz in die Wände eines Hauses eingemauert werden konnte.

Wie wir gesehen haben, war die Astrologie für Plinius der Zweig der Magie, den er „Weissagung" nannte. Es war dies aber nicht das einzige Mittel der Antike, um Weissagung zu erlangen, denn während der Astrologe die Planeten beobachtete, um Rückschlüsse auf die Zukunft zu erlangen und den Willen der Götter zu erkunden, konnte de facto eigentlich jedes Ding in ein Instrument für diesen Zweck verwandelt werden. Offiziell anerkannt waren Orakel wie die in Delphi und Cumae, wo die Gottheit jeweils durch eine anwesende Priesterin sprach, Auguren, die den Vogelflug beobachteten, und die Extipation, mit deren Hilfe die Innereien von Opfertieren untersucht wurden. Die „inoffizielle" Weissagung machte jedoch Gebrauch von allen erdenklichen Arten unbelebter Dinge wie dem Feuer und dem Wasser, Spiegeln, Knochen, beschrieben oder unbeschrieben, und sogar Sieben, welch letztere von alten Frauen gebraucht wurden, um Schafkrankheiten zu behandeln, vermutlich indem das Sieb auf die eine oder andere Art aufgehängt wurde, um sich dann in Beantwortung der Vorschläge und Fragen zu drehen.

Auch die inoffizielle Weissagung hatte, nicht viel anders als in Delphi und den anderen großen Kultstätten, ihre Orakelpriesterinnen, die *engastrimythoi*, „Bauchrednerinnen", von denen ein Geist Besitz ergriff, um durch sie zu sprechen[20], nur daß diese im großen und ganzen keine vergleichbare staatliche und öffentliche Anerkennung genossen. Die Inbesitznahme durch Götter oder Geister bringt uns wieder zu der Frage, wie und warum Wesenheiten wie diese sich bereiterklären sollten, in ein menschliches Wesen zu schlüpfen und Fragen zu beantworten. Die Antwort lag, wie wir gesehen haben, in der Vorstellung, daß der Umgang zwischen Menschen und Geistern in der unveränderlichen Gestalt eines Geschäftsabschlusses vor sich ging, was auch in der gebräuchlichsten dieser Anrufungen, nämlich der Totenbeschwörung, in Erscheinung tritt. Aischylos, der griechische Tragödiendichter aus dem fünften vorchristlichen Jahrhundert, beschreibt in einem seiner Stücke in einer ungewöhnlichen Szene, wie Atossa, die persische Königin, den Toten ein Trankopfer darbringt und den Männerchor ermuntert, zum Zwecke der Beschwörung den Geist ihres Gemahls, des ehemaligen Königs Darius, anzusingen[21]. Hier wird dem König und den Göttern aus dem Schattenreich Wein angeboten; aber solch eine einfache Opfergabe reichte nicht immer aus, und so hören wir auch von Menschenopfern, in erster Linie von Knaben, wenn Nekromanten das Erscheinen von Höllengeistern erreichen wollten[22], während man Nero, dem Muttermörder, nachsagte, er habe mit Hilfe von Zauberern versucht, den Geist seiner Mutter zu beschwören, um diese dazu zu bringen, ihren Zorn auf ihn zu besänftigen[23].

Die Seite dieser „inoffiziellen" Magie, durch die die Leute, ganz gleich, welcher Gesellschaftsschicht sie angehörten, am meisten beunruhigt wurden, war der Schadenzauber [engl. malefice; vgl. dt. Malefizkerl], eine Magie, die allgemeine Schwierigkeiten und Beschwerden, Krankheit und Armut hervorrufen und selbst den Tod bei dem verursachen konnte, gegen den sie gerichtet war, oder bei seiner Familie, seinem Vieh und sonstigem Besitztum. Ich habe bereits den Liebeszauber erwähnt, der eine Person der Manneskraft berauben sollte, die Böswilligkeit bestimmter *pharmaka* und *veneficia* und den Verdacht auf feindlichen Zauber, der im zweiten Jahrzehnt des 2. Jahrhunderts v. Chr. zur Hinrichtung so vieler Angeschuldigter führte. Roms frühester Gesetzeskodex, die *Zwölf Tafeln* aus den Jahren 451 und 450 v. Chr., belegte jeden mit Strafe, der teuflische Gesänge mit der Absicht anschlug, jemand anderem körperlichen Schaden zuzufügen oder ihm seine Ernte abspenstig zu machen[24], ein Anklagepunkt, der nichts weniger als reine Theorie war, wie wir aus dem Fall des Gaius Furius Chresimus ersehen können, eines Freigelassenen, der durch neidische Nachbarn eben dieses Vergehens beschuldigt wurde, die sich den hohen Ertrag seiner Felder nur mit dem Gebrauch von *veneficia*, der Anwendung von Schadenzauber, erklären konnten[25].

Ein bevorzugtes Mittel des Anwenders von Schadenzauber bestand jedoch in *defixiones*, Verwünschungstäfelchen, die aus Bleiplatten hergestellt wurden und in die man die gegen das Opfer gerichteten unglückbringenden Wünsche eindrückte. Hierbei konnte man nahezu alle feindseligen Ziele angeben, einen möglichen politischen oder geschäftlichen Rivalen krank wünschen, auch einen Nebenbuhler oder das unzugängliche Objekt seiner Begierde, oder auch offiziell und inoffiziell die Strafe einer Gottheit auf sie herabrufen. In manchen Fällen, zum Beispiel im Liebeszauber, konnte in der Vorstellung des Auftraggebers der Begriff der magischen Fessel eine wichtige Rolle spielen:

> Ich binde Iphemythanes und Andosthenes und Simmias und Dromon.
> Ich binde ihre Hände und Füße in Gegenwart von Hermes, dem Beschränker:
> Ebenso binde ich ihre Seele, ihre Zunge, ihre Arbeit und ihren Gewinn.
>
> Gager: *Verwünschungstafeln*, Nr. 67

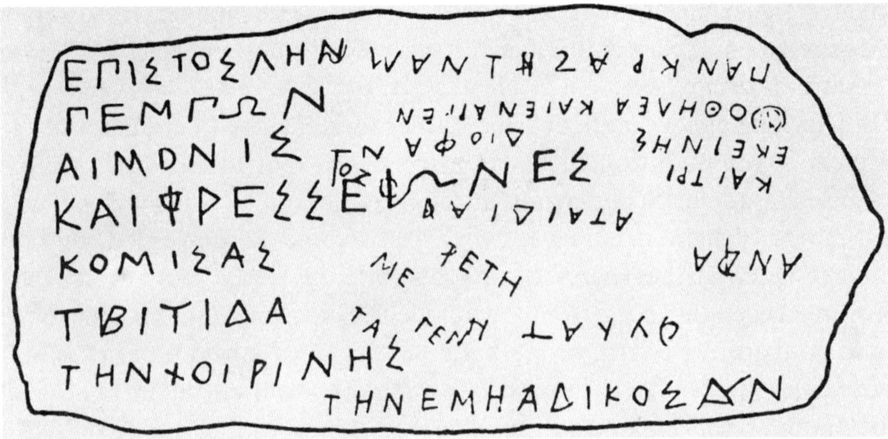

1.2 Ein defixio

Diese Tafeln konnten auch zusammen mit anderen magischen Instrumentarien eingesetzt werden oder in sie eingelassen sein. Die Nadeln, die in Puppen, unter einem anderen Himmel und in anderen Zeiten auch in Voodoo-Puppen, steckten, können in ihrem Zweck leicht mißverstanden werden. Sie sind nicht notwendigerweise dazu da, um wie Waffen in den entsprechenden Körperstellen des Opfers Schmerzen zu verursachen, sondern sie sollen vielmehr als Merkmal die Aufmerksamkeit des Gottes oder der Göttin oder der nichtmenschlichen Wesenheiten darauf lenken, auf welche besondere Kraft der Zauberer zur Erlangung eines guten Ergebnisses bei der Anwendung seiner gegenwärtigen Magie gerade angewiesen ist, aber auch, auf welche speziellen Körperteile sie sich auswirken soll. Beim Zauberspruch sind es die Worte, die zählen und den erforderlichen Hinweis auf die Art des Zaubers geben, der angewendet wird. *Defixiones* sind überall gefunden worden. Zuweilen sind sie im Geheimen vergraben worden, oftmals in einem Grab, wenn der Beistand eines Geistes angerufen wurde oder aber der Adressat eines Zauberspruchs gestorben war und über den Tod hinaus verfolgt wurde. Als jemand beispielsweise Caesar Germanicus, den Neffen des Kaisers Tiberius, erfolgreich zu Tode gehext hatte, förderte eine Untersuchung der Wände und des Fußbodens des Raumes, in dem er gestorben war, menschliche Körperteile zutage, die ganz ersichtlich von einem Scheiterhaufen genommen waren, geschriebene Zauberformeln und Täfelchen, *defixiones* mit seinem eingeritzten Namen sowie weitere magische Gegenstände, die dafür bestimmt waren, die Seele des Lebenden in ihr Verderben zu schicken[26]. Manchmal jedoch wurden diese Tafeln an allgemein zugänglichen Stellen zurückgelassen, so daß jedermann sie lesen und erfahren konnte, wer dergestalt angegriffen wurde und warum – eine wahrhaft bewunderungswürdige Methode, ganz ohne Zauberei jemandes Ruf zu zerstören oder eine Atmosphäre der Furcht zu schaffen.

Zwei Punkte im Zusammenhang mit diesen Verwünschungstafeln verdienen allgemein festgehalten zu werden. Einige waren von sehr einfacher Machart und konnten von jemandem zu Hause geschrieben worden sein. Andere aber enthielten lange, umständliche Formeln, gesäumt von Zaubernamen und -figuren, die es wahrscheinlich machen, daß, wer immer sie angefertigt hatte, entweder fachmännischen Rat eingeholt hatte oder selbst Magier von Beruf war. Wir sollten deshalb die Existenz einer solchen Zunft im Gedächtnis behalten, kunstfertig oder nicht, je nachdem aus Genies oder Scharlatanen bestehend, und daran denken, daß jene Magier nicht diese Aufmerksamkeit erregt, geschweige denn ihre Arbeit fortgesetzt hätten, wenn es nicht die aktive Teilnahme einer Kundschaft gegeben hätte, die möglicherweise die Bevölkerungsmehrheit stellte. Über diese Berufsmagier schreibt Plato:

> Bettelnde Scharlatanpriester auswärtiger Gottheiten sowie Leute, die die Zukunft voraussagen, gehen an die Türen der Reichen und bringen diese dazu, zu glauben, daß sie die Götter durch alle möglichen Mittel, durch Opfer und Beschwörungen bewegt hätten, ihnen die Macht zu verleihen, mit Hilfe von Dingen, die Vergnügen bereiten, und [magischen] Gastmählern jegliches vorsätzliche Unrecht zu sühnen, das eine Einzelperson oder deren Vorfahren begangen haben. Sollte der Kunde einem seiner Feinde Schaden zufügen wollen, so werde das, ob dieser geachtet sei oder nicht, sehr wenig kosten, seien sie es doch, die die Beschwörungen und den Bindezauber durchführten, um die Götter zu überzeugen, das zu tun, was man ihnen aufgetragen habe.
>
> *Der Staat* 2.364 b-c

Plato war so reich wie vernunftbetont. Menschen wie er neigten dazu, Berufszauberer, überhaupt die Magie als solche zu verachten. Zum einen beruhte das darauf, daß sie in der Lage waren, festzuhalten, was an rationalen Gründen dagegen stand, aber zum anderen verbanden sie die Magie mit „Leuten, die nicht wie wir sind“, mit anderen Worten mit jenen, die keine Bürger waren, mit Frauen, den Armen, Ausländern und Sklaven; und weil in den Schriften von Männern wie Plato so viele Einzelheiten der Magie in all ihren Erscheinungsformen auftauchen, sollten wir uns des Ursprungs für ihr Interesse stets bewußt sein und gegenüber der aus einem Gefühl der Skepsis erwachsenen Feindseligkeit und der gesellschaftlichen Verachtung, die ihr Werk wie ein roter Faden durchziehen, Nachsicht üben.

Auf alle Fälle ging die Magie ganz augenscheinlich über normale menschliche Kräfte hinaus. Die Magier konnten nur wirken, wenn sie besondere Kenntnisse der Gesetze der Natur besaßen, welche ihnen erlaubten, offensichtliche Wundertaten zu verrichten. Das war der Zweig der Magie, der später als Naturmagie bekannt werden sollte, weil sie sich der Natur entsprechend der ihr innewohnenden Gesetze bediente und für gewöhnlich nicht auf übernatürliche Mächte angewiesen war. Sie konnte aber auch mit Gottheiten oder fastgöttlichen Wesenheiten auf irgendeine Weise in einen Pakt eintreten und sich ihrer übermenschlichen, übernatürlichen Fähigkeiten bedienen, um außergewöhnliche Wirkungen und Erfolge zu erzielen. In der Antike wurden die meisten dieser nichtmenschlichen Wesen *daimones* genannt, die bei Plato als Mittler zwischen Göttern und Menschen beschrieben werden mit der Macht, alle Arten von Prophezeiungen und priesterliche Fertigkeiten wie Darbringung des Opfers, Aufnahmeriten in Geheimkulte, die jedoch öffentlich anerkannt waren, und Beschwörungen ebensogut durchzuführen, wie alle Arten der Weissagung und der nekromantischen Kunst auszuüben[27]. Plutarch fügte hinzu, daß die *daimones* keine reine oder unverfälschte göttliche Natur besaßen, sondern vielmehr für Freud und Leid sowie die übrigen Empfindungen empfänglich waren, die mit der körperlichen Existenz verbunden sind. Und noch eine weitere Eigenheit verband die *daimones* ungeachtet ihrer Anderweltlichkeit mit den Menschen: Einige von ihnen waren gut, und andere waren böse[28]. In diesen Wesen kann man unschwer die Vorläufer jener bösen Geister erkennen, deren Vermittlung während des Mittelalters und der frühen Neuzeit die Kräfte der Hexen und der übrigen Betreiber der Magie zugeschrieben wurden.

Politiker und andere einflußreiche Gestalten wurden, wie wir gesehen haben, von allen geheimen Wissenschaften beunruhigt, nicht nur von der Magie. Ihnen schien jede Berufung auf nichtmenschliche Kräfte, die der Staat nicht billigte, die Gefahr zu erhöhen, daß gegen die guten Sitten und die lebensnotwendige Tradition gewühlt wurde. Das Staatswesen, von der verhältnismäßig kleinen Gemeinschaft des Stadtstaates mit seiner Umgebung bis zu den größeren gesellschaftlichen Zusammenschlüssen, war in der Tat aufs engste mit seinen überkommenen religiösen, staatsbürgerlichen und gesellschaftlichen Auffassungen verbunden, und alles, was einer dieser Formen nicht entsprach – der ägyptische Isis- und der syrische Kybelekult etwa, die beide in Rom großem Argwohn und Verachtung ausgesetzt waren –, konnte sich leicht als Zielscheibe rechtmäßiger Feindseligkeit wiederfinden. In Athen wurden Fälle von Schadenzauber, zumal bei Hinzuziehung von *pharmaka*, wahrscheinlich als glatte Mordfälle behandelt[29]. In Rom wurde unabhängig von den Zwölf Tafeln, die ich bereits erwähnt habe, 81 v. Chr. ein Hauptgesetz verabschiedet, das sich mit ähnlichen Formen der Magie befaßte. Bekannt als *Lex Cornelia de sicariis et veneficiis* (Sullas Gesetz gegen Mord, Giftmischerei und Schadenzauber), richtete es sich vorgeblich gegen einfache Giftmischer. Es stellte sich aber bald heraus, daß es auch für magische *venena* und die Abhaltung jener Rituale, die für gewöhnlich das Sammeln der Kräuter und ihre Verarbeitung und Verabreichung für magische Zwecke begleiteten, zuständig war. Das können wir an einem berühmten Prozeß sehen, der 160 n. Chr. abgehalten wurde. Apuleius von Madaura, ein Philosoph der Platonischen Schule, hatte eine reiche Witwe geheiratet. Als sie unter mysteriösen Umständen starb, wurde Apuleius von ihren Verwandten beschuldigt, ein Magier zu sein und den Tod seiner Frau durch die Verabreichung eines Liebestrankes oder *venenum* verursacht zu haben. Das Gesetz, auf das die Anklage sich stützte, war die *Lex Cornelia,* mit deren Hilfe diese besonderen Umstände aufgedeckt werden sollten.

Offensichtlich schritt die griechische und römische Gesetzgebung nur ein, wenn einer Person ein bestimmter Schaden zugefügt worden war, und wenn ein solcher Schaden nicht nachgewiesen werden konnte, dann sollte der Angeklagte normalerweise freigesprochen werden, wie es Apuleius widerfuhr. Andererseits konnten unter Umständen eine alles andere denn vorteilhafte gesellschaftliche Stellung des Beschuldigten oder aber eine panikerfüllte Atmosphäre wie in den *veneficia*-Fällen von 184/183 und 180/179 v. Chr. mehr als einem Angeklagten zum Verhängnis werden, und eine große Anzahl mochte sich in einer Spirale von Beschuldigungen eingeschlossen wiederfinden. Hier muß man nach einer Parallele zum späteren heftigen Ausbruch der Hexenverfolgung in Europa nicht lange suchen. Ebenso lohnt es sich, für künftige Verweise festzuhalten, daß die Obrigkeit, obwohl die Magie keineswegs ein zusammenhängendes Ganzes ausmachte, mit fortschreitender Zeit immer weniger geneigt war, zwischen der volkstümlichen und der wissenschaftlichen oder rituellen Magie zu unterscheiden. Die magischen Arbeiter machten beträchtliche und außergewöhnliche Kräfte geltend, die typischen Vertreter der offiziellen Orthodoxie erlaubten sich darauf hinzuweisen, daß in der praktischen Anwendung zwischen der Anrufung von *daimones* um Unterstützung bei der Zubereitung von Zaubertränken, der Beschwörung der Toten, um die Zukunft zu ermitteln, und Gebeten an inoffizielle Gottheiten, um seinen Geist zur Gemeinschaft mit dem Haupt der Götter zu erheben, kein großer Unterschied bestehe. All dies wurde zunehmend unerwünscht, und außerdem verwischten sich in den Augen des Gesetzes die Grenzen zwischen eigenwüchsigen und ausländischen Praktiken immer mehr.

Aus diesem sehr kurzen Abriß können wir ersehen, daß die Magie, obwohl sie in der Welt der Griechen und Römer allgegenwärtig war, eigentlich nichts in Richtung eines inoffiziellen oder Pseudokultes mit einem zusammenhängenden theologischen Gebäude darstellte. In der Praxis gab es verschiedene Arten der Magie nebeneinander, die nicht notwendigerweise für jedermann verfügbar waren. Da gab es die Ritualmagie, wissenschaftlich und gelehrt und wegen dieser herausragenden Eigenschaften recht exklusiv. Sie war es, die allgemein als *theurgia*, „ein göttliches Werk“, bekannt war und das Bewußtsein des Anwenders zu erwecken suchte, um es mit der höchsten Form des Göttlichen in Verbindung treten zu lassen – „Ist die Seele der Reihe nach mit den verschiedenen Teilen von allem vereinigt und mit all den göttlichen Mächten, die sie durchdringen, dann ist die Seele vor den ungeteilten Schöpfer gebracht und seiner Obhut anvertraut“[30] – ein Anschlag auf den religiösen Mystizismus, fürwahr, und ein fernes Echo aus der Welt der Verwünschungstafeln, des Liebeszaubers, der Heilkräutermischungen und Beschwörungsgesänge. Dann gab es da etwas, was man die „offizielle“ Magie nennen könnte, die Vorzeichendeutung und andere Formen der Weissagung, die als Teil des öffentlichen Kultes im Auftrag des Staates durchgeführt wurden; und dann gab es noch, die beiden vorgenannten Zweige in Beziehung auf den Umfang und die Vielfalt ihrer Praktiken und Praktiker weit zurücklassend, die „volkstümliche“ Magie, die Rituale umfaßte, die der Vollzieher für sich selbst anwenden konnte, aber auch solche, die fachmännischen Rat erforderlich machten, und schließlich solche, die nur ausgebildeten Magiern anvertraut werden konnten. Das Aufkommen dieser berufsmäßigen Schicht ist schwer zurückzuverfolgen, aber das Hineinwachsen während des hellenistischen Abschnittes der Magie in ein Gewerbe, das spezielle Fertigkeiten und sogar besondere Schulungen erforderte, läßt darauf schließen, daß der Berufsmagier, Mann oder Frau, gerade zu dieser Zeit Berühmtheit erlangte.

Die schreibende Zunft zögerte natürlich nicht, den Betreiber der Magie zu einer Figur zu machen, die für eine Auswahl verschiedener literarischer Zwecke eingesetzt werden konnte: als dreidimensionale Verkörperung bestimmter Erscheinungen göttlicher oder gottgleicher Kräfte, als Zielscheibe für des Autors wirkliche oder vorgegebene Skepsis, oder um den Leser oder Zuhörer am wohligen Schauder teilhaben zu lassen, den die insgeheime Schilderung der gefährlichen Kräfte hervorrief; von denen erweckt, die kühn genug waren, sie unter ihren Willen zu zwingen und für ihre eigenen Zwecke einzusetzen. Eines der frühesten Portraits eines solchen Nutzers findet sich im 10. Gesang der *Odyssee* Homers. Ihr Name war Circe, und sie lebte auf einer sagenhaften Insel, die, wie sich später herausstellte, ein Vorgebirge in Latium in Italien war. Odysseus ist im Laufe seines Kampfes gegen die Nachstellungen einiger Götter, die ihn nach dem Fall Trojas an der Heimreise hindern wollen, hierher an den Strand verschlagen worden, und einige seiner Männer treffen auf Circe in ihrem Haus inmitten eines Waldes. Bei ihrer Ankunft erscheinen Bergwölfe und Löwen, um sie zu begrüßen, und umspielen sie wie Hunde. Aber die Männer sind starr vor Schreck, denn diese Kreaturen stehen wie Männer auf zwei Beinen, und Homer teilt uns mit, daß Circe sie sich mit Hilfe heimtückischer *pharmaka* gefügig gemacht habe („strich sie in die Fügsamkeit", wie er das in seiner farbigen Ausdrucksweise nennt). Circe bittet die Männer ins Haus. Alle nehmen von der Speise sowie eine Mischung aus Honig und Wein, die heimlich mit verhängnisvollen *pharmaka* versetzt war, die sie sich zu trinken anschickten. Sofort berührte Circe sie mit einer Zauberrute, und sie wurden in Schweine verwandelt. Odysseus wurde, als er mit ihr zusammentraf, jedoch vor einem ähnlichen Schicksal bewahrt, weil der Gott Hermes ihm einen Gegenzauber gegeben hatte, ein Kraut mit schwarzer Wurzel und milchweißer Blüte. Der Zauber wirkt, und weil Odysseus darauf besteht, willigt Circe ein, ihren Verwandlungszauber von seinen Männern zu nehmen, indem sie sie mit einem anderen *pharmakon* bestreicht[31].

Hier stoßen wir auf gleich zwei Zaubermittel: die Kräuter und die Rute. Die letztere erscheint noch an anderer Stelle in Homers Epen als ein Mittel, Macht auszuüben: Athene gibt Odysseus seine Jugend zurück, indem sie ihn mit solch einem Instrument berührt[32], und Hermes versetzt auf ähnliche Weise Soldaten in Schlaf[33]. Circe ist jedoch kein Menschenwesen. Ihr Vater war einer der Titanen, eine Götterklasse, älter als die Olympier, und so ist sie deren göttlicher Natur teilhaftig. Homer zeichnet sie als eine schöne, verführerische Frau, fähig und eifrig darauf bedacht, einen Mann zu umgarnen, aber nicht willens, ihn in seiner menschlichen Gestalt zu belassen, denn sie verrät dem Odysseus, nachdem ihr Zauber fehlgeschlagen war, in einer Mischung aus Angst und Verwirrung: „Kein anderer Mann, nicht einer, hat diesen *pharmaka* widerstanden.“

Fünfhundert Jahre später, im dritten vorchristlichen Jahrhundert, zeichnet Apollonios von Rhodos das Bild einer anderen Frau mit magischen Kräften. Wie Circe ist sie nicht vollständig menschlicher Natur, sondern eine Enkelin der Sonne, aber während Circe mehr oder weniger wie eine Göttin wiedergegeben wird, ist Medea als Frau dargestellt, die in verzweifelter Liebe zu Jason, dem Helden des Epos, entbrannt ist und deswegen ihre Familie und ihr Volk verlassen, ja, für Jason sogar zur Mörderin werden will. Wie Circe verfügt sie über magische *pharmaka* („Manche tun gut, andere wirken zerstörerisch“), aber anders als Circe nutzt sie die Macht des bösen Blicks und setzt gegen ihre Feinde Zaubersprüche ein[34]; und während Circes feindlicher Zauber fast mit Gleichgültigkeit gegen seine Adressaten gerichtet zu sein scheint, ist Medea eine Frau mit gewalttätigen Gefühlen, die Apollonios als „abscheuliche Vernarrtheit“ bezeichnet und Eros zuschreibt, der weniger der Gott der Liebe als der sexuellen Leidenschaft ist. Magie, Sexualität und rücksichtslose Schändlichkeit haben sich so mit einer Frau verbunden, eine Zusammenstellung, die wir in späten mittelalterlichen Handbüchern zur Frage, was eine Hexe ausmacht, wiederfinden werden.

Im 1. Jahrhundert n. Chr. haben diese Portraits eine mehr theatralische Wendung genommen. Wenn beispielsweise Ovid Medea beschreibt, stattet er sie mit den Eigenschaften einer Berufszauberin aus und schafft ihr einen Rahmen, der durchaus einiges der Wirklichkeit schulden mag, aber den Eindruck eines Bühnenbilds vermittelt, das für den dramatischen Auftritt der Hauptdarstellerin hergerichtet ist.

> Als der Mond voll auf sie herniederschien und, ungebrochen ihre sichtbare Form bewahrend, auf die Länder der Erde herabsah, kam Medea aus dem Haus geschritten, in ein Gewand gehüllt, das nicht durch einen Gürtel zusammengehalten war. Ihre Füße waren bloß, das Haar floß auf ihre Schultern nieder, und ohne jeden Begleiter wanderte sie durch die

> tiefe Stille der Mitternacht hierhin und dorthin. Ein tiefer Schlaf hatte Menschen, Vögel und Tiere von ihren Banden gelöst. Der Heckenbogen war still, nirgendwo ein Laut. Kein Blatt bewegte sich, alles still auch hier. Die feuchte Luft stand ruhig. Nur die Sterne glitzerten. Zu ihnen erhob Medea die Arme. Dreimal beschrieb sie einen Kreis. Dreimal schöpfte sie Wasser aus dem Fluß und benetzte damit ihr frei herabfließendes Haar. Dreimal öffnete sie ihren Mund und stieß durchdringende, schrille Schreie aus.
>
> *Metamorphosen* 7.180–91

Dies ist eine wichtige Textstelle, um zu verstehen, wie die Hexe späterhin wahrgenommen wurde. Hier sind die normalen gesellschaftlichen Konventionen aufgehoben, und uns werden ihre Gegensätze dargebracht. Alles ist der Bindungen entledigt, die man erwartet, um das passende, d.h. das offiziell gutgeheißene Verhalten zu bestimmen. Frauen hatten ihr Kleid für gewöhnlich unter dem Busen mit einem Band umgürtet; Medea hatte diese Beschränkung entfernt. Ehrbare Frauen trugen die Haare zu einem Zopf gebunden oder gelockt und geschmückt; Medea trägt ihr Haar offen. Mensch und Tier erfüllen tagsüber die Forderungen, die die Triebe und das Leben in der Gemeinschaft ihnen stellen; zur Nacht sind sie von alldem durch den Schlaf befreit. Menschen sprechen während des Tages, ihr Leben ist von den verschiedenartigsten Geräuschen erfüllt; Ovid betont die Stille der Nacht, als die Natur billigerweise keinen Laut ertönen läßt. Die Rede ist normalerweise einer ganzen Reihe geschriebener oder ungeschriebener Gesetze und Konventionen unterworfen; Ovid sagt, daß Medea „ihren Mund freisetzt“, als sie ihrem Klagen Luft macht. Wenn Leute sprechen, versuchen sie das gewöhnlich zusammenhängend und verständlich zu tun; Medeas Geschrei ergibt keinen bestimmten Sinn, sondern drückt nur nackte Erregung aus, als sie sich in den zur Anrufung der Mächte der Unterwelt passenden Gefühlszustand aufpeitscht. Sogar Medeas Schritte entsprechen nicht dem normativen Verhalten, denn als sie das Haus verläßt, wandert sie, anstatt sich mit Bedacht von einem Punkt zum andern zu bewegen, ziellos, mit ständigen Richtungswechseln, umher.

Hier wird eine Welt beschworen, die nach den Prinzipien der Umkehrung aufgebaut ist. Aus Ordnung wird Unordnung, und die positiven, anerkannten Eigenschaften des alltäglichen Lebens werden in ihre negativen Gegenstücke umgewandelt, genau wie später in den mittelalterlichen Karnevalsfesten. Sogar das Tageslicht muß Opfer dieser Umwälzung werden, und Medea zieht es vor, ihre Anrufung bei Vollmond zur Mitternachtstunde durchzuführen. Lukan drückt dies in seiner Beschreibung der Kräfte thessalischer Frauen, weitberühmt der Zauberkünste wegen, die sie beherrschen, so aus: „Der geordnete Ablauf des Wechsels in der Natur kommt zum Stillstand; die Stunden des Tageslichtes dehnen sich aus und klammern sich an eine länger gewordene Nacht; die Oberluft gehorcht nicht den Gesetzen der Natur; und wenn das Weltall die Beschwörung der Thessalierinnen hört, dann wird es teilnahmslos, das sonst so stürmisch vorwärtsdrängt, und kommt zum Stehen.“[35]

Diese Verse dienen der Einstimmung auf Lukans langatmiges Portrait einer „Hexe“, Erichtho, dessen theatralische Art die von Ovids Medea beinahe in den Schatten stellt. Welchen verhängsnisvollen Zauber die thessalischen Weiber auch bewirkten, so sagt er, für Erichtho war er nie niederträchtig genug, „die ihre verkommenen Fertigkeiten in Richtung ganz neuartiger Rituale gerichtet hatte“[36], und seine Wortwahl „verkommen“ soll sagen, daß ihre Magie im Gegensatz zu dem stand, was die öffentliche Religion noch billigen mochte, seit ihre Merkmale sittliche Unreinheit und körperliche Ausschweifungen waren. Wir werden sofort sehen, was er damit meinte. Offenbar ist Erichtho eine Nekromantin, die sich entschlossen hatte, auf einem Friedhof zu leben. Dort durchwühlte sie nicht nur alte Grabstätten, sondern hielt sich auch an frischen Scheiterhaufen schadlos und den Kreuzen, an denen Verbrecher gestorben waren, um Fleischfetzen, Knochen und Nägel zu erbeuten, die sie für ihre Riten brauchte. Die Römer pflegten ihre Toten außerhalb der Stadtgrenzen beizusetzen, und so, wie Erichtho sich entschieden hatte, auf einem Friedhof zu leben, so hatte sie sich aus freien Stücken außerhalb der normalen, anerkannten Gesellschaft gestellt. In der Tat hat sie in jeder Hinsicht die Grenze überschritten, und ihr Haus, das rechtmäßig einem Toten gehört, ihr Umgang mit Toten wie mit Lebenden sowie ihre bewußte Umkehrung der wachen Stunden, die sie mehr in der Nacht als am Tage leben ließ, sind deutliche Zeichen, daß sie in der Welt der Umkehrung der Werte lebte, die rasch als für alle Betreiber der Magie geeignet wahrgenommen wurde.

Ungleich Circe und Medea, die beide als zumindest verhältnismäßig jung und schön gezeichnet wurden, sagt man Erichtho nach, sie sei alt und abschreckend häßlich gewesen. Die Spur ihrer Füße läßt die Saat in einem Kornfeld verdorren, das normalerweise fruchtbar ist, und ihr Mundgeruch macht jeden Luftzug zuschanden, der nicht ohnehin schon ein Pesthauch ist. So hat Lukan die Überlieferung um drei wichtige Charakteristika bereichert: Hexen schänden Gräber, um daraus magische Gebrauchsgüter zu entwenden; sie sind alte, häßliche Weiber; und der Sinn ihrer Magie wie ihres Lebens ist im wesentlichen auf Zerstörung gerichtet. Das ist aber noch nicht alles. Erichtho, läßt man uns wissen, „schlitzt den Mutterleib dergestalt auf, wie die Natur es nicht vorgibt, und zieht das ungeborene Kind hervor, um es in die Flammen zu legen, die auf einem Altar brennen.“[37] Der Mord an Neugeborenen und Kindern wird damit Teil des zusammengesetzten Hexenbildes, das auch in Horazens *Epode 5* erscheint, in der vier „Hexen“ sich anschicken, einen Jüngling umzubringen, indem sie ihn bis zum Hals in der Erde vergraben, um ihn Hungers sterben zu lassen und Teile seines Leichnams später für einen Liebeszauber zu gebrauchen.

Wir haben gesehen, daß es oftmals bezüglich der Vorstellung von der Wirksamkeit der Magie einige öffentliche Unruhe und in deren Gefolge Verachtungsbekundungen gegen ihre Betreiber gegeben hat. Eine Art, um diese Besorgnis auszudrücken, war, die besagten Betreiber vor Gericht zu bringen und die Schuld zu vollstrecken. Ein anderer Weg war, die Magie mit Verachtung zu überschütten, indem man sie entweder als absichtlichen Betrug oder als lächerliche Phantasterei darstellte. Cicero etwa tat „die aufwendigen Erfindungen der Magier und Ägypter“ zusammen mit dem „Glauben des gemeinen Volkes, das wegen seiner Unkenntnis der Wahrheit in Widersprüchlichkeiten hineingezogen wird“ als Errichtung von Wahnsinnsgebilden ab[38] und beklagte, daß „der Aberglaube, der sich zwischen den Völkern ausgebreitet, von fast jedermanns Geist Besitz ergriffen hat, da er sich auf die allgemeine menschliche Moral und die geistige Schwachheit stützt“[39]. Doch war es vielleicht Plinius d.Ä., der am kraftvollsten die Abneigung eines gebildeten Römers, der sich begründete Aussichten auf seine eigene Laufbahn machen darf, ausdrückt:

> Im vorhergehenden Teil meiner Schrift hatte ich häufig Gelegenheit, die Dummheit und Hohlheit der Magie darzulegen ... und ich werde fortfahren, dergleichen unverhüllt vorzubringen. Wenige Gegenstände sind es, die eine eingehende Behandlung verdienen, und das auch nur, weil diese schändlichste aller Fertigkeiten die gesamte Welt Zeitalter um Zeitalter hindurch beherrscht hat. (Dann führt Plinius aus, daß die Magie aus der Heilkunde hervorgegangen sei und sich danach der Religion und Astrologie angehängt habe, um ihren Stützpfeiler in der Vorstellung der

Menschen zu verstärken.) Nachdem sie so Gefühl und Verstand der Menschen mit einer dreifachen Fessel umwunden hatte, gewann sie dermaßen an Bedeutung, daß sie selbst in dieser Zeit die Oberhand über die meisten Völker der Erde gewonnen hat, und im Osten hat sie Gewalt über diejenigen, die als Könige über andere Könige gesetzt sind.

Naturalis Historia 30.1

Der Widerwille, der aus dieser Abhandlung spricht, hatte dann einen leichten Anflug von Furcht. Aber diese Angst ließ sich lindern, indem der Vorwurf in Verachtung gehüllt war. So beschreibt Properz eine alte Bordellwirtin, die auf dem Totenbett Blut und Schleim durch ihre verfaulten Zähne hustet. Sie war in den magischen Künsten sehr bewandert, sagt er, „dreist genug, ihre Befehle an den Mond zu richten, den sie bezaubert hat, und ihre menschliche Gestalt bis zur Unkenntlichkeit in die eines nächtlichen Wolfes zu verkleiden. Mit ihren Fingernägeln riß sie unschuldigen Raben die Augen heraus, um so durch ihre Kunst die Wachsamkeit von Ehemännern zu blenden. Sie frug Blutsaugereulen nach dem besten Weg, um an mein Blut zu kommen, und von einer trächtigen Stute gewann sie eine schleimige Absonderung, um diese gegen mich zu verwenden"[40]. Ganz offenkundig geht sie dem Properz sogar noch auf die Nerven, da sie schon tot ist; denn er spickt seine Abhandlung mit vielen Hinweisen, wie alt die Frau war, wie dreckig und zerlumpt ihre Kleider sind, wie verkommen das Laken ihres Totenbettes ist. Sogar auf ihren stinkenden Atem lenkt er die Aufmerksamkeit und auf den Umstand, daß sie am Ende ihres Lebens nur noch einige wenige Haare hatte.

Horaz für seine Person zog es vor, sich lustig zu machen. *Satiren* 1.8 ist dem Gott Priapus in den Mund gelegt, der daran denkt, wie er als Holzstatue auf einem Friedhof aufgestellt wurde und bei einer Gelegenheit zwei alte, häßliche Nekromantinnen, Canidia und Sagana, beobachtete, wie sie ein schwarzes Lamm opferten, um Geister herbeizurufen, die sie dann über die Zukunft befragen wollten. Die beiden alten Weiber hatten auch Beschwörungspuppen dabei, eine aus Wolle, die andere aus Wachs, aber als sie ihr Ritual schon fast beendet hatten, ließ Priap einen Wind fahren, und die zwei Frauen rannten fort, von Horaz mit der sardonischen Bemerkung bedacht: „Unter lautem Hohngelächter magst du Canidia ihre Zähne verlieren sehen und Sagana ihre stolze Perücke, während Kräuter und Zaubersprüche ihnen aus den Armen fallen."

Es ist unmöglich, in diesem engen Rahmen der enormen Reichweite und Subtilität der klassischen Magie Gerechtigkeit wiederfahren zu lassen sowie den wechselnden Reaktionen, die sie in den Jahrhunderten von Homer bis zur Einführung des Christentums als bevorzugter Staatsreligion begleiteten. Mein Bestreben war es, von beiden Erscheinungen jeweils einige Seiten hervorgehoben zu beleuchten, die sich im späten Mittelalter und in der frühen Neuzeit als bedeutsam für die Entwicklung der Begriffe „Hexe" und „Zauberei" herausgestellt haben. Natürlich sind die von den magischen Operationen bezweckten Ziele nicht exklusiv für Griechenland und Rom oder für eine andere geschichtliche Epoche. Der Wunsch, die Liebe zu beeinflussen, hartnäckige Krankheiten zu behandeln, die Zukunft zu entschleiern und Feinden oder wen man dafür hält zu schaden, ist universal. Auch die Mißbilligung und der Argwohn der weltlichen oder geistlichen Autoritäten ist nicht nur in der gräko-romanischen Überlieferung zu finden. Aber diese Tradition gab bestimmte Vorstellungen und Begriffe über magische Anwender, die nur diesen zu eigen waren, von der Antike an spätere Zeiten weiter, und diese Vorstellungen und Begriffe sind im Wortschatz in Verbindung mit Magie und magischen Praktikern enthalten und bilden so vielleicht die bedeutsamste Verbindung zwischen den verschiedenen Stufen dieser Tradition.

Nehmen wir zum Beispiel den Hinweis auf die Blutsaugereule im obigen Beitrag von Properz. Die Pluralform für dieses Tier, die Properz gebraucht, ist *striges* (die Einzahl ist *strix*), und in späterer Zeit wurde dieses Wort eine der Standardbezeichnungen für „Hexe". Besonders zu nennen die „Schreieule" [engl. screech-owl], die zu ihrem ornithologischen Begriff eine Menge folkloristischen Gepäcks mitschleppt. Ovid gibt eine gute Zusammenfassung:

> Sie haben einen sehr dicken Kopf, Glotzaugen und Schnäbel, die gut zum Zerreißen sind. Ihre Schwingen sind grau, die Farbe der Haare alter Leute, und ihre Nägel enden in einem Haken. Sie fliegen des Nachts umher und halten nach kleinen Kindern Ausschau, die keine Amme haben. Diese reißen sie gewaltsam aus der Wiege und fügen ihnen Belästigungen zu. Man sagt, daß sie mit ihren Schnäbeln Stücke aus den Gedärmen noch nicht entwöhnter Säuglinge reißen, und ihre Kröpfe sollen mit dem Blut gefüllt sein, das sie getrunken haben. Sie werden *striges* genannt, weil sie in der Nacht in einer Weise kreischen, die die Nackenhaare aufstehen läßt. Sie mögen als Vögel geboren sein, sie mögen aber auch durch Zauberei Vögel geworden sein, alte Frauen, deren Gestalt durch Anrufung des Mars in die eines Vogels verwandelt wurde.
>
> *Fasti* 6.133-42

1.3 Eine weiß-graue Jagdeule. Der Ausdruck „strix“, womit eine Schleiereule gemeint war, wurde ebenso gebraucht, um eine Hexe zu bezeichnen, die Vogelgestalt annahm

Somit mochte man unter *strix* eine alte Frau verstehen, die durch Zauberei ihre Gestalt wechseln konnte, die des Nachts umging und mit Bedacht Säuglingen und kleinen Kindern nachstellte, von ihrem Fleisch aß und ihr Blut trank. Es ist ein Volksmythos, den Ovid an anderer Stelle erwähnt, indem er eine in der Magie bewanderte alte Bordellwirtin beschreibt. „Ich habe die bestimmte Vorstellung, daß sie ihre Gestalt wechselt, ihren alten Frauenkörper mit Federn bedeckt und in den Schatten der Nacht hin und her huscht“[41]; und dieser Gedanke wird in einem anderen Begriff wiederholt, der später Standardbezeichnung für eine Hexe wurde – die *lamia*, ein Schreckgespenst aus der Mythologie, das, wie die *strix*, Menschen, besonders Kinder, verschlang.

Ein weiterer Begriff, der sich ebenfalls einbürgerte, war *saga*. Cicero weiß, daß er von einem Verb mit dem Inhalt „ein deutliches Gefühl von etwas haben“ hergeleitet ist – vgl. dt. „Vorahnung“ oder „ungutes Gefühl“- und bringt das Wort mit alten Frauen in Verbindung[42]. Die sind demzufolge in erster Linie Wahrsagerinnen wie die *sortilega,* eine weitere spätere „Hexe“, welche Lose wirft und die Zukunft aus ihrem Muster liest, wenn sie gefallen sind, obwohl man der *saga* nachsagte, daß ihre übersinnlichen Kräfte unabhängig von Hilfsmitteln wie Würfeln oder anderem beschrifteten Material funktionierten, weil sie vielmehr auf persönliche Gefühle angewiesen waren. In Wirklichkeit tat die *saga* jedoch mehr, als nur zukünftige Ereignisse vorherzusagen. Sie konnte jemanden von gegnerischem Zauber befreien[43], sie konnte ein magisches Wachsbild anfertigen und die Person, die es darstellte, mit einem Fluch belegen[44], oder sie konnte ein unerwünschtes Ereignis in ferner Zukunft, das ihr Kunde im Traum gesehen hatte, abwenden[45]. Die *saga* sollte also in der Lage sein, Schadenzauber zu bewirken, aber auch, solche, die sie beleidigt hatten, in Tiere zu verwandeln oder bei einer Frau den Geburtstermin zu verlegen. Ebenso mochte sie ihre magischen Kräfte einsetzen, um zu verhüten, daß sie von Bewohnern ihrer Stadt kurzerhand umgebracht wurde[46].

Somit bezeichnen vier der meistgebräuchlichen lateinischen Wörter für einen weiblichen Anwender von Magie mörderische Absichten gegen Säuglinge und Kinder oder die Fähigkeit, die Zukunft vorauszusagen. Im literarischen Gebrauch wurden sie durch zwei weitere Wörter ergänzt, die ebenfalls das Terrain für das Mittelalter und die frühe Neuzeit vorbereiten halfen: (a) *venefica*, eine Herstellerin von Gift und Kräutergebräuen mit magischen Anstrichen oder gleich Schadenzauberei; (b) *Thessalia*, zunächst eine Frau aus Thessalien, einem Landstrich, der im klassischen Griechenland für die merkwürdige Gewalt über die Natur berüchtigt war, die einige der dortigen Frauen angeblich ausübten, und hieraus folgend die Bezeichnung für jede Frau, der man derartige Kräfte zuschrieb. Schon war damit in der Sprache, die im Alltag im Gebrauch und schon im Begriff war, von den geistlichen und weltlichen Autoritäten übernommen zu werden, eine Tradition zu erkennen, die unterstellte, daß weibliche Nutzer der Magie möglicherweise sehr gefährlich, zumindest aber unerwünscht waren, was zur Folge hatte, daß ihr Tun als wahrscheinlich verbrecherisch betrachtet wurde.

Von nun an traten die sechs Bezeichnungen in einschlägigen Schriften zusammen mit anderen weniger gebrauchten immer wieder auf, und seit sie die Verfügbarkeit über wohltätige oder schädliche Kräfte andeuten, ist die Gewohnheit, zu ihrer Übersetzung das einzige Wort „Hexe" zu gebrauchen, wohlgeeignet, den Blick auf die Vielfalt, die sich hinter diesem Begriff verbirgt, zu verstellen und den Leser in die Irre zu führen. Es hat einiges darauf hingedeutet, daß in der späteren Epoche die Unterscheidung zwischen den Bezeichnungen mehr oder weniger aufgehoben wurde, und natürlich scheint der klassische Gebrauch von *saga*, den wir gerade gesehen haben, diese Vorstellung zu stützen. Aber wenn man nicht wenigstens gewisse begriffliche Unterscheidungen zwischen diesen Bezeichnungen bewahrt hätte, dann sollte man eigentlich erwarten, daß in den dazwischenliegenden Jahrhunderten die meisten dieser Bezeichnungen verschwunden wären und ein Wort, nämlich „Hexe", übriggeblieben wäre, um den Grundbegriff abzudecken. Der Umstand, daß das nicht geschehen ist, legt nahe, daß spätere Schriftsteller sich der Unterschiede durchaus noch bewußt waren und, Sorgfalt vorausgesetzt, die verschiedenen Begriffe auch gebrauchten, um hervorzuheben, was man die kennzeichnende oder grundlegende magische Fertigkeit einer einzelnen Person nennen mag. Jemanden unter diesen Umständen dann *saga* oder *strix* zu nennen, gab dem Leser diesen Hinweis: „Das ist das, was ich dir in diesem besonderen Moment zu verstehen geben will; das sind die Gefühlsregungen, die ich dir entlocken will". Der Ausdruck „Hexe" sollte jedenfalls nicht als Zwangsjacke dienen, wie ja auch der „Lehrer" jemand ist, der sich darauf verlegt hat, ein Fach zu unterrichten, aber je nach den Umständen aufgefordert werden kann, mehr als ein Fach zu lehren, oder der „Doktor" sich zwar auf ein Gebiet der Medizin spezialisiert hat, aber von Zeit zu Zeit gebeten werden mag, sein Können in einem anderen Fach auszuüben. „Hexe" ist deshalb ein höchst einengender Begriff für *strix*, *lamia*, *saga*, *sortilega, venefica* usw., und jeder, der über die Hexenkunst liest, sollte sich bewußt sein, daß die Bezeichnung „Hexe" zu einer bemerkenswerten Vielfalt von Sorten magischer Anwender führen kann.

Verschiedene Arten der Magie – verschiedene Arten der magischen Anwender. Diese erfreuten sich in der Zeit der Griechen und Römer besten Verständnisses von allen Seiten, und dieses Verständnis setzte sich in die Zukunft fort, wo Einzelheiten umgesetzt und abgeändert wurden, je nachdem, in welchem Winkel der Erde die Überlieferung der Antike ankam. Die größte Verschiebung ereignete sich jedoch, zumindest in der öffentlichen Wahrnehmung, als das Christentum die anerkannte Staatsreligion wurde. Denn die christliche Theologie führte die Bevölkerung zu einer besonderen Sicht Satans, und die Entfaltung seiner Rolle im ewigen Plan führte dazu, daß die Obrigkeit Magie und magische Anwender nun mit ganz anderen Augen betrachtete.

2

Die christliche Hexe tritt auf

Nicht lange, nachdem das Christentum in das Römerreich eingetreten war, wurde offensichtlich, daß die neue Religion in zwei größeren Auseinandersetzungen stand. Zum einen waren da die Abweichungen mit der orthodoxen Theologie, die Häresien, die sich in den ersten Jahrhunderten des Christentums erhoben und wieder zusammenfielen und sich in dieser Zeit grundsätzlich mit der wahren Natur Jesu und seinem Verhältnis zu Gottvater befaßten. Zum zweiten trat das Problem mit der Magie in Erscheinung. Weil die magischen Künste allgegenwärtig waren und es zu deren Rüstzeug gehörte, Kräfte auszuüben, die über menschliches Vermögen und Naturgesetze hinausgingen, nahmen die Nichtchristen schnell wahr, daß Jesus wegen seiner Wunderheilungen und Geisteraustreibungen hohes Ansehen genoß, auch, daß die aufblühende Kirche ihren Neubekehrten Rituale bot wie die Taufe und die Heilige Eucharistie, die vorgab, böse Geister zu vertreiben und Brot und Wein in das Fleisch und Blut des neuen Gottes zu verwandeln. So behaupteten sie, daß Jesus selbst ein Magier gewesen sei, der Wunder wirkte von der Art, wie man sie in der Antike gut kannte, und was die Kirche „Sakramente“ nannte, unterscheide sich eigentlich nicht von den magischen Riten.

Dies schuf ein Problem. Einerseits erlaubte diese Einstellung den christlichen Missionaren einen besseren Zugang zur Gutwilligkeit der zu bekehrenden Heiden und half jenen, mehr oder weniger bereitwillig die Möglichkeit des Wunderbaren anzuerkennen und somit auch Christi Auferstehung und die leibhaftige Existenz der Sakramente; andererseits zwang sie aber christliche Apologeten, die Verteidiger der christlichen Wahrheit, auseinanderzusetzen, weshalb ihre Wunder, ob die von Christus selbst gewirkten oder die der Apostel und späterer Heiliger, echt seien, die der heidnischen Zauberer wie Simon Magus (S. der Magier) oder Apollonios von Tyana aber auf Schwindel beruhten. In diesem Zusammenhang kam den Gestalten Satans und der *daimones* entscheidende Bedeutung zu, und die schließliche Behandlung dieser Gestalten durch das christliche Lehramt wurde zum Schlüssel der späteren Erläuterungen, wie es Hexen möglich sei zu wirken und warum Gott dies überhaupt zuließ.

Die *daimones* der klassischen Literatur waren, wie wir gesehen haben, Wesenheiten halbgöttlichen Zuschnitts, die als Mittelsmänner zwischen Menschen und Göttern und Göttinnen arbeiteten, und sie waren es, die Anwender der Magie in die Lage versetzten, ihre Wirkungen zu erzielen und ihre Wunder zu erreichen. Der hl. Petrus warnte die Heiden eindringlich, daß, wenn sie sich weigerten, auf die christliche Botschaft zu hören, *daimones* von ihnen Besitz ergreifen würden, womit in diesem Fall klar ersichtlich böse Geister gemeint waren, die sie dann für ihre eigenen niederen Zwecke lenken würden[1], und in den Augen des Hl. Augustinus von Hippo waren alle *daimones* gleich gefährlich, weil sie Betrüger seien, die dem Menschen, den sie beherrschten, Streiche zu spielen versuchten[2]. Er lehrte, daß jede Art von Magie auf einem Pakt zwischen dem magischen Anwender und dem *daimon* beruhe, und er veranschaulichte mit Hilfe von Beispielen alle Arten von magischen Gegenständen, die Menschen um Hals und Taille oder an den Armen trugen, sowie einige Mittel gegen Krankheit, die von regulären Ärzten nicht anerkannt wurden, und die aus Beschwörungen, magischen Schriftzeichen, Amuletten oder Symboltänzen bestehen konnten[3]. Der griechische Kirchenvater Origenes ging noch einen Schritt weiter und behauptete, daß „Magier mit bösen Geistern verkehren und diese entsprechend dem, was sie gelernt haben, und dem, was sie zu tun wünschen, anrufen“[4]. Das Verbum, das hier mit „verkehren mit“ übersetzt wurde, läßt mehr als eine Deutung zu. Es bedeutet „Gesellschaft halten mit“, „vertraut sein mit“, aber es kann ebensogut auf geschlechtlichen Verkehr hinweisen, und so finden wir an dieser Stelle eine Andeutung auf die spätere Anschuldigung, die gegen Hexen vorgebracht wurde: daß sie mit Satan oder seinen bösen Geistern entweder auf dem Sabbat kopuliert hätten oder bei anderen Gelegenheiten, wenn sie ersteren persönlich getroffen hatten.

Ich erwähnte Simon den Magier und Apollonios von Tyana. Beide waren unter anderem Magier, die Wunder wirkten, und wurden von den Führern der christlichen Gemeinschaft als eine wenn auch kleine Bedrohung betrachtet. Simon erscheint in der Apostelgeschichte des Neuen Testaments und in einem apokryphen Evangelium über den hl. Petrus. Er war bereits ein renommierter Magier, ließ sich taufen und bat die Apostel, ihm ihre Heilgabe zu verkaufen – daher stammt der Begriff „Simonie“ – ein Angebot, das diese zornerfüllt verschmähten, aber dann brachte er in einem Wunderwirkwettbewerb mit dem hl. Petrus in Anwesenheit des Kaisers Nero seine magischen Kräfte dazu, ihn in der Luft umherfliegen zu lassen, bis er, durch die überlegene Macht des Heiligen bewirkt, unsanft auf der Erde landete und den Wettbewerb verlor. Apollonios billigte man eine noch größere Reputation zu, und sein Leben enthält, so wie es der griechische Philosoph Philostratos Ende des zweiten, Anfang des dritten Jahrhunderts n. Chr. erzählt, eine Anzahl von Ereignissen, die Parallelen mit dem Leben Jesu aufzeigen sollen. Seine wundersame Geburt wurde seiner Mutter vorher durch einen *daimon* angezeigt. Er heilte Kranke, trieb Dämonen aus Besessenen aus, konnte zukünftige Ereignisse vorhersagen, wurde von den römischen Machthabern zweimal eingekerkert und mußte dreimal vor dem Kaiser erscheinen, zuerst vor Nero, dann vor Domitian, erschien zweien seiner Anhänger, die dachten, er sei ein Geist, unter wunderbaren Umständen in einer Höhle und wurde nach seinem Tod in den Himmel aufgenommen, fuhr aber fort, den Anhängern zu erscheinen und diese zu unterweisen.

Diese beiden Lebensläufe verdeutlichen, daß es in den Jahrhunderten der christlichen Frühzeit Menschen gab, die von ihren religiösen oder philosophischen Lehrern erwarteten, daß diese Wunder wirkten, auch wenn sie sich, wie Jesus oder Apollonios, manchmal dagegen sträubten. Das Christentum hatte deshalb gar nicht die Wahl, die Magie abzuschaffen oder zu ignorieren. Diese mußte vielmehr angepaßt werden, und wo sie nicht *tout court* verdammt werden konnte, waren ihre zwingenden oder unabweisbaren Manifestationen im Licht der sich entwickelnden christlichen Theologie umzudeuten. Daraus erwuchs die Notwendigkeit, sich auch mit den *daimones* zu befassen.

In einem Werk, das dem Theologen Dionysios dem Areopagiten zugeschrieben wird, war die Hierarchie des Himmels bis ins einzelne dargestellt. Die Cherubim, Seraphim und Throne bilden die erste Stufe unter den Engeln; dann folgen die Mächte und Gewalten; und zum Schluß kommen die Fürstentümer, Erzengel und Engel[5]. Die künstlerische Darstellung von geflügelten Figuren in menschlicher Gestalt, nur eine der möglichen Formen selbstverständlich, aber jene, die die öffentliche Vorstellung am meisten bewegt, hat ihre Ursprünge in der Antike. Aber ebenso wie der Himmel hat auch die Hölle ihre Hierarchie. Verschiedene Kirchenväter, die sich zuerst auf die *Apokalypse* beriefen und dann auf das apokryphe *Buch Henoch*, ebenfalls eine Apokalypse, erklärten, es habe im Himmel einen Aufstand gegeben, der außerordentliche Folgen nach sich zog:

> Nun hatte es sich ergeben, daß Michael und seine Engel im Himmel gegen den Drachen kämpften; und der Drache und seine Engel kämpften auch, aber sie wurden geschlagen, und es war nicht länger Platz für sie im Himmel. Und der große Drache ward hinabgestürzt, die alte Schlange, die der Teufel oder Satan genannt wird, der Täuscher der ganzen Welt: Er wurde auf die Erde hinabgestürzt; und seine Engel mit ihm.
>
> 12.7–9

„Einige von ihnen", fügte Athenagoras hinzu, „entbrannten in Liebe zu Frauen und zeugten mit ihnen Riesen; und später wurden die Seelen dieser Riesen zu bösen Geistern, die auf der Erde umherwandern und Menschenwesen in die Irre zu führen und zu den Todsünden der Götzenverehrung und der sinnlichen Begierde zu verleiten suchen"[6]. „Lüsterne Engel", fuhren die *Klementinischen Untersuchungen* fort, „lehren uns, daß durch das Mittel bestimmter magischer Anrufungen böse Geister gezwungen werden können, Menschenwesen zu gehorchen"[7], und in koptischen magischen Texten finden wir Einzelheiten vom Fall Satans und seiner Engel in Ritualen enthalten, die für verschiedene Zwecke abgehalten wurden.

Die Namen einiger der wichtigsten dieser Engel waren natürlich bekannt, weil es für die Zwecke der Beschwörungen unbedingt erforderlich war, ganz genau den beabsichtigten Geist anrufen zu können: Azazel, Belial, Beelzebub, Asmodeus, Astaroth und Lilith, der Frauendämon, der von der späteren Legende zu Satans Mutter und damit zu einem grotesken Abklatsch der Jungfrau Maria gemacht wurde; und seit dem 15. Jahrhundert sind wir in der Lage, die Höllengeister ähnlich den Engeln des Himmels in Kategorien ordnen zu können. Alfonso de Spina, Bischof von Orense, zeichnete einige der verbreiteten Namen und Arten auf:

> Gerade wie die guten Engel und die seligen Geister neun Glieder bilden, so fielen die bösen Geister von diesen neun in andersgeartete neun Kategorien, und die verdammten Seelen mit ihnen. Diejenigen bösen Geister, die in der [himmlischen] Hierarchie eine höhere Rangstufe bekleidet hatten, wurden dementsprechend schlechter und niedriger eingestuft in dem Teil des Meridians, dessen Herrscher der Psalmist „die Zerstörung, die am Mittag abnimmt" genannt hat. Doch gibt es volkstümliche Bezeichnungen für viele dieser Geister und deren verschiedene Ränge. Einige werden *fates* genannt, andere (im Spanischen)

> *duende*, noch andere *incubi* und *succubi*. Einige von ihnen verursachen Kriege; andere essen und trinken mit Menschenkindern und erscheinen in deren Träumen. Einige sollen vom Geruch erzeugt sein, den Männer und Frauen während des Beischlafes ausströmen, oder von Planetenstrahlen. Einige sind Hermaphroditen; einige sind reinlich, andere schmutzig. Manche täuschen Männer und Frauen, die im Spanischen *jorguinas* oder *brujas* genannt werden. Viele Leute behaupten, Geister dieser Art gesehen zu haben, und beharren auf der Wahrheit ihrer Behauptung.
>
> *Fortalitium Fidei*, Buch 5, 10. Abschnitt

Die Erschaffung der Materie selbst war ähnlich geordnet. Am tiefsten Punkt in der Mitte lag die Erde, gebildet aus den vier Elementen. Ihre Unvollkommenheit und Veränderlichkeit erstreckte sich aufwärts bis zum Mond. Jenseits dieses Punktes drehten sich die sieben Planeten – Mond, Merkur, Venus, Sonne, Mars, Jupiter, Saturn, jeder von der Mauer seiner eigenen Kristallsphäre in der Bahn gehalten, und hinter ihnen begann die imaginäre Zone des Tierkreises. Zu den sieben Sphären der Planeten kamen noch die Kristallsphäre des Himmels sowie das Primum Mobile, der erste Teil der Schöpfung, der von Gott in Gang gesetzt worden war und dessen Bewegung die Bewegungen aller tieferen Sphären regelte. Jeder Planet hatte seinen eigenen Geist oder Engel, der magisch angerufen werden konnte; und jeder Planet beeinflußte alles, was unter ihm war, eingeschlossen natürlich die Elementarwelt und die Menschheit, mittels unsichtbarer Strahlen, die in der Wirkung wohltuend oder schädlich sein konnten, je nachdem, um welche Strahlenquelle es sich handelte und welches Verhältnis diese zu den anderen Himmelskörpern gerade einnahm.

Die Bedeutung von all dem für Hexen ist klar. Die *daimones* waren von Mittelsmännern aus der Geisterwelt zu bösen Geistern geworden, die in ihrem Organisationsaufbau mit den abgestuften Machtbefugnissen die Hierarchie der Engel widerspiegelten und sich nach ihrem Fall durch immer tiefere Stufen, in die das Weltall geteilt war, in der Elementarwelt unter der Mondbahn wiederfanden, wo sie entarteten und ungeachtet ihrer Abstammung unter der gleichen Unvollkommenheit wie die Menschen zu leiden hatten, doch ohne deren Beschränkungen unterworfen zu sein. Diese gefallenen Engel wurden nun mit allen Arten der magischen Praxis in Verbindung gebracht und vergifteten so die Vorstellung von der Magie dermaßen, daß es für die christliche Theologie schwierig, wenn nicht unmöglich wurde, die Anwendung der Magie vom Verkehr mit

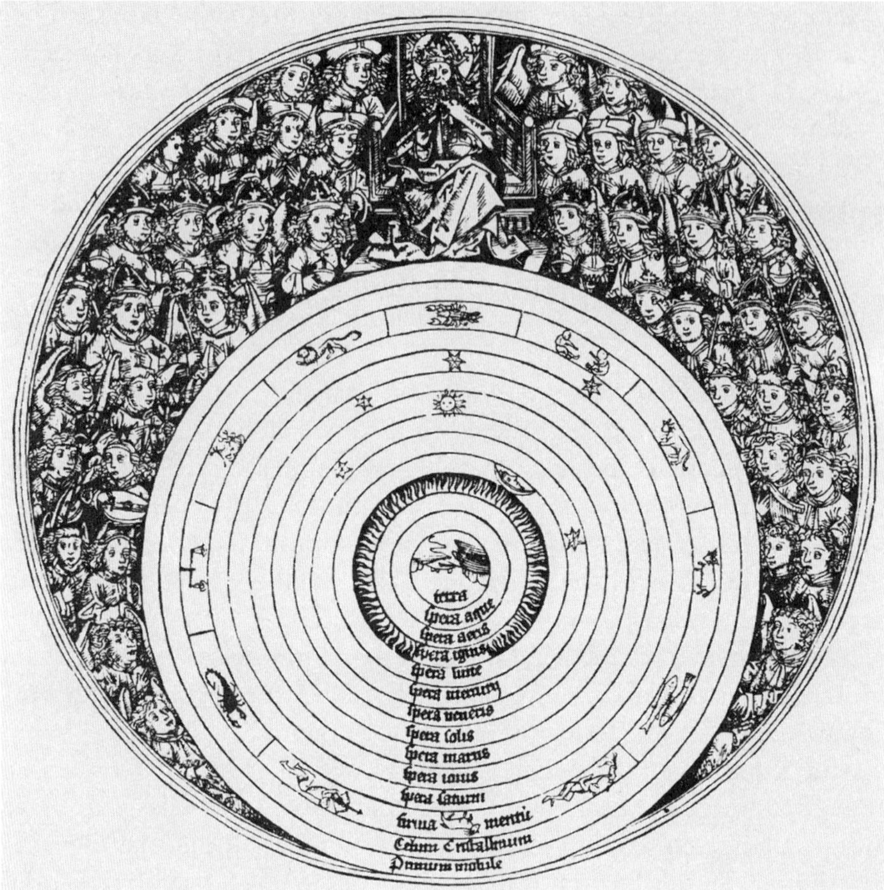

2.1 Der magische Kosmos

bösen Geistern zu trennen. Doch was die *jorguinas* und *brujas* betrifft, andere Wörter für „Hexe“, so gebraucht de Spina ein Verb, das mehrere Bedeutungen hat. Die Geister, sagt er, „täuschen“ sie im Sinne von „mit ihnen spielen“ oder „sie zum Narren halten“, aber auch, indem sie „sie zum geschlechtlichen Vergnügen gebrauchen“. Dies ist die vielschichtige Beschreibung eines düsteren Verhältnisses. Die Vorstellung eines Paktes zwischen Menschen und *daimones* setzte sich fest, und das hatte die Neigung zur Folge, jede magische Handlung als Wirkung einer teuflischen Allianz zwischen einem bösen Geist und dem menschlichen Anwender zu betrachten. Überdies griff die Gewohnheit um sich, für jedes Unglück einen bösen Geist verantwortlich zu machen. Gott mochte allmächtig und allbarmherzig sein, aber er war vollkommen damit einverstanden,

Satan und seine bösen Geister die Sünden der Menschen bestrafen oder ihren Glauben prüfen zu lassen, wie der berühmte Fall des Hiob aus dem Alten Testament darlegte. Engel und böse Geister in ihren geschlossenen Reihen wurden zu feindlichen Heeren in einem immerwährenden Kampf zwischen Gut und Böse, und deshalb konnte man durchaus die Meinung vertreten, daß ein Mensch, der Magie betrieb, dies wahrscheinlich mit dem Einverständnis und der Unterstützung Satans tat, was bedeutete, daß er oder sie sich auf die Seite des Bösen stellte, also ein Feind Gottes war. Dieser Sachverhalt wurde von Pedro Ciruelo, einem Theologen des 15. Jahrhunderts, folgendermaßen zusammengefaßt:

> Jeder, der einen Pakt oder Freundschaftvertrag mit dem Teufel unterhält, begeht eine sehr schwere Sünde, denn er bricht das Erste Gebot und sündigt gegen Gott, indem er sich des Verrats oder der *lèse majesté* [Majestätsbeleidigung] schuldig macht. Außerdem bricht er mit seiner Tat das heilige Gelöbnis, das er mit seiner Taufe eingegangen ist. Damit wird er zum Abtrünnigen an Christus und zum Götzenanbeter, der dem Widersacher Gottes, demTeufel, dient.
>
> *Reprobación de las supersticiones y hechizerias*, Teil 1, Kap. 2

Es ist nicht verwunderlich, daß eine der gebräuchlichsten Reaktionen auf jemandes Besessenheit durch einen bösen Geist darin bestand, den Dämon zu „exorzieren", ein Begriff, der auf die griechische Wendung „von einem Eid entbinden" zurückgeht. In der heidnischen gräko-romanischen Welt wurde dieser Prozeß amtlicherseits mit großem Mißtrauen betrachtet. Der Rechtsgelehrte Ulpianus etwa weigerte sich, Exorzisten ernst zu nehmen.

> Man wird vermutlich den als Heilkundigen anerkennen, der verspricht, bestimmte Teile des Körpers oder bestimmte körperliche Beschwerden zu behandeln, einen Fachmann für die Ohren vielleicht, oder für Fisteln oder die Zähne. Man braucht aber niemanden als Heilkundigen anzuerkennen, der eine Beschwörung durchgeführt, [magische] Verwünschungen ausgesprochen oder, hier gebrauche ich den von Scharlatanen angewandten Begriff, seinen Patienten „exorziert" hat.
>
> *Digest* des *Corpus Iuris Civilis* 50.13.1.3

Lukian, der Schriftsteller aus dem zweiten nachchristlichen Jahrhundert, übte eine noch vernichtendere Kritik: „Der Exorzist mit seinem üblen

Mundgeruch treibt, wenn er spricht, gewiß manchen *daimon* aus, jedoch nicht, weil er ihn mit einem Schwur belegt hätte, sondern allein durch die Gewalt seines an einen Misthaufen erinnernden Atems"[8]. Zumindest ein Teil des Problems lag in der Schwierigkeit mancher Leute, den Exorzismus von anderen magischen Operationen zu unterscheiden. Ein an den hl. Hieronymus gerichtetes Gebet enthält eine der von Exorzisten gebrauchten Formeln, eine Mischung aus „barbarischen" Namen und Anrufungen sowie griechischen, hebräischen und lateinischen Beinamen und Umschreibungen der Heiligen Dreifaltigkeit, alles mit dem eingestreuten Zeichen des Kreuzes unterteilt, eine Aufmachung, die insgesamt eine starke Ähnlichkeit mit einer offenherzigen, an Geister gerichteten magischen Ermahnung aufweist:

> El + Elohim + Eloha + Eheje + Tetragrammaton + Adonai + Schadai + Sabaoth Soter + Emanuel + Alpha + und Omega + Erster und Letzter + der Fürsten + das Ende + Heiliger + Starker + Unsterblicher + Gott + Agla + Jehova + Homousion + Ja + Messias + Esereheje + Christus siegt + Christus herrscht + Christus befiehlt + Unerschaffener Vater + Unerschaffener Sohn + Unerschaffener Heiliger Geist + Beim Zeichen des Kreuzes befreie uns, o Gott, von unseren Feinden.

Der Exorzismus wurde schnell zum Kriegsschauplatz, auf dem Magier und christliche Priester darin wetteiferten, sich gegenseitig ihre überlegene Macht über nichtmenschliche Wesenheiten zu demonstrieren. Die Hagiographien der frühen christlichen Heiligen sind voll von einschlägigen oder ähnlich gelagerten Geschichten, und der Exorziationsritus als Zurschaustellung von Macht war in der Tat so nutzbringend, daß er ohne weiteres die Zeit der Reformation überstand, weil Katholiken wie Protestanten die Rechtmäßigkeit ihrer jeweiligen Ansprüche dadurch zu beweisen trachteten, daß sie öffentlich die bösen Geister aus Besessenen austrieben, die als besonders hartnäckige Fälle angesehen wurden. Krankheit, Unfälle, Unglücke aller Art, die einen Mann oder sein Vieh treffen konnten, ungünstiges Wetter, Stürme auf See, plötzliche Todesfälle – all das konnte der Absicht böser Geister und ihrer menschlichen Helfer zugeschrieben werden: Magiern, gerissenem Volk, Hexen.

Aber es waren nicht nur die *daimones*, die im Lichte der christlichen Theologie neu ausgelegt wurden. Auch der Heilzauber durchlief eine bestimmte Form der Umwandlung. So wurden die Amulette in die christliche Religion eingebunden, indem man sie bestimmten Heiligen oder Wallfahrtsstätten zuschrieb. Der Kranke pilgerte zum Schrein eines Heiligen, der bekannt dafür war, Krankheiten im allgemeinen oder das Gebrechen des Wallfahrers im besonderen zu kurieren, und ließ im Falle einer Heilung oder spürbaren Besserung als Votivgabe ein Bild seiner Augen, Hände, Füße usw. zurück. Zum Dank mag man ihm ein Andenken mitgegeben haben, das den Heiligen oder seinen Schrein zeigte, als apotropäisches (unheilabwendendes) Amulett, um einem Wiederauftreten des Problems vorzubeugen. Diese Andenken konnten Medaillons sein oder Ringe, Armbänder und Anhänger. Sie konnten auch Ampullenform aufweisen und, sagen wir, Staub aus des Heiligen Grab enthalten oder medizinische Pillen und Tränke, deren Wirksamkeit durch die Berührung mit einem Bild des oder der Heiligen oder einem Symbolzeichen seiner oder ihrer wunderbaren Macht erhöht wurden. Dabei war es nicht unbedingt erforderlich, daß der oder die Kranke die Wallfahrt in eigener Person unternahm. War die Krankheit zu schwer oder standen wirtschaftliche Erwägungen der Durchführung der Reise entgegen, so hielt man die Andenken für wirkmächtig genug, um einiges von der Heilkraft des Heiligen auf den Patienten zu übertragen, der ein Bild des Heiligen trug oder die Medizin einnahm, deren Wirkung durch die übertragene Magie verstärkt wurde.

Eigentlich war es für solche Amulette auch nicht unbedingt erforderlich, unmittelbar mit einem wunderwirkenden Heiligen in Verbindung gebracht zu werden. Wurde die Krankheit nämlich der Böswilligkeit eines *daimon* zugeschrieben, genügte jedes andere Amulett, das ordnungsgemäß beschrieben und bevollmächtigt worden war. So zeigt der Stempel eines Arztes aus der Spätantike das griechische Wort für „Gesundheit“ um den griechischen Anfangsbuchstaben für „Tod“ in der Mitte herumgeschrieben und alles von dem äußerst mächtigen magischen Zeichen des Pentagramms umgeben.

Was war also der Unterschied zwischen einer durch heidnische Magie und einer durch christliche Wunder bewirkten Heilung? Der hl. Augustinus versuchte eine Antwort:

> Wenn Magier dasselbe tun, was Heilige bei Gelegenheit vollbringen, dann mögen ihre Handlungen auf den ersten Blick ähnlich erscheinen, doch liegt ihnen eine gänzlich verschiedene Absicht und eine ganz anders geartete Billigung zugrunde. Die ersteren tun, was sie tun, als Ergebnis bestimmter Zugeständnisse, die sie gemäß ihrer gewöhnlichen Verfahrensweise den Mächten, von denen sie beherrscht werden, geleistet haben –

sie halten beispielsweise geheime Geschäfte ab oder führen insgeheim Giftzauber [*veneficia*] durch; während die letzteren in aller Öffentlichkeit wirken, auf Weisung dessen, dem die ganze Schöpfung untertan ist.

De diversis quaestionibus 79.4

2.2 Der Erzengel Gabriel durchsticht das Zeichen des bösen Blicks

Selbst der Charakterzug des Neides benötigte eine Umdeutung des Begriffs. Dieser Ursprung des Gedankens vom bösen Blick (lat. *fascinatio*) war seit frühen Zeiten ein integraler Bestandteil der mittelmeerischen und nahöstlichen Kultur gewesen, doch nun verband das Christentum ihn mit dem Teufel und wandelte den Neid in eine seiner Hauptwaffen gegen die Menschheit um. „Wenn böse Geister, die das Gute hassen, auf Menschen stoßen, die in Fragen der Moral eine Wahl treffen, die vollständig günstig für sie ist“, schrieb der hl. Basilius, „dann machen sie von solchen Entscheidungen vollen Gebrauch für ihren persönlichen Zweck, indem sie die Augen der Übelwollenden für die Erreichung ihrer eigenen Absichten einsetzen. Kriecht nicht ein Schauder des Entsetzens über deine Haut bei dem Gedanken, daß du dich selbst zum Sklaven eines tödlich bösen Geistes machen könntest?“[9] Nun beruht der Neid ungleich, sagen wir, zeremonieller Magie für seine Wirkung auf einem gesellschaftlichen Zusammenhang. Man ist nicht neidisch auf die Ernte, das Vieh, die blühende Familie, das Glück eines Fremden, sondern seines Nachbarn, und so wirkt der böse Blick in höchster Potenz bei denen, die in enger Tuchfühlung miteinander leben. Er funktioniert, wie Plutarch im 2. Jahrhundert n. Chr. ausführte, wobei er sich auf eine alte Theorie des Demokrit stützte, weil Gefühle unsere Sinnesorgane stimulieren, die dann Partikelströme aussenden, von denen wiederum die lebhaftesten und wirkungsvollsten durchs Auge austreten, um die Luft zwischen dem Urheber jener Partikel und dem Empfänger zu erfüllen[10]; und weil es sich dabei so verhält wie bei manchen Arten von Krankheiten, kann man dem bösen Blick wie ja auch Erkrankungen mit schadensabwendenden Amuletten, christlichen Zeichen, die man in der Kleidung trägt, und ähnlichen Formen der Magie begegnen.

Es ist nicht schwer, zu sehen, wie diese Überzeugungen Menschen, besonders Frauen, in Mitleidenschaft ziehen konnten, wenn sie in einer späteren Epoche unter dem allgemeinen Vorwurf der „Hexerei“ der verschiedensten Verbrechen angeklagt wurden. Der Körper der Frauen, so sagte man, war sowohl von der Anlage her als auch tatsächlich von Übel, wie die monatliche Regel schon bewies, und „wenn eine Seele, wie es besonders bei alten Weibern geschieht, in unmäßigem Grade zur Böswilligkeit aufgestachelt wird, so wird deren starrer Blick in der Weise, die ich früher beschrieben habe, giftig und schädlich besonders gegenüber Kindern, deren Körper nicht stark genug ist, um ihm zu widerstehen, und deshalb leicht ein Zeichen eingedrückt erhalten kann. Es ist auch möglich, daß, mit Gottes Einverständnis oder aufgrund irgendwelcher geheimer Abkommen, die Arglist böser Geister, mit denen ältere Frauen [*sortilegae*] den einen oder anderen Pakt unterhalten, mit ebendiesen Weibern zu diesem Zweck zusammenwirkt“[11].

Nach damaliger Anschauung konnten menstruierende Frauen allein wegen ihrer körperlichen Verfassung Schaden ausüben (und taten dies auch), aber hatten sie erst einmal das Alter erreicht, in dem die Regel endete, dann mündete die Bitternis ihrer Gefühle in der Fähigkeit, den bösen Blick hervorzubringen. Dieser Beweisgrund liefert eine Erklärung für die Verbindung alter oder älterer Frauen mit einer bestimmten Vorstellung von Magie, die unvermeidlich mit dem Verdacht auf einen dämonischen Pakt einherging, aber er darf nicht zu der Schlußfolgerung verleiten, alle „Hexen" seien alte Frauen gewesen. Schon die Gerichtsprotokolle widersprechen dieser Auffassung, die unglücklicherweise ihren Weg in zahlreiche moderne Darstellungen der Hexerei gefunden hat.

In den ersten christlichen Jahrhunderten wurde die Magie also angepaßt und in gewissem Maße im Licht der Theologie der sich kräftig entwickelnden neuen Religion frisch ausgelegt. *Daimones* wurden zu bösen Geistern und in dieser Verkörperung tauglich, wegen des vermuteten Paktes zwischen ihnen und einem Menschen mit jedem Zweig der Magie in Verbindung gebracht zu werden. Auch die Vorstellung von der Schöpfung durchlief insofern eine Änderung, als das Weltbild eine manichäische Sichtweise annahm: Gott wurde durch Satan widergespiegelt (obwohl Satan zumindest auf dem Papier als der Schwächere galt und nicht als göttlich wahrgenommen wurde); Engel wurden in Ränge eingeteilt und hatten ihre Widerlager in der Hölle; die Schöpfung wurde zum Schlachtfeld zwischen Gut und Böse, wobei der Menschheit durch den freien Willen gestattet war, die Seite zu wählen, auf der sie kämpfen wollte. In einer Welt, in der die magische Praxis gang und gäbe war, erwartete mancher, der zu konvertieren wünschte, von den Christen, daß sie in der Lage seien, eine stärkere Magie auszuüben als ihre heidnischen Gegenstücke, und dies blieb so lange ein Erfordernis, bis Europa flächendeckend bekehrt war – also bis zum 12. Jahrhundert. Heilige spielten in diesem Handlungsmuster eine größere Rolle. Sie wirkten Wunder, heilten Kranke, trieben böse Geister aus; und wurden sie vom Tod ereilt, dann setzten ihre Reliquien das gute Werk fort. Auf diese Weise verfolgten Amulette aller Arten unter christlichem Deckmantel jene magischen oder wunderbaren Ziele, die man einst ausschließlich durch heidnische Magie zu erreichen gesucht hatte. Selbst eingefleischte Gewohnheiten böswilliger übernatürlicher Macht wie der böse Blick setzten sich fort, diesmal aber durch christliche Rituale und Symbole bekämpft, während jene, die die Wirkung des bösen Blicks auf ihre Nachbarn herabriefen, als Anhänger Satans und damit als Götzenanbeter und Abtrünnige vom christlichen Glauben betrachtet wurden.

Die Antwort des Staates auf diese Herausforderung war, Magier jeglicher Art und deren Kundschaft als potentielle Unruhestifter oder sogar Feinde zu behandeln. Jene Sammlung von Edikten, die als der *Codex Theodosianus* bekannt ist, die gesetzliche *pronunciamenti* mehr oder weniger vom 4. Jahrhundert n. Chr. an beinhaltete, untersagte die Konsultation von Magiern und Wahrsagern, betrachtete die Nekromantie als im höchsten Grade gefährlich und verhängte auf Anwender der Magie die Todesstrafe. Wer eingestanden hatte, Schaden- oder Giftzauber (*maleficum* und *veneficium*) zu betreiben oder dessen in einem ordnungsgemäßen Gerichtsprozeß für schuldig befunden wurde, hatte sein Recht auf Berufung ebenso verwirkt wie seine Familie das Recht, sein Erbe anzutreten. Auch hatten jene überführten Angeklagten keine Möglichkeit, von einer der Begnadigungen zu protitieren, die das Reich etwa zu Ehren des Osterfestes verkündete, oder um eine Geburt in der kaiserlichen Familie zu feiern. Ein Anwender von Schadenzauber zu sein, wurde für die Ehefrau als ausreichender Grund erachtet, gegen ihren Mann die Scheidungsklage einzureichen, ganz so, als sei er ein Mörder oder Grabschänder. Einige der Edikte gehen so weit, Magie in medizinischen Wendungen zu beschreiben, als eine Verunreinigung, die jene befällt, die in Kontakt mit ihr geraten[12].

Zahlreiche dieser Edikte in Verbindung mit der Magie stammen aus der Mitte des vierten Jahrhunderts, als eine Reihe von Kaisern sich von außerhalb der Grenzen bedroht fühlten, und besonders zwei von ihnen, Valens und Valentinian I., waren in heftiger Reaktion auf den Versuchs ihres Vorgängers, Julian (360–363), die alte römische Religion als Staatskult wiedereinzuführen, leidenschaftlich prochristlich eingestellt. Manches von diesem amtlichen Unbehagen war verständlich. Ein zeitgenössischer Geschichtsschreiber, Ammianus Marcellinus, veranschaulichte zum Beispiel eine umständliche magisch-astrologische Zeremonie von 371 auf 372, deren Ziel es war, die Nachfolge auf dem kaiserlichen Thron vorherzusagen[13]. Aber de facto hatten viele der Handlungen, die unter die kaiserliche Mißbilligung fielen, nur eine solche Auswahl magischer Praktiken zum Inhalt, wie sie seit Jahrhunderten alltäglich war.

> Trug jemand um seinen oder ihren Hals Amulette gegen Vierteljahrsfieber oder eine andere Krankheit, oder wurde böswillig beschuldigt, des Abends an einem Grab vorübergegangen zu sein, was die Vorstellung weckte, daß er oder sie ein Betreiber von Giftzauber sei, der schreckliche Dinge aus dem Grab und die nutzlosen Spielzeuge der Seelen sammelt, die an diesem Ort umgehen, dann wurde er oder sie für schuldig befunden und hingerichtet.
>
> Bd. 9.12.14

Solche Aktionen wurden, wie Ammianus offen sagt, behandelt, als ob sie auf Hochverrat hinausliefen, so eindeutig feindselig war die vorherrschende Meinung den einfachsten Formen der Magie gegenüber eingestellt. Und Ammianus weiß noch von anderen Hinrichtungen zu berichten: ein Wagenlenker, der seinen vorpubertären Sohn einem Anwender von Giftzauber anvertraut hatte, um den Jungen in bestimmten gesetzlich verbotenen Geheimnissen unterweisen zu lassen[14]; ein Mann, der Liebeszauber einsetzte, um eine Frau dazu zu bringen, ihn zu heiraten[15]; und ein einfältiges altes Weib, das Wechselfieber durch harmlose Beschwörungen zu behandeln pflegte[16]. Wir erfahren sogar von einem unglücklichen Jüngling in einem öffentlichen Bad, der unter Aufsagen der sieben Vokale des griechischen Alphabets abwechselnd zuerst die Marmorverkleidung und dann seine Brust mit jedem Finger berührte, in der Hoffnung, daß dieser Zauber sein Magenleiden kurieren werde. Statt dessen wurde er jedoch eingekerkert, gefoltert und enthauptet[17].

Diese Härte setzte sich fort. Im 6. Jahrhundert wurde die Wiederaufnahme eines früheren Gesetzes betrieben, derzufolge „Anwender von Schadenzauber, Zauberer überhaupt, Aussender von Unwettern und solche, die die Gemüter anderer in Verwirrung stürzen, indem sie böse Geister anrufen, mit der vollen Strenge des Gesetzes zu bestrafen sind. Diejenigen, welche bösen Geistern opfern oder sie beschwören, sind hinzurichten. Ebenso ist jeder hinzurichten, der böse Geister anruft oder an Wahrsager glaubt, die als ‚Propheten' oder ‚Deuter des Vogelflugs' bekannt sind"[18]. Das *Edikt des Theoderich* brachte eine ähnliche Verurteilung hervor, unterschied aber zwischen „ehrbaren" Missetätern, die in die Verbannung geschickt wurden, und Übeltätern „aus den unteren Ständen", die zu Tode gebracht werden mußten[19].

In der ersten Hälfte des 7. Jahrhunderts hoben die *Edicta Langobardorum* die Dinge auf eine höhere Ebene. Jeder, der ein freies Mädchen oder eine freie Frau unter seinem Schutz hatte und sie als Hexe (*striga*) bezeichnete, ging des Rechtes über sie verlustig, es sei denn, er war ihr Vater oder Bruder, und sie konnte dann sich und ihren Besitz unter den Schutz der Verwandten oder des Königs stellen; und verlor jemand die Beherrschung und nannte ein freies Mädchen oder eine freie Frau unter dem Schutz eines anderen eine „Dirne" oder „Hexe", dann wurde er von den Sakramenten ausgeschlossen. Auch war niemand berechtigt, eine weibliche Bedienstete zu töten „wie wenn sie eine Hexe sei"[20]. In den ersten zwei Beispielen ist das Wort für Hexe durch den volkstümlichen Begriff *masca* beschönigt, wörtlich „eine maskierte Frau", ein interessanter Hinweis auf den Volksglauben, der in späteren Beweisen für Zauberei häufig auftaucht, als der Hexensabbat gerne mit der Vorstellung auf verschiedene Weise entweder durch eine Larve oder die Kleidung verhüllter Gesichter in Verbindung gebracht wurde.

Ein Jahrhundert später brachten die *Capitula de partibus Saxoniae* den Teufel ins Spiel:

> Wenn jemand, vom Teufel verführt, glaubt, wie die Nichtchristen dies tun, daß ein Mann oder eine Frau eine Hexe (*striga*) sei und Menschen esse und sie daraufhin verbrennt oder ihr Fleisch anderen zu essen gibt oder sie selber ißt, dann soll er hingerichtet werden. *Und*: Wenn jemand dem Teufel ein Menschenopfer bringt und, wie die Nichtchristen dies tun, ihn oder sie bösen Geistern zum Opfer bringt, dann soll er hingerichtet werden.
>
> *Capitula de partibus Saxoniae*, Not. 6 und 9

Kannibalismus war also offenbar nicht auf Hexen beschränkt, und Opfer der einen oder anderen Art an *daimones* hatten innerhalb der Staatsreligion des Kaiserreiches die Ankunft des Christentums lange überlebt. Doch dann erinnert uns eine Aufstellung nichtchristlicher Bräuche, die in der Mitte des nämlichen 8. Jahrhunderts auftauchte, an den Zusammenhang, in dem geistliche und weltliche Führer sich verpflichtet fühlten, ihre Edikte und Verurteilungen zu erlassen. Diese Aufstellung enthält Freveltaten an den Gräbern Verstorbener; heidnische Opfer sowie Opfer an christliche Heilige; den Gebrauch von Amuletten, magischen Knoten; Beschwörungen; die Hinzuziehung von Wahrsagern, Propheten und magischen Praktikern; die Herstellung von Bildern aus Teig oder Lumpen für magische Zwecke; und den Glauben, daß Frauen in einem magischen Akt den Mond verschlingen könnten, um die Herzen und Gefühle der Männer zu lenken[21].

Der Staat verhängte, weil er eben der Staat war, gegen solche Unsitten durchweg die Todestrafe. Die Kirche jedoch nicht. Ihre Verdammungsurteile waren ebenso beständig und ebenso heftig, aber sie fühlte sich, mochte sie noch so sehr herausgefordert werden, außerstande, diese letzte Strafe zu verhängen. Sie hob sich vielmehr für magische Vergehen Bußen auf, die sie im Lichte ihres moralischen Ansehens für geeigneter hielt. – Aus der Fülle der Konzile zwischen dem vierten und achten Jahrhundert können wir eine Auswahl an magischen Handlungen herleiten, die den Zorn der Kirche hervorriefen. Frauen wurde untersagt, auf Friedhöfen Wache zu halten[22], vermutlich aus Besorgnis, sie könnten Gräber durchwühlen oder die Geister der Toten beschwören. Die Gläubigen wurden angehalten, Engel nicht mit Namen zu rufen, die nicht in der Heiligen Schrift standen[23] – ein Verbot, das ersichtlich auf die hartnäckige Gewohnheit gemünzt war, hebräische und ägyptische Namen in die Anrufungen einfließen zu lassen. Ebenso untersagt war die ausufernde Verehrung bestimmter anerkannter Engel wie Michael[24], wohl um Verwechslungen mit ähnlich gearteten heidnischen Anbetungen zu vermeiden. Der Gebrauch der Bibel für Zwecke der Weissagung war verdammt[25] wie alle anderen Arten der Weissagung auch[26]. Papst Zacharias verdeutlicht das in seinem Brief vom 1. April 743 an den heiligen Bonifatius:

> In Hinblick auf die Neujahrsfeierlichkeiten, Weissagungen, Amulette, Beschwörungen und andere Praktiken, die, wie du sagst, nichtchristlicher Praxis entsprechend in der Kirche des Heiligen Apostels Petrus oder in der Stadt Rom beobachtet worden sind, erachten Wir diese als falsch und verderblich für Uns und jeden Christen ... und weil sie begannen, aufs neue ihr Haupt zu erheben, haben Wir sie sämtlich abgeschafft von dem Tage an, da die Gnade Gottes Uns, unwürdig wie Wir sind, befahl, die Stelle des Apostels einzunehmen.

Wenn solche Dinge in der Hauptstadt des christlichen Europa beobachtet werden konnten, dann verwundert es nicht, daß der hl. Bonifatius sich vier Jahre später bemüßigt fühlte, Cuthbert, den Erzbischof von Canterbury, dahingehend zu unterrichten, er habe die Weisung erlassen, daß jeder Bischof einmal im Jahr bei einem Rundgang durch seine Diözese alle Überreste heidnischer Verehrung aufspüren müsse, darunter Opfergaben an die Toten, Weissagung, das Tragen von Amuletten und die Durchführung von Beschwörungen. Diese Visitationen scheinen jedoch nur geringe oder jedenfalls keine bleibende Wirkung gehabt zu haben, denn in der zweiten Hälfte des 9. Jahrhunderts finden wir einen Bericht des Erzbischofs Hinkmar von Reims:

> Die Geschichte der Sakrilegien, die ich enthüllt habe, ist nicht schnell erzählt – menschliche Gebeine, die tote Asche [aus Scheiterhaufen], Haare und Haarbüschel von den Geschlechtsteilen von Männern und Frauen, Fäden aus vielen verschiedenen Farben, Kräuter verschiedener Sorten, kleine Muscheln, leichte Schlangenbisse, alles durch Beschwörungen verzaubert. Doch nachdem die Menschen von dergleichen befreit und durch den Segen der Kirche geheilt worden sind, sind sie einmal mehr in die Lage versetzt, ihre ehelichen Pflichten und Freuden zu erfüllen. Da sind auch solche, die sich in verzauberte Kleidungsstücke hüllen. Anwender der Magie (*sortiarii*) haben einige Menschen dem Wahnsinn verfallen lassen, indem sie sie etwas trinken, und andere, indem sie sie etwas essen ließen. Hexen (*strigae*) haben einige Männer durch Beschwörungen verzaubert und sie ihre Manneskraft einbüßen lassen. Hexen (*lamiae*), oder sollte ich lieber sagen „Dirnen", haben einigen Männern ihre Kraft genommen, und augenscheinlich böse Geister, die man als „Dusii" kennt, haben die Gestalt von Männern angenommen, für die bestimmte Frauen in Verlangen entbrannt waren, und so Geschlechtsverkehr mit ihnen gehabt. Aber diesen Männern und Frauen, die einst durch diabolische Erscheinungen erstickt und erniedrigt wurden, ist durch die Macht Gottes, den Exorzismus und die Gegenmittel der Kirche die Gesundheit wiedergegeben worden.
>
> *De divortio Lotharii et Tetbergae* = PL 125.717–18

Bußschriften, die als Anleitung für Gemeindepriester verfaßt waren, sind eine weitere Informationsquelle über die Verquickung vorchristlicher und christlicher Glaubenselemente und Praktiken in Gemeinden, die bereits bekehrt waren, wenn auch nur dem Namen nach – Verhältnisse, die weite Gebiete Europas bis tief ins Mittelalter hinein und darüber hinaus umfaßten. Aber sie illustrieren nicht so sehr einen beständigen Kampf zwischen dem Christentum einerseits und der Magie mit der alten Religion andererseits als vielmehr die Durchdringung des christlichen Lebens durch Gewohnheiten in Richtung Natur und Gotthaftigkeit, die sich nach der Bekehrung der Gemeinden nicht wesentlich änderten. Danach wurden Natur und Menschenwesen als untrennbar zusammenlebend begriffen, indem der eine den anderen in einem System wechselseitiger Beteiligung unter göttlicher Lenkung beeinflußte. Daher der Glaube, daß durch Menschen abgehaltene Rituale das Wetter oder die natürliche Wirkung von Kräutern beeinflussen konnten, ein Glaube, der durch christliche Amtswalter als Zusammenwirken mit unerwünschten spirituellen, sprich dämonischen Kräften gedeutet werden konnte und wurde.

Nichtchristlicher Glaube und angeschlossene Handlungen konnten damit in einem Klima gegenseitigen Mißverständnisses neben dem Christentum bestehen. Wie, um ein Beispiel zu nennen, vermittelten Missionare ihre besonderen Begriffe von Gott, Sünde, Reue und Buße oder Erlösung Menschen, deren Sprache sie nicht gekannt haben mochten und deren religiöser Wortschatz mit annähernder Sicherheit nicht einmal ähnliche Begriffe über Göttlichkeit, Schöpfung und die Verwandtschaft menschlicher Wesen damit aufwies? Mißverständnisse, Unkenntnis, Anpassung können alle eine große Rolle gespielt haben, jemandes Verständnis von dem, was der Priester ihm mitteilen wollte, zu beeinflussen. Hieraus leitet sich vielleicht die kirchliche Verurteilung von Überzeugungen wie der ab, daß Satan die Ursache von Blitz und Donner oder Sturm und Dürre sei[27], oder daß man mit Gewändern, die ein Priester getragen hatte, Feuer löschen könne[28]. Denn es war nicht immer der Fall, daß der Laienstand eine angemessene Schulung und Unterrichtung erhielt. Während des Prozesses der Hl. Jeanne d'Arc im Jahre 1431 wurde behauptet, daß sie nicht ordnungsgemäß im Glauben unterwiesen worden sei, sondern in ihrem Heimatdorf Domrémy unter dem Einfluß alter Weiber gestanden habe, die mit der Kenntnis von Beschwörungen und Weissagungen erfüllt waren und diese an Johanna weitergegeben hätten. In der Tat erzählte ihr sogar ihre eigene Gottesmutter, eine Frau, wie wir uns erinnern sollten, deren Pflichten einschlossen, sicherzustellen, daß Johanna als gute Katholikin erzogen wurde, viele örtliche Überlieferungen über Geister oder *daimones*, die als „Fairies" bekannt waren, die die Kleriker in Johannas Gerichtsverhandlung nicht unerwartet als böse Geister deuteten.

Dieses Durcheinander religiöser und kultureller Überzeugungen war jedoch keineswegs auf die Laien beschränkt. Auch Priester waren absolut gewillt, sowohl von magischen Anwendern Gebrauch zu machen als auch selbst Magie einzusetzen. Das Konzil von Toledo hob 633 den ersten Punkt hervor:

> Wird entdeckt, daß ein Bischof, Priester, Diakon oder Angehöriger der heiligen Orden Magier, Wahrsager, die Donner und Blitz deuten, solche, die durch Eingebung weissagen, und besonders jene, die den Vogelflug deuten, solche, die Lose werfen, solche, die ähnliche Fertigkeiten vorgeben, und alle, die einschlägige ähnliche Handlungen vollziehen, befragt: Er soll zur Strafe seines Ranges verlustig gehen und in ein Kloster verbracht werden, wo er das Sakrileg, das er begangen hat, durch fortwährende Buße sühnen möge.

Mehrere Konzile sprachen jedoch auch das Problem der Priester an, die gleichzeitig Magier waren. Jenes von Agda erließ 506 eine umfassende Verurteilung solcher Menschen; einmal mehr wurde die Praxis verboten, Milch und Honig mit dem Meßwein zu mischen – eine offensichtliche Verwandtschaft zu den heidnischen Opfern an die Geister der Toten[29]; ebenso wurde den Priestern untersagt, Gott zu strafen zu suchen, indem Altäre niedergerissen wurden, oder die Kirche zu schließen, wenn sie irgendeinen Groll hegten[30], oder ein Requiem für einen Lebenden zu halten, um seinen oder ihren Tod herbeizuführen[31]. Anscheinend waren nicht einmal die Päpste vor der Beschuldigung gefeit, Magie zu treiben, denn auf dem Konzil von Brixen wurde Gregor VII., allerdings aus politischen Erwägungen einiger Teilnehmer, 1080 nicht nur des Frevels und der Ketzerei beschuldigt, sondern auch, ein offener Nutzer der Weissagung und Traumdeutung zu sein und mit Hilfe eines seherischen Geistes Tote zu beschwören; und so voreingenommen diese Anklagepunkte auch gewesen sein mögen, so hätte es keinen Zweck gehabt, sie vorzulegen, wenn nicht die aussichtsreiche Möglichkeit bestanden hätte, daß eine erkleckliche Anzahl von Hörern sie glaubte.

So lohnt es sich, festzuhalten, daß Hexen, Magier, Weissager und alle anderen Betreiber okkulter Wissenschaften nicht am Rande der Gesellschaft standen; sie beschränkten sich auch nicht kraft ihres Alters, Geschlechtes oder ihrer Erziehung auf eine bestimmte Schicht. Wirklich jeder, Kleriker wie Laie, konnte zu dieser oder jener Zeit die eine oder andere Form der Magie betreiben. Wir sollten auch die moderne Angewohnheit ablegen, deutliche Grenzen zwischen Magie, Religion und den Naturwissenschaften zu ziehen. Eltern mit einem kranken Kind waren absolut imstande, für die Gesundung ihres Kindes zu beten, sich mit der Bitte um Exorzismus an einen Priester zu wenden, wenn die Art der Erkrankung dies rechtfertigte, oder die Hilfe eines Apothekers oder Kräuterkundigen in Anspruch zu nehmen für Aufgüsse oder warme Umschläge, deren Ingredienzien mit oder ohne astrologische Berechnungen gewonnen und unter Gebeten oder magischen Formeln oder einer Mischung aus beidem, gesungen oder geraunt, zusammengestellt und verabreicht wurden. Die Magie, das sollte nachdrücklich betont werden, war keine fremdartige Zuflucht, die man ergriff, wenn Religion oder Wissenschaft in Gestalt der Medizin versagt hatten oder zu versagen schienen. Sie war ein absolut gültiger Sonder- oder Ausweg im Streben, zum eigenen Nutzen Macht auszuüben oder die verborgenen Kräfte der Schöpfung zu erschließen, auch wenn Kirche und Staat offiziell erklärten, die Magie stelle wegen ihrer Verbindung mit bösen Geistern eine zweifelhafte Tätigkeit dar und gehöre deshalb am besten in Ruhe gelassen. In Wirklichkeit mochten dieselben Amtsträger ihre eigenen Verbote insgeheim hintanstellen und sich verhalten wie alle anderen auch. Denn niemand stellte die Möglichkeit zumindest einiger Wirkungen der Magie in Frage. Es war die Gefahr für Leib und Seele, die in dieser Wirklichkeit verborgen lag, die Kirche und Staat fürchteten; deshalb ihre Verdammungen, Dekrete und Strafen.

So ist es nicht einfach, festzulegen, was eine Hexe im Gegensatz zu einem Kräuterkundigen oder beispielsweise einem Häretiker oder Zankteufel zur Hexe machte. In bezug auf die Epoche, die wir behandeln, ist es in der Tat unmöglich, und es muß betont werden, daß die Gesetzgebung dieser Zeit es nie versuchte. Missetäter wurden ausgemacht, weil sie bestimmte Dinge taten oder bestimmte Zeichen trugen, die die Gesetzgebung verurteilt oder verboten hatte. Sie wurden nicht als Missetäter betrachtet, weil sie ein Verbrechen begangen hatten, das in der gesetzlichen Fachsprache beschrieben wurde. Deshalb war die „Hexe" praktisch noch nicht erfunden. Es gab, wie die unterschiedlichen lateinischen Begriffe verdeutlichen, lediglich Anwender verschiedener Arten der Magie, Männer und Frauen, die einer kirchlichen oder weltlichen Schicht angehörten und deren Handlungen sie mit dem kanonischen und weltlichen Recht in Konflikt bringen konnten, oder auch nicht. Das hing von äußeren Faktoren ab, die für gewöhnlich örtlich beschränkt, also besondere waren, aber von Zeit zu Zeit allgemeiner sein konnten.

Ein allgemeiner Faktor, vielleicht der wichtigste, war das allgegenwärtige Problem der Ketzerei, das geeignet war, das Verhältnis der kirchlichen wie der staatlichen Gewalten gegenüber der Magie zu beeinflussen. Abweichungen vom orthodoxen Lehrgebäude waren von der

Kirche von Anfang an bekämpft worden, und so war es unvermeidlich, daß ihr Blick auf einige Erscheinigungen der Magie, die sie selbst weder billigen noch beherrschen konnte, ein düsterer war. Deshalb waren christliche Gebete um möglichst günstiges Wetter erlaubt, wohingegen heidnische Gebete und Rituale für denselben Zweck es nicht waren[32]. So wurden Magie und Ketzerei beinahe miteinander verschmolzen, um als die zwei Seiten einer Münze zu gelten. Dies kann frühestens im Sommer des Jahres 368 beobachtet werden, als Priscillian, dem irrgläubigen Bischof von Avila, unter der Anklage der Ketzerei und des Schadenzaubers (*maleficium*) der Prozeß gemacht, er für schuldig befunden und zu Tode gebracht wurde, hauptsächlich wegen seiner magischen Handlungen. Die Befragung vor Gericht ergab, daß Priscillian eine dem Manichäismus ähnelnde Lehre vertrat, in der er die von Gott geschaffenen Seelen und die vom Teufel geschaffenen Körper des Menschen unterschied, womit er Satan eine gottähnliche Stellung zubilligte und ihn zum Gegenspieler Gottes machte, was der manichäischen Lehre gleichfalls sehr am Herzen lag. Dieser Dualismus war im Mittelalter und darüber hinaus für die christliche Theologie ein dauerhaftes Problem. Die Häretiker trugen im Laufe der Zeit zwar wechselnde Bezeichnungen, Paulizianer, Bogumilen, Katharer, aber ihre wichtigste Frage, die sie jedesmal aufwarfen, faßte immer denselben heiklen Punkt zusammen: Wie mächtig genau war Satan?

Obwohl die offizielle Wahrnehmung der Magie dazu neigen mochte, daß sie eine Anlage zur Häresie habe, reichte diese Betrachtung allein nicht aus, jene Art von Hexe zu erschaffen, deren Tun wir von Martín del Rio am Anfang des vorherigen Kapitels beschrieben fanden. Einzelpersonen gerieten beständig mit den Gesetzen aneinander, die ihnen untersagten, Magie zu betreiben oder zu weissagen, aber abgesehen von Einzelfällen wie der vorsätzlichen kaiserlichen Verfolgung zur Mitte des 4. Jahrhunderts scheinen sie nicht in nennenswerter Zahl unter einem staatlich geschürten Klima des Hasses und Mißtrauens gelitten zu haben, wenn man von verhältnismäßig kleinen Gebieten oder gar nur einzelnen Städten einmal absieht. Auch die Kirche hatte mit diesem Pogrom nichts zu tun. Die Härte der Verfolgung war auf den Staat beschränkt. Die Kirche zog vor, spirituelle Kuren für das zu verschreiben, was sie als spirituelle Krankheit wahrnahm. Der Inquisitor Bernhard Gui verfaßte 1320 ein Formblatt, auf dem jeder abschwören konnte, der bekannt hatte, aktiv an magischen Operationen teilgenommen zu haben oder dessen beschuldigt wurde:

> Ich, _____ , da und da wohnhaft in dieser und jener Diözese, wurde vor diesen Gerichtshof gebracht, um in Eurer, _____, so und so Inquisitor, Gegenwart den Irrtümern und Ketzereien gegen den katholischen Glauben, den unser Herr Jesus Christus gestiftet hat, abzuschwören; in Sonderheit schwöre ich der Taufe von Bildern und allen anderen nicht vernunftbegabten Gegenständen ab sowie jeglicher Wiedertaufe von Menschen, die bereits ordnungsgemäß und gültig getauft worden sind. Ich schwöre jeder Form der Weissagung [*sortilegium*] oder des Schadenzaubers ab, die mit dem heiligen Leib Christi oder auf seine Kosten abgehalten oder betrieben werden, oder mit Tauföl und anderem geweihtem Öl. Ich schwöre aller Weissagung und Beschwörung böser Geister ab, besonders, wenn ihnen Ehren erwiesen oder von ihnen verlangt werden oder ihnen Huldigungen erwiesen oder von ihnen verlangt werden; oder jeder Art von Opfern jeden Inhalts, die ihnen dargebracht werden. Ich schwöre ab der Kunst und der Art und Weise, Bilder aus Blei oder Wachs oder jedem anderen Stoff herzustellen, um unerlaubte Wirkungen zu erzielen ... Ich schwöre jeder Form verdammnenswürdiger Hexerei [*sortilegium*] ab, besonders jenen, die laut Vorschrift unerlaubte oder schädliche Zwecke verfolgen. Ich versichere und schwöre, daß ich, soweit das in meiner Macht liegt, wo immer und wann immer ich Kenntnis erhalte, daß jemand oder mehrere vorgenannte Handlungen verfolgen, dies herausfinden und den Herren Inquisitoren und weltlichen Beauftragten entdecken werde. Ich schwöre und verspreche, mich selbst zu retten und den katholischen Glauben zu bewahren.
>
> *Practica inquisitionis haereticae pravitati*

Diese Verquickung von Magie und Ketzerei hatte bedeutsame Folgen. Je enger beide gedanklich verbunden wurden, desto wahrscheinlicher wurde es, daß die öffentliche Wahrnehmung der Magie der öffentlichen Wahrnehmung der Häresie ähneln würde. Man würde nicht wie bisher eine lockere Verschiedenheit fragwürdiger Handlungen sehen, begangen von viel zu vielen verderbten oder närrischen Individuen, die fortdauernd ihre selbstsüchtigen Ziele verfolgten, sondern vielmehr eine geplante Bewegung mit eigener Quasitheologie und Liturgie, eigenem Gott, eigenen Engeln, eigenen „Wundern" und eigenen Kirchgängern, ein Zerrbild des wahren Glaubens und der wahren Kirche. Wenn sich dieser Eindruck einmal festgesetzt hatte, mochte der Drang, die Magie mit Hilfe weltlicher Machthaber, die ihre fromme Pflicht erfüllten, mit Stumpf und Stiel ebenso auszurotten, wie die Ketzerei mit der Wurzel auszureißen war, möglicherweise sehr stark werden. Und so gab Papst Eugenius IV. 1437 eine Bulle heraus, die an alle Inquisitoren gerichtet war und den Umstand beklagte, daß die verschiedenen Formen der Magie von so vielen betrieben würden, die böse Geister anbeteten und Pakte mit ihnen schlossen. Folglich sollten alle, die so taten, festgesetzt, vor ein Inquisitionsgericht gebracht und mit Unterstützung der Ortsbischöfe nach dem kanonischen Recht abgeurteilt werden, wonach die Strafe zu folgen habe. Soweit notwendig, fügte der Papst hinzu, sollten die weltlichen Machthaber aufgerufen werden, Beistand zu leisten.

Die Dinge waren nun soweit gediehen, daß die Hexe des Hexensabbats auftauchen konnte, obwohl das Fundament für die Einzelheiten ihres Flugs dorthin sowie ihr Verhalten nach der Ankunft lange vor dem 15. Jahrhundert gelegt worden war. Um 1115 wartete Guibert von Nogent in seiner Autobiographie *Monodiae* (Einsame Gesänge) beispielsweise mit Einzelheiten über das Verhalten bestimmter Ketzer aus Soissons auf. Sie würden sich, so sagte er, in unterirdischen Kammern treffen, dort Kerzen entzünden, hinter eine Frau treten, die auf dem Bauch lag, ihr blankes Gesäß in jedermanns Sichtweite, und „ihr die Kerzen darbringen", womit Guibert wahrscheinlich sagen wollte, daß sie diese kurzerhand in ihren Anus einführten. Nach diesem Ritual wurden die Kerzen ausgelöscht, alles rief „Chaos!", und es fand wahlloser Geschlechtsverkehr statt. Kinder, die aus dieser Vereinigung hervorgingen, wurden dann auf eine spätere Zusammenkunft gebracht. Dort warf man sie sich einander durch die Flammen eines mächtigen Feuers so lange zu, bis das Kind tot war, woraufhin der Leichnam zu Asche verbrannt, in Brot eingebacken und als eine Art lästerlicher Verhöhnung des heiligen Sakraments verspeist wurde[33].

Diese Ausführungen, die keineswegs einzigartig sind, weil Vergleichbares schon lange allen Ketzergruppen und in frühen Tagen den Christen selbst nachgesagt worden war, wurden lediglich mit gewissen Veränderungen dem Bild des Hexensabbats angepaßt, das schnell die Regel wurde. Mit Beginn des 15. Jahrhunderts wurde zum Beispiel die häretische Sekte der „Waldenser" oder „Vaudois" mit Hexenmeistern und Hexen gleichgesetzt, und *Vauderie* und *Vaudoiserie* wurden als Synonyme von „Hexerei" und „Zauberei" gebraucht. Damit war die Verschmelzung der Begriffe der Häresie und Magie abgeschlossen – der Magie als Ganzes, wie es scheint, obwohl die Betonung auf ihre schadbringenden Einsätze gelegt zu werden pflegte.

La Vauderye de Lyonais en brief, eine Auswahl ungefähr aus dem Jahr 1460 von Auszügen aus den Vernehmungen und Prozessen einiger Waldenser, zeigt klar ersichtlich, wie die Propaganda gegen Ketzer und die Schilderung der Hexentreffen auf dem Sabbat zu einem einzigen Bild verschmolzen sind. Die Vaudois, ist dort zu lesen, verlassen des Nachts ihr Haus, mit Satan als Führer. Sie kommen aus allen Gesellschaftsschichten und legen große Entfernungen zurück, um ihre teuflische Versammlung zu besuchen. Einige der Vaudois folgen ihm zu Fuß, andere auf dem Rücken eines bösartigen Geistes, wieder andere auf einem Stock sitzend, auf dem sie reiten, als sei er ein Pferd. Manchmal verkleidet der Teufel sich als ein Tier – eine Ziege, ein riesengroßer Fuchs, ein Hund, ein Schafbock, ein Wolf, eine Katze, ein Dachs, aber immer in einer Form, die unflätig ist, widerlich, gemein. Zuweilen erscheint er den Sektenanhängern in der gespenstischen Gestalt eines schwarzen, abscheulichen Mannes, der ganz mit Haaren bedeckt ist.

> Er hat Hörner auf dem Kopf und ein bemerkenswert langes Gesicht, das Gesicht eines Ungeheuers, knotig und verdreht. Die Augen quellen weiter hervor als bei jedem bekannten Tier und sprühen beständig Funken und Flammen und rollen wild umher. Die Nase ist groß und in sich gekrümmt; seine Ohren sind ebenfalls groß und erstrecken sich weit nach oben, aus ihren Spitzen treten Flammen aus. Der Mund ist offen und reicht in einem Bogen von einem Ohr zum andern, die Zunge hängt weit daraus hervor. Sein Kinn ist abnorm verlängert und reicht in furchterregender Weise bis zu beiden Wangen zurück. Der Hals entzieht sich jeder Messung, denn er ist entweder so lang, daß es schrecklich anzuschauen ist, oder so kurz, daß es scheint, der Kopf sitze auf den Schulterblättern.

Sobald Satans Verehrer auf dem Sabbat angekommen sind (hier eine „Synagoge" genannt), verehren sie ihren Meister, indem sie sich niederwerfen oder als Bittsteller vor ihm niederknien. Jeder Anwesende legt seine oder ihre Hände zusammen und klatscht, vermutlich entweder mit ineinandergelegten Handflächen und mit den Fingern klappend oder, wegen des Verweises auf das Flehen wahrscheinlicher, indem die Finger verflochten und die Handflächen in einer merkwürdigen Parodie von Beifall und Gebet gegeneinandergeschlagen werden. Danach küssen sie den Teufel überall auf den Körper, das Hinterteil eingeschlossen. Zur Feier des Sabbat schwören die Sektenanhänger gemeinsam dem christlichen Glauben mit allen Sakramenten und Glaubenszeichen ab, lästern gegen Jesus und die Jungfrau Maria, singen zum Klang einer gestopften Trompete oder des Dudelsacks und ergehen sich dann in viehischem Analverkehr. Doch gibt es bei all diesen Verrichtungen nicht die geringste Aussicht auf ein bißchen Vergnügen, denn alles ereignet sich in einem Klima größten Entsetzens.

Nachdem Blasphemie und Singen zu ihrem Recht gekommen sind, essen und trinken die Vaudois zusammen, wenn das Fleisch auch roh, klebrig und verdreckt ist. Selbst das Brot hat einen verdorbenen Geschmack. Dann werden alle einer eingehenden Befragung unterzogen, die mit körperlichen Strafen einhergeht und sich mit den Schlechtigkeiten befaßt, die sie begangen haben, wonach Satan sie über die Taten an schädlicher Magie instruiert, die sie künftig verüben sollen. Das kann darin bestehen, magisches Pulver in Speise und Trank der Mitmenschen zu streuen, um sie krank zu machen, bei schwangeren Frauen Fehlgeburten herbeizuführen, Säuglinge aus ihren Wiegen oder sogar aus dem Schoß der Mutter zu reißen, um sie an geheimen Orten zu ersticken. Verschiedene Vaudois gestehen, Kräuter zu sammeln und diese zu bösen Taten einzusetzen; andere, Salben, Nadeln, Armbänder oder Schlüssel zu Werkzeugen ihrer Niederträchtigkeiten zu machen; wieder andere, Schadenzauber mit Hilfe von Bildern aus Wachs oder Blei zu bewirken. „Das alles und vieles mehr“, faßt das Dokument zusammen, „findet sich in den Geständnissen der Lyoner Vaudois, die von den Inquisitoren befragt worden sind.“

Wenn der Sabbat mit der Propaganda gegen Ketzer in Verbindung gebracht werden kann, dann hat der Flug der Hexen dorthin andere, mehr folkloristische Wurzeln. Der locus classicus der Beschreibung ähnlicher Dinge läßt sich im *Canon Episcopi* finden, einem Bestandteil des kanonischen Rechts aus dem Jahre 906:

> Bestimmte niederträchtige Weiber stellen sich hinter den Satan und, irregeführt durch Halluzinationen und reine Erfindungen, die ihnen von bösen Geistern eingegeben werden, glauben sie und beharren auf diesem Glauben, daß sie während der Nachtstunden auf bestimmten Tieren mit Diana, einer heidnischen Göttin, oder mit der Herodias und einer unübersehbaren Frauenschar umherreiten und in der Stille der Nacht zahlreiche Gebiete der Erde durchqueren; daß sie ihren Befehlen gehorchen, als sei sie ihre Gebieterin, und in besonderen Nächten in ihren Dienst gerufen werden.

Vielleicht der bemerkenswerteste Gesichtspunkt der Berichte über den Flug, den man nicht vergessen sollte, ist das ausgedehnte Maß an Skepsis, mit dem sie bedacht werden. Der *Canon Episcopi* selbst nennt solche Geschichten Halluzinationen und Erfindungen, und Burkhard von Worms verurteilte diese und andere Ansprüche auf magische Fähigkeiten und verordnete eine Buße von 40 Tagen bei Wasser und Brot in sieben aufeinanderfolgenden Jahren für jeden, der an sie glaubte[34]. Im 12. Jahrhundert erklärte Johannes von Salisbury an einer Stelle, die sich mit Träumen und Visionen befaßte, daß es Leute gebe, die von ihren Sünden getrieben würden und ihrer Verderbtheit keinen Zügel anlegten und denen Gott gewähre, eine solche Stufe des Wahnsinns zu erreichen, daß sie, in der elendsten und lügenhaftesten Weise, glaubten, was sie im Geiste erlebten, geschehe mit ihnen körperlich – und nennt als Beispiel die Teilnahme an einem Sabbat im Gefolge der heidnischen Göttin Herodias[35]. Der Dominikaner Jordanes von Bergamo führte medizinische Gründe in die Debatte ein und gab um 1460 seine Ansicht kund, daß böse Geister auf die Gemütsverfassung der Hexen einwirkten und diese so aufwühlten, daß sie ins Gehirn stieg und dort jede Art von Gaukelbildern hervorrief, die die Hexe glauben ließen, er oder sie habe die Macht, alle Arten der Magie zu wirken, von einem Ort zum andern gebracht zu werden und den Sabbat zu besuchen, wo er oder sie dem Teufel huldigen würde[36].

Dieser und ähnlicher Zweifel ungeachtet, wohnte der Geschichte der Hexenflüge jedoch ein gewisser Reiz inne. So gibt Thomas von Cantimpré in der Mitte des 13. Jahrhunderts die Erzählung von einem adeligen Mädchen wieder, dessen Körper jede Nacht zur gleichen Stunde von bösen Geistern davongetragen wurde, und mochte ihr Bruder, ein Mönch, auch sein möglichstes tun, um das zu verhindern, indem er sie fest in die Arme schloß, sie verschwand, sobald die Stunde angebrochen war[37]. Im frühen 15. Jahrhundert erfuhr Johannes Nider, dessen *Formicarius* eine wichtige Fundgrube der Grundideen in der Entwicklung der Theorie des Verhaltens der Hexen ist, von dem Erlebnis eines Mitbruders aus dem Dominikanerorden, der in einem Dorf eine Frau traf, die behauptete, sie flöge des Nachts mit Diana[38]: und obwohl weder Nider noch sein Informant die Geschichte glaubten, weist allein der Umstand, daß darüber berichtet wird, darauf hin, daß der Glaube an einen solchen Flug dennoch alltäglich war. Um 1440 finden wir dann ein langes Gedicht von Martin le Franc, Sekretär des Gegenpapstes Felix V., unter dem Titel *Champion des Dames*, in dem zwei Sprecher Ansichten über

Hexen und ihre schlimmen Taten austauschen. Einer redet von Frauen, die zu Fuß oder auf dem Besen zum Sabbat gelangen und „wie die Vögel durch die Luft fliegen", und in der Handschrift wird dieser Punkt mit zwei auf dem Rand befindlichen Miniaturen veranschaulicht, die eine Frau rittlings auf einem Reisigbesen und die andere auf einem langen, dicken Stock sitzend zeigen. Bezeichnenderweise fliegen sie unter der Überschrift „Vaudoises". Bei der Betrachtung dieser Vorstellung vom Flug lohnt es sich sicher, im Gedächtnis zu behalten, daß der durchgehende Gebrauch des lateinischen Wortes *strix* (Eule oder Hexe) oder seiner mundartlichen Ableitungen möglicherweise wenn auch nur unterschwellig die wahrgenommene Verbindung zwischen der Tatsache des Fliegens und den der Hexerei Angeklagten unterstreichen sollte.

Diese Entwicklung kann in anderen Beispielen der zeitgenössischen Kunst ebenfalls verfolgt werden. Ein Fresko aus Südtirol aus dem 11. oder 12. Jahrhundert zeigt den Teufel, zumindest aber einen bösen Geist, mitten in einer Jagd auf einem Wildschwein reitend – ein Motiv, das sich ungefähr ein Jahrhundert später in einem der Standbilder an der Westfront der Kathedrale von Lyon wiederfindet, das eine Hexe darstellt, die auf dem Rücken einer Ziege hockt und ihr gefangenes Opfer, eine Art Katze, an den Hinterbeinen hält. Es gibt außerdem Geschichten (oder vielleicht auch verschiedene Versionen ein und derselben Geschichte) bei Vincent de Beauvais und Wilhelm von Malmesbury über eine Frau, die von einem bösen Geist auf einem Pferd in die Hölle geschleppt wird, und in Olaus Magnus' *History of the Peoples of the North* finden sich zwei Holzschnitte, die das illustrieren (Abb. 2.3). So ist es nicht schwer, zu beobachten, wie die Verschmelzung der Bilder und Geschichten, die von dämonischen Jagden und Weibern handeln, die von Geistern auf dem Rücken eines Tieres befördert werden, zumindest in einer Phase eines der Standardbilder vom Flug einer Hexe auf ihrem Weg zum Sabbat hervorbringt; und was das Fliegen auf Knüppeln oder Besenstielen betrifft, so gibt es ein deutsches Wandgemälde aus dem 12. Jahrhundert, das die Göttin Frigga in ebendieser Weise zeigt, und eine interessante Miniatur aus dem 15. Jahrhundert enthält eine Hexe auf dem Rücken eines dämonischen Wesens, mit zwei bösen Geistern in Bereitschaft, von denen einer drohend schwingt, was wie ein winziger Reisigbesen aussieht.

In der zweiten Hälfte des 15. Jahrhunderts trat dann ein Begriff von der Hexe in Erscheinung, der nicht vollständig im Widerspruch zu früheren Vorstellungen und Mustern des magischen Arbeiters steht,

2.3 Zwei Holzschnitte, die den Teufel zeigen, wie er eine Verdammte fortschleppt

aber dazu neigte, das Gewicht auf bestimmte neuartige theaterhafte Gesichtspunkte im Gegensatz zu den alltäglichen magischen zu legen. Einer davon war das „Sie“, denn in der Literatur, die sich auf die Auseinandersetzungen über diese Aspekte zu spezialisieren begann, scheint man sich die Hexe nun mehr oder weniger unverwechselbar weiblich vorgestellt zu haben. Mehr noch wurden ihre Handlungen als die einer Person beschrieben, die weniger ein verderbtes Individuum als vielmehr das willige Mitglied oder Anhängsel einer organisierten antichristlichen Sekte von Teufelsanbetern war, dessen Trachten darauf gerichtet war, Satan zu helfen, die Gläubigen zu verderben und damit die Reihen der Verdammten in der Hölle anwachsen zu lassen. Besonders ein Werk war es, das die verschiedenartigen Fäden zusammenfaßte und in leuchtenden Farben färbte, die dabei waren, dies verhältnismäßig neue Bild zu malen, und zugleich das berüchtigste wie eigenartigste aller Dämonologien war – Heinrich Krämers *Malleus Maleficarum.*

3

Hexenplage

Malleus Maleficarum, der Hexenhammer, der Frauen drohte, die schädliche Magie betrieben, ist die vielleicht bekannteste Abhandlung, die sich den Hexen und der Zauberei widmet, weil so oft auf sie verwiesen und aus ihr zitiert wird, aber der Durchschnittsleser wird nicht zu würdigen wissen, welch ein ausgefallenes, um nicht zu sagen fremdartiges Werk dies in bestimmter Hinsicht ist. Gewöhnlich wird es zwei Dominikanern zugeschrieben, Heinrich Krämer oder Institoris und Jakob Sprenger. Es wurde hauptsächlich vom ersteren verfaßt und kam zuerst 1487 in Druck. Beginnen tut es mit einem Schwindel, denn das Buch wurde mit einer Bulle Innozenz VIII. vom 9. Dezember 1484 eingeleitet, die an Institoris und Sprenger gerichtet war. Die Plazierung an dieser Stelle des *Malleus* sollte suggerieren, daß der Papst die Verfolgung der Hexen durch die beiden Inquisitoren mit Wohlwollen betrachte und ihre Vorgehensweise billige. In Wirklichkeit war die Bulle nur ein Zugeständnis auf die Bitte Institoris' um päpstliche Unterstützung gegen bestimmte regionale Machthaber in Deutschland, die nach Institoris' Einschätzung seinen inquisitorischen Praktiken feindselig gegenüberstanden – „Laßt den Prediger sich wappnen gegen bestimmte Erörterungen aus der Laienschar, ja sogar aus dem Gelehrtenstand, die in Abrede stellen, bis zu einem gewissen Punkt, daß es Hexen gebe“, wie er später zu Protokoll gab[1]. Es gibt jedenfalls keinen Hinweis, daß der Papst sich mehr als einer seiner Vorgänger mit Zauberei und Magie, Hexen und Magiern befaßt hätte oder jemals ein Exemplar des *Malleus* in die Hand bekam, als dieser zwei oder drei Jahre später erschien. Somit hatte die Bulle keine direkte Verbindung mit Institoris' Abhandlung.

Diese Bulle besteht aus drei Teilen: erstens, der Papst ist über die Ausbreitung der Ketzerei beunruhigt, besonders in bestimmten Gegenden in Deutschland, wo Glaubensabtrünnige den Schlichen böser Geister erlegen sind und vielfältige Arten des Schadenzaubers betreiben (vom Flug zum Sabbat oder vom Sabbat selbst war, nebenbei bemerkt, nicht die Rede); zweitens, Institoris und Sprenger sind Inquisitoren auf ebendiesem Gebiet, werden in ihrer Arbeit aber ständig von übereifrigen Klerikern und Angehörigen des Laienstandes behindert, die die Existenz des Schadenzaubers in ihrem Gebiet sowie die Vollmacht Institoris' und Sprengers, sich damit zu befassen, in Frage stellen; drittens, deshalb legt der Papst im einzelnen fest, zu welchen Maßnahmen Institoris und Sprenger ermächtigt sind, und verlangt, daß ihnen keine Hindernisse mehr in den Weg gelegt werden. So ist der Hauptgegenstand der Bulle, während sie die Ausbreitung der Magie = Glaubensabtrünnige sowie der Magie = Ketzer in einigen Gebieten Deutschlands anerkennt,eigentlich politisch, nämlich die Geltendmachung der päpstlichen Autorität über örtliche Beamte, die es gewagt hatten, diese in Person zweier ihrer Vertreter in Zweifel zu ziehen, die bereits ermächtigt waren, jene häretische Verderbtheit, auf die der Papst hinwies, auszurotten.

Institoris war einer der Vorsitzenden der beiden Hexenprozesse, von denen der erste im Oktober 1484 in Ravensburg abgehalten wurde; der zweite, eine Serie von Prozessen, nicht eine einzelne Verhandlung, fand von August 1485 bis Februar 1486 in Brixen statt. In Ravensburg gelang es Institoris, zwei Frauen zu belangen, aber in Brixen stieß er auf Widerstand. Der Ortsbischof bezweifelte die Behauptungen, die die Ankläger gegen zahlreiche Mitglieder seiner Diözese erhoben. Er nannte sie, ganz im Sinne des *Canon Episcopi,* „die Wahnvorstellung von bösen Geistern" und war außerdem der Ansicht, daß Institoris auf die Art und Weise, wie er die Untersuchungen leitete, seine Kompetenzen überschreite. Man kann verstehen, was er meinte. Die Sache begann mit 50 Verdächtigen, 48 davon Frauen. Die meisten gehörten der örtlichen Bauernschaft an, während die Zeugen, die gegen sie aufgeboten wurden, einem weitreichenderen gesellschaftlichen Spektrum entstammten. Nach den Eingangsbefragungen wurde im Oktober 1485 beschlossen, gegen sieben Frauen Anklage zu erheben, die daraufhin für den Rest des Verfahrens eingekerkert wurden. Die Zeugen sagten aus, sie seien mit einer bemerkenswerten Auswahl an magischen Instrumentarien behext worden, darunter Pulver, menschliche und Tierhaare, Knochen ungetaufter Säuglinge, Farbkrümel von religiösen Bildern und die Exkremente von Juden. Während dieser magischen Handlungen sei der Teufel angerufen worden. Eine Hexe sollte die jungen Leute in der Kunst des Liebes- und Schadenzaubers unterwiesen haben, und es wurden Einzelheiten genannt, wie eine Hexe mit Zaubermitteln Milch von der Kuh ihres Nachbarn stahl und wie man sie mit Gegenzauber bloßstellen konnte.

Institoris war anscheinend besonders an bestimmten Fragen interessiert. So wollte er die Rolle geklärt haben, die Satan bei diesen magischen Operationen spielte; er war eifrig hinter Einzelheiten über die Salben her, die man angeblich aus den Körpern von Säuglingen gewann; und er bedrängte besonders eine der Hexen, Helena Scheuberin, in bezug auf ihre sexuellen Gewohnheiten und ihr moralisches Ansehen in der Gemeinde. Der Bischof von Brixen erhob jedoch gegen diese Tendenz heftige Einwände, und Institoris' Mitbeauftragte entschieden, daß das Sexualleben der Frau für die vorliegenden Anklagepunkte ohne Bedeutung sei. Es folgte ein langes Hin und Her richterlicher Streitfragen über Institoris' Vorgehensweise und Zuständigkeit, bis seine Widersacher das Spiel schließlich gewannen. Sein Einspruch wurde abgewiesen, das Verfahren auf unbestimmte Zeit vertagt, und die Frauen wurden freigelassen. Aber der Bischof setzte seine Feindseligkeit gegen Institoris persönlich fort und empfahl ihm zuletzt im Februar 1486, Innsbruck zu verlassen, weil er, wie er zumindest behauptete, des Inquisitors Sicherheit nicht länger garantieren könne. Institoris war deshalb gezwungen, einen demütigenden Rückzug anzutreten, aber dieses Erlebnis machte ihn nur noch entschlossener, seine Aufgabe, Ketzereien aufzudecken und zu beseitigen, weiterzuverfolgen, besonders wenn sie im Hexengewand auftraten. Deshalb verfaßte und veröffentlichte er den *Malleus Maleficarum*.

Form und Inhalt des Buches sind wie folgt. Es ist in drei Abschnitte eingeteilt: der erste entbietet eine theologische Sicht der Magie und soll die beiden folgenden unterstreichen; der zweite beschreibt die Aktivitäten der Anwender von Schadenzauber, Männer und Frauen; und der dritte hält im einzelnen die richterliche Verfahrensweise fest, die gegen diejenigen eingenommen wurde, die wegen Zauberei festgesetzt und angeklagt waren.

Teil I beginnt mit der lapidaren Erklärung, daß es Hexen wirklich gebe und die Katholiken damit leben müßten. Der Teufel ist ein wesentlicher Bestandteil jeder Form der Magie, und doch kann nichts dieser Art geschehen oder irgend eine Gültigkeit besitzen, ohne daß Gott einverstanden ist und seine Erlaubnis gibt. Das geschieht entweder, um Sünder zu bestrafen oder die Standfestigkeit der Gläubigen zu prüfen, aber zu allem Übel läßt er auch noch zu, daß Hexen Menschen heimsuchen, die völlig unschuldig sind. Die Zauberei, sagt Institoris, ist gegenwärtig wegen der menschlichen Bosheit im Wachstum begriffen und nicht, wie manche behaupten, wegen widriger Planeteneinflüsse, der Konjunktion von Jupiter und Saturn oder weil ein Komet erscheint. Die menschliche Bosheit reicht jedoch als Erklärung dieses Phänomens nicht aus. Deshalb muß man die tätige Mithilfe Satans im Auge behalten, der dafür seine eigenen bösartigen Gründe hat.

Frauen sind in besonderem Maße anfällig für alle Formen abergläubischen Verhaltens, und deshalb sind weibliche Hexen viel willfähriger als Männer, weil sie moralisch und geistig schwach sind und ein unstillbares sexuelles Verlangen haben. Daher können sie den Verstand der Männer durch ihre starken Gefühle beinflussen, Männer ihrer Kraft berauben und ihnen sogar vorgaukeln, sie hätten ihre Geschlechtsteile ganz und gar eingebüßt. Ebenso sind Frauen bereit, mit bösen Geistern in der Gestalt von *incubi* Geschlechtsverkehr zu haben (ursprünglich Geister, die sich auf einen schlafenden Menschen setzten, um ihn zu ersticken); aber Kinder, die aus dieser Vereinigung hervorgehen, sind in Wirklichkeit menschlichen Ursprungs, denn die *incubi* können nicht selber Samen bilden, sondern sie müssen sie einem Manne stehlen, um sie in einem passenden Momemt in die Frau einzuführen. Hexen sind Götzenanbeter und Glaubensabtrünnige, ihre Schuld ist riesengroß, größer noch als die böser Geister, und Skeptiker dürfen nicht im Zweifel belassen werden, daß es sich so verhält.

Teil II ist zwiegespalten. Der erste Abschnitt hat eine Beschreibung der Tragweite der von Hexen begangenen Straftaten zum Inhalt, beginnt aber mit der interessanten Beobachtung, daß es bestimmte Menschengruppen gebe, die gegen Zauberei gefeit seien: (a) Gerichtsbeamte; (b) diejenigen, welche Nutzen aus dem Exorzismus der Kirche ziehen, indem sie mit Weihwasser besprengt werden oder Kerzen tragen, die am Fest der Erhöhung Mariens, und Palmwedel, die am Palmsonntag geweiht worden sind; und (c) jene, die auf verschiedenen Wegen durch gute Engel gesegnet wurden. Unterwerfung anderer, dafür empfänglicher Personen ist unter mehreren Umständen möglich: Wenn jemand auf irgendeine Weise erhebliche Verluste erlitten hat, oder wenn jemand den Fehler begangen hat, eine Hexe um Rat zu fragen, ihn oder sie um eine magische Gunst gebeten hat und verleitet wurde, diese Gunst durch schändliche oder lästerliche Handlungen während der Messe zu erwidern. Im Falle eines jungen Mädchens mag die Bereitschaft zu einer dämonischen Verführung in ihrem fleischlichen Begehren liegen oder im Schuldbewußtsein, mit ihrem Liebhaber verkehrt zu haben und von ihm verlassen worden zu sein, und vielleicht auch in ihrem Wunsch, sich an ihm zu rächen.

Als nächstes gibt Institoris eine Reihe von Kommentaren zu einer gebräuchlichen Aufstellung magischer Handlungen ab, die Hexen zuge-

3.1 Magischer Bogenschütze aus Molitors De lamiis et phitonicis mulieribus

schrieben werden: einen Pakt mit einem bösen Geist schließen, durch die Luft getragen werden, bei Männern Impotenz erzeugen und andere Eingriffe in die Bande der Ehe, Menschen in Tiere verwandeln, dämonische Besessenheit oder körperliche Krankheit erzeugen, Kinder töten, Tiere krank machen und den Lauf des Wetters ändern. Nichts davon ist neu. Alles kann bei früheren Schriftstellern nachgelesen werden, die die Magie am Rande oder eingehend behandeln, und ist zum guten Teil eine Wiederholung des Verzeichnisses magischer Handlungen in der Bulle Papst Innozenz VIII. von 1484.

Die Neuheit, die Institoris seinen Lesern im zweiten Teil des *Malleus* bietet, ist sein häufiger Gebrauch anschaulicher Geschichten. Wissenschaftliche Werke erhärteten ihre Argumente und Behauptungen mit Hinweisen auf das ältere Schrifttum, und in den mittelalterlichen und frühneuzeitlichen akademischen Werken ist es ganz alltäglich, nicht zwischen den einzelnen Literaturgattungen zu unterscheiden – Geschichtsschreibung, Dichtkunst, Gesetzgebung, religiöse Texte, Romane sind alle das gleiche Mahlgut. Auch nahm man die Geschichtsabläufe nicht wahr. Ein Zitat von einem römischen Schriftsteller des 2. Jahrhunderts v. Chr. mochte beispielsweise aufs beste mit dem eines Chronisten aus dem 13. Jahrhundert n. Chr. kommunizieren, die jeweilige Beweiskraft gleich zeitlos und gleich gültig. Doch Institoris führt zeitgenössische Fälle an, um seinen Beweggründen eine größere Dringlichkeit zu verleihen: „Im nämlichen Jahr, da ich dies Buch begann, kam ein bestimmtes frommes Weibsbild ...“, „In der Diözese Augsburg ist mir ein fremder Mann bekannt ...“, „Ein anderes junges Weib, das in der Diözese Straßburg lebt, gestand einem von uns ein, ...“. Akademische Beweise sind, scheinen diese Anekdoten anzudeuten, zwar zwingend und verfügbar, aber aktuelle und in manchen Fällen persönliche Erfahrung unterstreicht die Dringlichkeit des Problems und weckt vielleicht die Furcht der Leser, daß sie und ihre Gemeinde sich nicht als gefeit vor dieser sittlichen Seuche betrachten könnten.

Der *Malleus* ist schnell als eine frauenfeindliche Abhandlung erkannt worden, ohne dies großartig zu rechtfertigen. Er ist in dieser Beziehung nicht voreingenommener als andere Produkte dieser Zeit. Der *Malleus* widmet das letzte Kapitel des 1. Abschnitts interessanterweise Männern, die spezielle Formen der Magie praktizierten. Er behandelt drei besondere Typen: „Bogenschützen“, die während der Karfreitagsmesse Pfeile auf ein Kruzifix abschießen, um mit diesem Zauber ihre Schießkunst zu verbessern; die mittels Beschwörung und Zaubermitteln Waffen schaffen, welche harmlos sind, wenn sie gegen sie selbst eingesetzt werden, und die in gotteslästerlicher Weise je nach ihrem Körperteil, den sie geschützt haben wollen, ein Kruzifix verstümmeln; und schließlich jene, die Waffen dergestalt verzaubern, daß sie mit bloßen Füßen auf ihnen laufen können, und andere ähnlich wunderbare Kunststücke vorführen. Die „Bogenschützen" erinnern übrigens an Bilder in der *Chroniche* des Geschichtsschreibers Giovanni Sercambi aus dem 14. Jahrhundert, die Todesengel zeigen, welche Einzelne mit Seuchen anstecken, indem sie sie mit Pfeilen beschießen. Auch Ulrich Molitors Abhandlung über die Hexerei *De lamiis et phitonicis mulieribus* (Frauen, die Hexen und Deuterinnen der Zukunft sind) aus dem Jahre 1489 enthält einen Holzschnitt mit einer Hexe, die einen Mann verkrüppelt, indem sie ihm einen Pfeil in den Fuß schießt [Abb. 3.1]. Da gibt es Fürsten, deutet Institoris dunkel an, die besonders in Kriegszeiten Gebrauch von solchen Zauberern machten, und Händler und Kaufleute trügen oft Zaubermittel und Amulette, mit denen sie sich versehen hätten. Doch niemand, ganz gleich, welchen Rang er bekleide – und hier nennt Institoris mit augenscheinlichem Bezug auf jene, die ihm in Innsbruck seine Pläne durchkreuzt hatten, ausdrücklich „Bischöfe" und „Herrscher" –, stehe so hoch, daß er nicht für Unterstützung und Begünstigung des Verbrechens der Hexerei bestraft werden könne und die angemessenen Strafen verbüßen müsse.

Nachdem er so in recht eigentümlicher Weise die Männer gestreift hat (eigentümlich insofern, als er die weitaus gebräuchlicheren Abarten des Schadenzaubers gar nicht erwähnt), beginnt Institoris die verschiedenen Wege zu erörtern, wie dem Schadenzauber rechtmäßig begegnet werden könne. Man dürfe Hexerei nicht mit Hexerei bekämpfen, sagt er, sondern müsse auf die Gegenmittel bauen, die die Kirche zur Verfügung stelle: Gebete, Exorzismus, ihre Sakramente und Opfergaben.

Zum Schluß, in Teil III, geht Institoris in die Einzelheiten bezüglich der richterlichen Verfahrensweise, um der Hexerei Angeklagte zu verhören und ihnen den Prozeß zu machen. Manchmal schließt die Hexerei Ketzerei ein, manchmal nicht. Aber jeder, der Magie in welcher Form auch immer betreibt, macht sich ohne Rücksicht darauf, ob Ketzerei im Spiele ist, strafbar, vor ein Inquisitionsgericht gestellt zu werden, das aber andere Personen, etwa den Ortsbischof, abordnen kann, an seiner Stelle zu handeln; und weil Hexen Verbrechen mit zivilrechtlichen Folgen begehen – Mord, Zerstörung fremden Eigentums –, können auch weltliche Gerichte derartige Fälle behandeln und je nach Schwere des

Delikts selbst die Todesstrafe verhängen. Sobald jemandem etwas zur Last gelegt war und ein vollständiger schriftlicher Anklagebericht vorlag, mußten die Zeugen vereidigt und befragt werden. Deren Namen brauchten nicht geheimgehalten zu werden, außer es lag Grund zur Annahme vor, daß die Zeugen bei Offenlegung ihrer Identität in Gefahr gerieten. War ein Zeuge dem Angeschuldigten in Todfeindschaft verhaftet, so war seine Aussage als Beweis nicht zulässig.

In diesem Prozeßstadium war der Angeschuldigte festzusetzen. Ihm konnte entweder die Freilassung auf Kaution bewilligt werden, oder er wurde in Einklang mit den örtlichen Gebräuchen ins Gefängnis gesteckt. Falls der Angeklagte einen Advokaten zu seiner Verteidigung wünschte, würde der Richter einen geeigneten ernennen, „einen ehrenwerten Mann, dem nicht die Spur eines Verdachts anhängt", und wenn der Advokat nicht abgeneigt ist, die Sache durchzufechten, wenn es, mit anderen Worten, allen weder billig noch offensichtlich erscheint, daß der Angeklagte schuldig ist, dann wird der Advokat die Verteidigung übernehmen. In diesem Zusammenhang wird übrigens oft übersehen, daß angeklagte Hexen nicht immer einem Gerichtshof überstellt wurden, der ihnen vollkommen feindlich gegenüberstand. Die Durchführung von Hexenprozessen in Schottland bedingte zum Beispiel, wie wir im nächsten Kapitel sehen werden, immer die tätige Teilnahme eines Verteidigers für jeden oder jede ohne Ansehen seines Vermögens oder seiner gesellschaftlichen Stellung, der dieses Vergehens angeklagt wurde.

Institoris kommt nun zur Frage der Tortur, eine Seite der Hexenprozesse, die oft und gerne mit sorgsam ausgesuchtem Nervenkitzel veranschaulicht wird, aber meist ohne jeden oder ohne ausreichenden Versuch der Erklärung, weshalb und wie sie angewendet wurde. Es war zunächst so, daß die Tortur in einer Reihe von Straftaten Verwendung fand. Sie war auch keine Einrichtung, die ausschließlich Frauen oder Hexen vorbehalten war. Zudem war, wie wir uns erinnern, das Betreiben aller Arten der Magie von zahlreichen gesetzgebenden Körperschaften als krimineller Akt definiert, und folglich wurden jene, die deshalb vor Gericht standen, als Kriminelle betrachtet, ganz so, als seien sie des Mordes, des Landesverrats oder eines weiteren Vergehens angeklagt, das die Todesstrafe nach sich zog.

Dabei darf natürlich der besondere Status der Hexerei als *crimen exceptum*, einem Verbrechen, bei dem die üblichen Regeln der Beweisaufnahme ausgesetzt oder gelockert wurden, nicht außer acht oder ohne Erklärung gelassen werden. Der Grund dieses Sonderstatus lag in der heimlichen Natur des Verstoßes. Das bedeutet, daß hier, anders als bei einem Mord, wo ein Toter deutlich auf die Tatsache und die Art des Verbrechens hinweist, jegliche Verbindung zwischen, sagen wir, dem Tod eines Kindes, dem Milchverlust einer Kuh oder dem plötzlichen Ausbruch einer Krankheit lediglich eine Frage von Schlußfolgerungen war. Manche davon waren zwingend, andere hingen in der Luft, und zusammengenommen konnten sie dem Angeschuldigten einen starken Beweggrund bieten, um zu widerlegen oder sich zu rechtfertigen. Aber die Rückschlüsse (*indicia*), die alles waren, was die Zeugen beibringen konnten, reichten für sich allein nicht aus, den Beschuldigten dieses Kapitalverbrechens zu überführen. Um sich der Schuld des Angeklagten sicher zu sein, wurde ein Geständnis verlangt, ein Punkt, den Institoris an dieser Stelle seiner Besprechung erwähnt und nachdrücklich betont[2]. Wenn das Geständnis durch andere Mittel als die Tortur entlockt werden konnte, sollten diese eingesetzt werden. Institoris deutet an, daß die Härte der Haft ausreichen könne, um das zu erreichen; oder es sollten Besucher zur Hexe vorgelassen werden, die ihn oder sie bewegen könnten, zu bekennen. Drohungen und Versprechungen konnten ebenso eingesetzt werden, obwohl die Versprechungen zur Täuschung führen konnten, wenn einer Hexe für ihr oder sein volles Geständnis beispielsweise das Leben versprochen, ihr aber nicht mitgeteilt wurde, daß das Einverständnis statt der Freiheit lebenslange Haft mit sich bringen würde. Einige Hexen, bemerkt er, bekennen ihre Verbrechen bereitwillig; andere tun das nicht; und andere begehen Selbstmord, nachdem sie gestanden haben. Die Art der Reaktion läßt den Grad der Kontrolle erkennen, die der böse Geist auf sie ausübt.

Für den Fall, daß durch diese Mittel kein Geständnis erreicht werden kann, empfiehlt Institoris dem Richter, die Hexe zur Folterung zu verurteilen. Im ersten Versuch darf die Tortur nur leicht ausfallen; es ist aber jede Vorsichtsmaßnahme zu ergreifen, um sicherzustellen, daß die Angeklagte keinerlei Schutzamulette oder andere Zaubermittel trägt, die die Schmerzwirkung der Tortur aufheben könnten. Über die einzelnen Schritte der Folterung ist ein vollständiger Bericht abzufassen, und wenn die Hexe in diesem Stadium bekennt, dann ist er oder sie in einen anderen Raum zu verbringen und aufs neue zu verhören, falls das Geständnis lediglich auf den Schmerz der Tortur und die damit verbundene Belastung zurückgeführt werden kann. Sollte jedoch überhaupt kein Geständnis erfolgen, so kann die Tortur mit größerer Strenge wiederaufgenommen werden. Aber auch in diesem Stadium sollen alle anderen von Institoris hervorgehoben erwähnten Methoden weiterhin Gültigkeit haben. Auch sollte der Richter die Angeklagte einer genauen Prüfung nach bestimmten Merkmalen unterziehen, die ihre Schuld ebenfalls erweisen könnten, etwa die bekannte Unfähigkeit einer Hexe, Tränen der Reue zu vergießen. Während der Erfüllung ihrer Pflicht, fügt Institoris hinzu, müßten die Richter und die anderen Gerichtsbeamten sorgfältig darauf achten, nicht zuzulassen, daß die Hexe sie berührt oder sie ansieht, bevor sie sie ansehen. Er fürchtete nämlich, er oder sie möge noch genug Zauber zurückbehalten haben, um sie zu behexen. Deshalb werden die Beamten noch angewiesen, Opfergaben bei sich zu tragen wie Salz, das am Palmsonntag gesegnet wurde, um aus dieser anerkannten Form des Selbstschutzes Nutzen zu ziehen.

Als nächstes stellt Institoris in aller Kürze eine sehr spezielle Frage. Darf ein weltlicher Richter einer Hexe gestatten, sich der Buße zu unterziehen, um zu ermitteln, ob er oder sie schuldig oder unschuldig ist? Die Bußordnung war eine althergebrachte Methode, für jemanden ein Gottesurteil herabzurufen. Es gab verschiedene Anwendungen, beispielsweise ein Urteil durch Kampf und Duell, heißes Eisen oder kochendes und Eiswasser. Wenn der Beschuldigte den durch das Eisen oder das kochende Wasser verursachten Schmerz aushalten konnte und wenn seine oder ihre Haut nach einer bestimmten Anzahl von Tagen heilte, ohne Narben zu bilden, dann wurde dieser Sachverhalt als ein Zeichen Gottes genommen, daß die betreffende Person unschuldig war. Im Verlauf des 12. Jahrhunderts begann die Buße jedoch die Wertschätzung der Kirche zu verlieren, weil sie nach Blasphemie schmeckte, und der alte römische Brauch des Strebens nach Aufdeckung der Wahrheit durch Befragung (*interrogatio*) hatte allmählich vor kirchlichen Gerichtshöfen ihren Platz eingenommen, dann auch in Strafverfahren. Die Übung, eine verdächtige Hexe schwimmen zu lassen – versank sie, war sie unschuldig, blieb sie an der Oberfläche, war sie schuldig –, die sich in einigen Gegenden bis zum 18. Jahrhundert hielt, gehörte gleichfalls zur Bußordnung, obwohl einige katholische Schriftsteller wie der Jesuit Martín del Rio sie heftig verurteilten. Auch Institoris prangert sie, nachdem er die Frage nach der Buße und den weltlichen Richtern aufgeworfen hatte, als ungesetzlich an und führte aus, daß man sich auf ihre Wirksamkeit keineswegs verlassen könne, weil der Teufel durchaus in der Lage sei, auf die Seinen achtzugeben und so das Ganze ad absurdum zu führen.

Die Abhandlung schloß mit einer ganzen Reihe von praktischen Fragen, die sich mit dem Fällen des Urteils und der Sache mit den Berufungen befaßten. Wie sollte ein Richter handeln, wenn jemand unter leichtem Verdacht stand, unter schwerem Verdacht oder unter sehr ernstem Verdacht? Was sollte geschehen, wenn der Angeklagte eingestanden hatte, ein Ketzer zu sein, aber keine Reue zeigte, oder ein rückfälliger Ketzer plötzlich bußfertig war? Wenn der Angeklagte überführt wurde, aber weiterhin alles abstritt oder nach einem Schuldspruch flüchten konnte? Wenn jemand von einer verurteilten Hexe beschuldigt wurde oder einem „Bogenschützen"? Wie sollte der Richter eine Hexe behandeln, die Berufung eingelegt hatte, und wie hatte er Berufungen zu behandeln, die (a) nicht ernst zu nehmen, (b) rechtmäßig oder (c) zutreffend und passend waren? Die Antworten auf all diese Fragen führen zum Wesensmerkmal des *Malleus*, künftigen Inquisitoren und Richtern ein Leitfaden in der rechtmäßigen Durchführung und Auflösung der Befragungen in den Gerichtsverhandlungen zu sein, die sich mit diesem ausnehmend entsetzlichen und sehr schwierigen Verbrechen befaßten.

Heutzutage ergeben moderne Besprechungen des *Malleus* manchmal, daß dies ein bigottes und deshalb hoffnungslos falsches, wenn nicht gefährliches Werk sei. Natürlich ist seine Beweisführung verworren, und oft wirft es Fragen auf, die nicht durchdacht sind. Ein Beispiel dafür ist die Gefeitheit der Richter. Institoris behauptet ausdrücklich, daß Gerichtsbeamte von Hexen, die festgesetzt worden seien, nicht behelligt werden könnten, aber gleichzeitig sagt er, daß Richter für Beschwörungen empfänglich seien und deshalb zu ihrem Schutz Weihegaben tragen sollten. Beide Behauptungen zusammen können nicht richtig sein, aber Institoris scheint ihre Unvereinbarkeit gar nicht zu bemerken. Es ist auch oft angenommen worden, daß der *Malleus* in das übliche Maß überschreitender Weise Frauenfeindlichkeit zeige. Da ist auch ganz sicher manches im Werk, was Institoris' eigene Handschrift trägt. Seine Titelwahl zum Beispiel spricht Bände. *Malleus* bedeutet „Hammer" oder „Maul", und mittelalterliche Gelehrte waren sich durch die Lektüre der Schriften des Ovid wohl bewußt, daß dieser Begriff im klassischen Latein nicht nur ein Werkzeug zum Einschlagen von Nägeln bedeutete, sondern auch einen rituellen Gegenstand, mit dem ein lebendes Opfer betäubt wurde, bevor es den Todesstoß erhielt. Offensichtlich hatte Institoris diesen Sprachgebrauch im Sinn, als er den Titel wählte. Die zweite Bedeutung ist in diesem Zusammenhang gegenstandslos, aber mit dem Hammer zeigte er auf sich selbst und natürlich jeden anderen Richter, der einen Hexenprozeß überwachte. Es ist dies ein bemerkenswert gewalttätiges Bild, eines, das geeignet erscheint, die Hexe in die Rolle eines unschuldigen Opfers zu versetzen, was wohl kaum in Institoris' Absicht gelegen hat.

Das zweite Wort aus dem Buchtitel, *Maleficarum*, bezieht sich ausdrücklich auf weibliche Betreiber des Schadenzaubers. *Malefici* (Maskulinum) und *maleficae* (Femininum) sind die Wörter, die Institoris gewöhnlich wählte, um „Hexen" zu bezeichnen, ganz im Sinne dieser wie der früheren Epoche, was den geregelten Gebrauch betrifft. Aber der weibliche Genetiv Plural macht deutlich, daß, von den Bogenschützen einmal abgesehen, sein Hauptziel Frauen waren, die Magie betrieben. Damit folgte er der im 14. und 15. Jahrhundert wachsenden Tendenz, in Hexen eher Frauen als Männer zu sehen. Diese Wahrnehmung fiel in gewissem Umfang mit der sich immer deutlicher ergebenden Feindschaft amtlicher Stellen gegenüber der Vielfalt der Formen religiösen Lebens zusammen, deren sich die Frauen in dieser Zeit erfreuen konnten. Der Argwohn auf Visionärinnen und Prophetinnen, wozu unter anderen die Heiligen Brigitte von Schweden, Katharina von Siena und Jeanne d'Arc gehörten, spiegelte die tiefe Unsicherheit der Theologen wider, was man von weiblichen Bekundungen, mit nichtmenschlichen Mächten in Verbindung zu stehen, halten solle. Die mögliche weibliche Heilige begann auf mancherlei Weise dem neuartigen Muster einer Hexe zu entsprechen. Die Hl. Katharina von Siena beispielsweise empfing die Stigmata, Nachbildungen der fünf Wunden Christi; auf dem Körper einer Hexe erschienen die Teufelsmale oder Zeichen der *incubi*, die Geschlechtsverkehr mit ihr hatten. Die hl. Katharina erhielt, ganz wie eine Hexe, Besuch von bösen Geistern, nur daß sie, anders als eine Hexe, deren Verführungen widerstand. Der Geist der Epoche fiel damals mit Institoris' offenkundig persönlicher Frauenfeindschaft zusammen, um einen Titel zu produzieren, dessen Gewalttätigkeit unter den anderen Überschriften der Abhandlungen, die sich der Hexerei widmeten, ohne Beispiel war.

Das ist die erste Eigenart dieses Buches. Seine zweite liegt in der zielstrebigen, engstirnigen Annahme, daß jeder, der der Zauberei angeklagt und vor Gericht gebracht würde, für schuldig befunden werden müsse. In der Praxis wurde, wie schon ein flüchtiger Blick auf erhaltene Protokolle zeigen wird, von den Gerichtshöfen eine große Zahl für unschuldig erklärt und in Freiheit gesetzt. Aber Institoris will damit offensichtlich nichts zu tun haben. Er sieht die Welt in einem ganz besonderen Licht. Ihr Betrieb wird mehr oder weniger von Satan und einer Unmenge böser Geister gelenkt, und obgleich Gott offensichtlich Herr der Schöpfung ist und alles, ob gut oder schlecht, mit seiner Einwilligung geschieht, sind die Freiheiten, die dem Teufel eingeräumt sind, erschreckend. Daher also Institoris' Überzeugung, daß man niemals nachlassen dürfe im Bemühen, Satans Knechte auf Erden herauszufinden und zu vernichten: Betreiber der Magie im allgemeinen und Hexen als Anwender vorsätzlichen Schadenzaubers im besonderen.

Als drittes enthält das Buch eine Anzahl Überraschungen, und zwar nicht in dem, was es sagt, sondern in dem, was es nicht sagt. Der *Malleus* ist das erste umfassende Werk, das sich der Hexerei widmet, mit der doppelten Absicht, das Phänomen theologisch zu erklären und Geistlichen im Dienste der Justiz einen Leitfaden an die Hand zu geben, wie mit ihm am besten zu verfahren sei. Zumindest während des vorangegangenen Jahrhunderts hatte sich, wie wir gesehen haben, mehr und mehr die Darstellung der Hexe verfestigt, die durch die Lüfte flog, Sabbate besuchte, den Teufel verehrte – und sich in einer Umgebung zu bewegen pflegte, die in mancherlei Hinsicht die Züge einer Gegenkirche trug. Das alles kümmert Institoris aber überhaupt nicht. Festgelagen, Orgien, Teufelsmalen, dem Kuß der Erniedrigung, Schutz- und Ahnengeistern tut er keinerlei Erwähnung, und insoweit kann man versucht sein, seine Abhandlung merkwürdig altmodisch zu nennen.

Doch wäre dies ein Fehler, wie ich glaube. Intellektuelle waren der öffentlichen Meinung immer voraus – manchmal in der richtigen Richtung, oft in der Sackgasse. Die Vorstellung, daß Hexen den Teufel anbeten, hat sich unter Theologen natürlich einer wachsenden Popularität erfreut. Das sollte sich noch bis ins 16. und 17. Jahrhundert so fortsetzen, wobei sie auch Juristen und Doktoren anzog und, in gewissem Umfang, das gemeine Volk. Tatsache war aber, daß ein Großteil der der Hexerei Angeklagten, die klare Mehrheit, beschuldigt wurde, die herkömmlichen Arten der Magie betrieben zu haben: Liebe zu wecken, Krankheit zu heilen, Schaden in verschiedenen Formen anzurichten usw. Satan wurde kaum erwähnt, außer daß er sie ein- oder zweimal alleine traf, zu Hause oder auf freier Flur, um sie zu überreden, ihm zu dienen. Kein Flug, kein Sabbat, keine Orgie, kein Tatbestand allgemeiner Anbetung. Die Lesart der Götzenverehrung von seiten der Hexen erscheint natürlich weiterhin, aber im großen und ganzen häufiger in Abhandlungen über die Hexerei als in den erhalten gebliebenen Gerichtsakten. In dieser Hinsicht gibt der *Malleus* die tatsächliche Gerichtserfahrung wieder, so daß man ihn guten Gewissens eher eine praktische Anleitung denn eine rein wissenschaftliche Einzeldarstellung nennen kann.

Und so ist die vierte Besonderheit des Buches sein Mangel an fortdauernder Wirkung. Damit kein Mißverständnis aufkommt – das Buch wurde von späteren Gelehrten laufend zitiert, und der Umstand, daß es in den wenigen Jahren bis zum Ende des Jahrhunderts acht Auflagen erreichte, weist darauf hin, daß es in literarischen Zirkeln eine Zeitlang großes Aufsehen erregte. Allerdings wissen wir nicht genau, aus wieviel Buchexemplaren im 15. Jahrhundert eine Auflage bestand (275 bis 300 scheinen eine glaubwürdige Schätzung zu sein). Trotzdem gab es bei der strafrechtlichen Verfolgung wegen Hexerei kein spürbares Anwachsen der Fälle, außer vielleicht in den frühen 1490er Jahren im Rheinland, und so erfüllte der *Malleus,* soweit er als Fanfarenstoß gedacht war, um Inquisitoren und Richter die Bedrohung des immer weiter um sich greifenden Teufelswerks ausrotten zu lassen, diese Absicht in weiten Teilen nicht. Tatsache ist, daß die gründliche Verfolgung der Hexen erst fast ein Jahrhundert später begann.

Während des Mittelalters und bis in die beginnende Frühzeit hinein wurde Europa in regelmäßigen Abständen von apokalyptischen Vorstellungen erschüttert. Eine besondere Rolle spielten die Vorgänge im Zusammenhang mit dem sogenannten Millenarianismus. Jedesmal wurde der Teufel in die Sache hineingezogen und das Ende der Welt in der Form, wie man sie bis jetzt gekannt hatte, beschworen. Das führte zu wiederkehrenden Angstschüben, die jeweils geeignet waren, die Menschen zu verleiten, Erleichterung von Anspannung und Belastung zu finden, indem sie Sündenböcke suchten, die den Zorn Gottes auf sich nehmen konnten und das, was die Unvermeidlichkeit der allgemeinen Auflösung zu sein schien. Juden und Hexen, schon wegen ihres Daseins als Feinde Christi angesehen, konnten diese Aufgabe übernehmen, sobald sich die Notwendigkeit ergab.

Die Lehre von der Apokalypse hatte ihren Namen vom letzten Buch des Neuen Testaments, der *apocálypsis* oder „Geheimen Offenbarung" des heiligen Johannes. Es ist sehr schwierig zu deuten, seine Botschaft ist dunkel, und so haben verschiedene Zeitalter verschiedene Deutungen aus ihm gezogen. Bestimmte Passagen wurden jedoch mehr oder weniger übereinstimmend als Vorhersagen des Endes aller Schöpfung betrachtet, dem die Geburt eines schrecklichen Ungeheuers, genannt der Antichrist, vorausgehen und das im Wiedererscheinen Jesu Christi gipfeln sollte, um die ganze Menschheit, die Lebenden und die Toten, zu richten. Dieses Jüngste Gericht würde bestimmen, wer würdig war, in den Himmel zu kommen und dort im Angesicht Gottes bis in alle Ewigkeit zu bleiben, oder wer zu verdammen war und in die Hölle kam. Die Aussicht auf die ewige Verdammnis war eine immerwährende Gelegenheit aufeinanderfolgender Kirchengemeinden, von der Kanzel gedonnert und von Wortmächtigen in immer furchterregenderen Einzelheiten beschrieben. Der Tag des Gerichts würde jedoch nicht ohne Warnung kommen. Neben dem Erscheinen des Antichrist würde es Kriege geben, Hungersnöte und Seuchen, und darüber hinaus würde Satan selbst Gottes Erlaubnis haben, die Welt zu verwüsten. Der hl. Johannes ließ in diesem Punkt keinen Zweifel:

> Dann sah ich einen Engel vom Himmel herabsteigen; auf seiner Hand trug er den Schlüssel zum Abgrund und eine schwere Kette. Er überwältigte den Drachen, die alte Schlange, die da ist der Teufel oder der Satan, und er fesselte ihn für tausend Jahre. Er warf ihn in den Abgrund, verschloß diesen und drückte ein Siegel darauf, damit der Drache die Völker nicht mehr verführen konnte, bis die tausend Jahre vollendet sind. Danach muß er für kurze Zeit freigelassen werden.
>
> *Offenbarung*, 20.1–3

Dergestalt reichten „Millenarianismus“ und apokalyptische Vorstellungen sich die Hand. Der Begriff verweist auf einen Wust an Prophezeiungen, der das Nachdenken über die vom hl. Johannes erwähnte Tausend-Jahres-Frist umgab, und es wurde Gegenstand eingehender Debatten, wann die tausend Jahre begonnen hätten und für wann man demzufolge ihr Ende zu erwarten hatte. Der Franziskaner Roger Bacon (um 1213–um 1291) regte deshalb an, die Kirche solle zu einem gründlicheren Studium des gelehrten Schrifttums ermuntern, um den Zeitpunkt des Erscheinens des Antichrist zu ermitteln.

> Ich will nicht außer der Reihe sprechen, aber ich weiß eines: Wenn die Kirche willens ist, die Bibel und die heiligen Prophezeiungen mit anderen Augen anzusehen neben den Prophezeiungen Sibylles, Merlins, Aquilas, Sestos, Joachims von Fiore und vieler anderer, und dazu Werdegang und Schriften der Philosophen zu Rate zieht: und wenn sie darauf dringt, die Wege der Astrologie zu erforschen, dann mag man eine schwache, aber ausreichende Vorstellung (oder, was zutreffender wäre, eine Sicherheit) darüber erhalten, wann mit dem Erscheinen des Antichrist zu rechnen ist.
>
> *Opus Maius*, Teil 4, „Kritische Astrologie“

3.2 Botticellis Geheimnis der Geburt

Dies wurde in der Mitte des 13. Jahrhunderts geschrieben, einer Zeit, da Flagellanten durch viele Länder zogen, sich geißelten und zum Teil gewalttätige Spektakel aufführten, um alle Welt zur Buße in Vorbereitung auf den nahe bevorstehenden Tag des Gerichts aufzurufen. Joachim von Fiore, der Franziskaner, auf den Bacon anspielte, prophezeite, daß der Antichrist gerade dabei war, seine Herrschaft aufzurichten, und nach ihm um 1260 ein drittes Zeitalter der Erneuerung der Schöpfung beginnen werde; und nur ungefähr 10 Jahre vor dem kritischen Datum verfaßte ein anderer Franziskaner noch das berühmte Gedicht *Dies Irae* (Tag des Zorns), das die Schrecken beschrieb, die am letzten Weltentag zu erwarten waren, dem Tag der Wiederkunft Christi und des Jüngsten Gerichts.

Der Schreck des Augenblicks ging vorbei. Er wurde später aber wieder und wieder erneuert, wenn Zeitgenossen Anzeichen zu erkennen glaubten, daß die Endzeit angebrochen war. So wurde in den Jahren von 1306 bis 1314 der Orden der Tempelritter angegangen und aufgehoben, während Geschichten von sexuellen Ausschweifungen während der Aufnahmeriten und von Anbetungen des Teufels in Gestalt eines Teufelskopfes die Runde machten. Von 1348 bis 1350 wurde Europa von mehreren Seuchen entvölkert, die unter der Bezeichnung „Der Schwarze Tod“ zusammengefaßt wurden. In einigen Orten löste die Krankheit Pogrome gegen die Juden aus und festigte die Vorstellung, daß der Antichrist entweder schon angekommen sei oder dies in Kürze tun werde, folglich das Ende der Welt nahe bevorstehe und Friedrich II., der Kaiser des Heiligen Römischen Reiches, als Gottes Statthalter ermächtigt sei, die Verdorbenheit der Kirche zu bessern. Die letzten Jahrzehnte des 14. Jahrhunderts und die ersten des 15. Jahrhunderts sahen das große Schisma der Römischen Kirche, als der Papst seinen Sitz von Rom nach Avignon verlegte und gleichzeitig Gegenpäpste gewählt wurden, von denen jeder rechtsgültige Suzeränität (das Recht, den Stuhl Petri nach innen und außen allein zu vertreten) beanspruchte. Kein Wunder, daß der Dominikaner und Heilige Vinzenz Ferrer (1357–1419) glaubte, die Welt sei in die Endzeit eingetreten und das Buch *De fine mundi* (Vom Ende der Welt) verfaßte, um seiner Prophetenangst Luft zu machen.

Institoris' Überzeugung während der 1480er Jahre, die Welt werde von Hexen heimgesucht und der Teufel habe Erlaubnis erhalten, sein Höllenreich auf die Erde auszudehnen, war im Lichte der apokalyptischen Schrecken und Tausend-Jahr-Erwartungen, die in Europa immer noch allgegenwärtig waren, verständlich. Astrologen hatten für 1484 vorausgesagt, daß dies ein bedeutsames Jahr für die Menschheit sein werde, denn die Konjunktion von Jupiter und Saturn werde das Ende eines astrologischen Zeitalters markieren, und der Eintritt der Sonne in das Zeichen des Widders kündigte große Änderungen im Bereich der Religion an. Tatsächlich prophezeite ein Dominikanermönch, Girolamo Savonarola, während der 1480er und 1490er Jahre das Kommen des Reiches Gottes und daraus folgend die Notwendigkeit sofortiger Buße. Sein Einfluß in Florenz, wo er wirkte, war so bestimmend, und man glaubte so bedingungslos, was er verkündete, daß die Stadt fast gänzlich unter seinem Bann stand und sich seiner Befehlsgewalt ausgeliefert fühlte. Die Furcht vor einem Einmarsch französischer Truppen als Konsequenz der vielfältigen Unordnung in der italienischen Politik jener Zeit half natürlich, dieses besondere Klima zu schaffen, doch war der Krieg eines der Zeichen für die letzten Tage, wie die Apokalypse sagte, und selbst nachdem der Wind sich gedreht hatte und Savonarola 1498 als Ketzer verbrannt worden war, brannten in Italien die Erwartungen auf das Ende der Welt weiter wie die Holzkohle im Weihrauchfaß.

Botticelli malte 1501 *Das Geheimnis der Geburt* (Abb. 3.2), vorgeblich eine Wiedergabe der Anbetung des gerade geborenen Christus durch seine Mutter und die Hirten, in Wirklichkeit aber eine Verkörperung der Vision Savonarolas (und weiterer Tausend-Jahr-Prophezeiungen im Umlauf), daß die Kirche dabei sei, sich zu erneuern, wenn die Endzeit angebrochen war. Botticelli verdeutlicht diesen Punkt in der griechisch geschriebenen Balkenüberschrift auf der Leinwand:

> „Dieses Bild malte ich, Alessandro, am Ende des Jahres 1500 [nach dem Gregorianischen Kalender 1501], während der in Italien herrschenden Wirren, eine halbe Zeit nach der Zeit, da sich das Elfte [Kapitel] des Johannes erfüllt, während der zweiten Plage der Apokalypse, da der Teufel freigelassen ist für dreieinhalb Jahre. Danach wird er dem Zwölften [Kapitel] gemäß gefesselt, und wir werden ihn sehen wie auf diesem Bild dargestellt".

Nur 16 Jahre später begann die Reformation der Kirche wirklich, und so gewalttätig riß sie die Kirche auseinander, verheerte Europa mit Religionskriegen, setzte es in Flammen, daß es tatsächlich den Anschein hatte, als sei die Apokalypse nun endgültig in Szene gesetzt.

Aber wenn die letzten Tage in der ersten Hälfte des 16. Jahrhunderts wirklich abliefen, wo oder wer war dann der Antichrist? Er war schließlich dazu bestimmt, das teuflische Gegenstück von Johannes dem Täufer zu bilden und Satans immerwährende Herrschaft zu verkünden. Er sollte deshalb eigentlich zu erkennen sein. Im frühen Mittelalter schien der Antichrist eine weniger konkrete als vielmehr schattenhafte Figur zu sein. Um 786 umschrieb der Hl. Beatus von Liebana diesen Sachverhalt folgendermaßen:

> Die Kirche wird Antichrist immer überwinden. Denn es ist nicht so, wie viele denken, daß Antichrist die Kirche an einem bestimmten Ort verfolgen wird, weil man sagt, Antichriste sind überall. Antichrist wird zum Schluß König sein und über die ganze Schöpfung herrschen.
> Er wird sagen, daß er Gott ist, also Christus. Aber noch versteckt sich Antichrist in der Kirche, weil ihm noch keine offene Macht verliehen wurde. Aber wenn er kommt, wird er die ganze Welt unter seine Macht bringen, so, wie es von ihm im Buche Hiob gesagt wird: „Hinter ihm her zieht alle Welt, vor ihm die Menge ohne Zahl" (21.33).
>
> *In Apocalipsim libri duodecim* 2.83–5

Im Hochmittelalter beeilten sich ketzerische Strömungen, den Antichrist im amtierenden Papst zu sehen. Der Engländer John Wyclif schrieb 1379, er finde es ganz plausibel, daß der gegenwärtige Papst der Antichrist der Heiligen Schrift sei. Allerdings vergaß er nicht hinzuzufügen, daß, wenn jemand glaube, ein Papst sei der Antichrist, daraus nicht folge, daß er glauben müsse, jeder Papst sei der Antichrist[3]. Der tschechische Häretiker Jan Hus bezeichnete ebenfalls den herrschenden Papst in seinen Briefen an Christian von Prachatice, geschrieben 1413, sowie vom Juni 1415 an Wenzeslaus von Dubá und Johannes von Chlum unmißverständlich als den Antichristen; es ist wohl kein Zufall, daß beide Männer ihre Briefe zu einer Zeit verfaßten, da zwei Päpste gleichzeitig die Rechtmäßigkeit ihrer Wahl beanspruchten. Das waren 1379 Urban VI. sowie „Klemens VII." und 1413–15 Gregor XIII. sowie „Johannes XXIII." Diese Gewohnheit der Häretiker, zu erklären, Antichrist sei gekommen und sitze auf dem Thron von Sankt Peter in Rom, gedieh, einmal eingeführt, prächtig, setzte sich in den Anfangszeiten der protestantischen Reformation fort und verschaffte Abtrünnigen von Rom bis weit ins 16. Jahrhundert hinein das Rüstzeug für ihre Polemik.

Das Mittelalter hindurch erschienen wiederkehrende Zeichen, die als Erfüllung der Schrift der Apokalypse gedeutet werden konnten. Ihnen folgten Wellen der Erwartung, das Jüngste Gericht stehe nahe bevor und das Ende der Welt, oder zumindest das Ende dieses Abschnittes der Weltgeschichte, sei gekommen. Und so, wie die Leute in der Zeit des Schwarzen Todes in den Juden, die sie in großer Zahl umbrachten, Blitzableiter für ihre Furcht und Sündenböcke für ihr schlechtes Gewissen gefunden hatten, so überrascht es nicht, daß sie sich in gewissen kritischen Augenblicken den Betreibern der Magie zuwandten, besonders jenen, die ihren unmittelbaren Nachbarn und der übrigen Gemeinde Schaden zufügten. Es gab jedoch, wie wir im Zusammenhang mit dem späteren Schicksal des *Malleus Maleficarum* gesehen haben, bis 1580 dem Anschein nach kein derartiges Pogrom gegen Hexen. Aber warum hielten die Leute am Ende des 15. Jahrhunderts still und gingen dann 100 Jahre später mit allem Eifer gegen die Hexen und Zauberer vor?

Man kann nicht behaupten, daß eine Kombination aus apokalyptischen und Tausend-Jahr-Erwartungen, Zeichen, Ketzerei, verbreiteter Frauenfeindschaft sowie Angst und Spannungen allein für den heftigen Ausbruch der Hexenverfolgung verantwortlich zeichnet, der durch erhalten gebliebene Aufzeichnungen für die 80 Jahre etwa zwischen 1580 und 1660 in Westeuropa zu beobachten ist. Denn diese Faktoren galten, mal mit dem Schwerpunkt auf dem einen, mal auf einem ganz anderen, mal auf allen zusammen, in der Geschichte des Westens für viele, wenn nicht für alle verflossenen Jahrhunderte. Was unterschied also die Lage im ausgehenden 16. Jahrhundert so grundlegend von der Vergangenheit?

Man muß sorgsam vermeiden, einen einzigen Grund für die sogenannte Hexenverfolgung heranzuziehen. Das Auftreten der Syphilis, Frauenhaß, Klimawechsel, Verlagerungen in der Balance der politischen Macht, Massenpsychosen, ja Massenwahn wegen Eigentümlichkeiten der Ernährung oder Zufuhrs von Rauschgiften bei der Nahrungsaufnahme – alle diese Gründe sind im Laufe der Zeit ins Feld geführt worden, wobei der Frauenhaß als volkstümliches Totschlagargument immer weit vorne lag. Doch ebenso wie die „Hexerei“ niemals eine monolithische Geistes- oder pseudoreligiöse Struktur gewesen ist, für die eine einzige Erklärung genügt hätte, sondern ein Sammelbegriff, der geeignet war, verschiedene Anschauungen und Handlungen abzudecken, denen lediglich das Vertrauen in einige Ausprägungen übernatürlicher Macht gemein war, so muß die Erklärung, warum jemand der Ausübung verschiedener Formen der Zauberei angeklagt wurde, jeweils Zeit, Ort, Umstände, Geschlecht, persönliche Überzeugungen, gesellschaftliche

Stellung und ein Dutzend anderer Erwägungen auf örtlicher, nationaler und internationaler Ebene berücksichtigen.

Von 1580 an lassen sich jedoch drei entscheidende Faktoren ermitteln, von denen man sagen kann, daß sie sich von früheren Zeiten unterschieden. Erstens: Wenn die Ketzerei früher ihr Haupt erhob, hatte die Kirche es im großen und ganzen fertiggebracht, sie zu unterdrücken. Das war weder immer einfach noch stets umfassend, wie das Überleben des Nestorianismus und der Katharer zeigt. Trotzdem schien die Kirche allen Absichten und Auftritten gegenüber (gerade die Auftritte waren in diesem Zusammenhang wahrlich von Bedeutung) im Wettstreit mit der Häresie obsiegt zu haben, und die führenden Häretiker wurden häufig in Verruf, manchmal sogar zu Tode gebracht. Das Auftreten von Luther und Calvin mit ihrer Anhängerschar gebar jedoch einen Zustand, den die Kirche sich außerstande sah zu beherrschen. Ganze Regionen Europas fielen von der Kirche ab und gingen zur neuen Religion über, und obwohl große und kleine Kriege ausgetragen wurden, um die neuen Dispositionen entweder zu stützen oder zu stürzen, sah es zu dieser Zeit nicht so aus, als sei der Ketzerei in Gestalt des Lutheranismus, des Calvinismus und ihrer zahlreichen Spielarten beizukommen.

Zweitens: Nach der Reformation wurde die theologische Spekulation über das Verhältnis der Macht Gottes zu der des Teufels Teil der konfessionellen Spaltung. Früh im 3. Jahrhundert n. Chr. hatte der Theologe Lactantius angeregt, die Existenz des Teufels als für den geistlichen Fortschritt der Gläubigen notwendig zu erachten:

> Wenn Gott mit Bedacht alles zum Vorteil des Menschen erschaffen hat, warum finden wir dann zu Lande und zu Wasser so viele Dinge, die abträglich, feindlich und tödlich für uns sind? ... Als Gott den Menschen als Krone der Schöpfung nach seinem Bilde schuf, da hauchte er ihm allein die Weisheit ein, daß er alles seiner Herrschaft unterwerfe und Gebrauch mache von allen nützlichen Dingen, die es auf Erden gibt. Aber Gott setzte dem Menschen neben guten auch böse Dinge vor, denn er hatte ihm die Weisheit gegeben, um zwischen Gut und Böse zu unterscheiden ... Gesetzt, es gäbe das Böse nicht mehr, keine Gefahr und nichts, was dem Menschen schadet: das gesamte Gebäude der Weisheit würde hinweggenommen, und die Menschheit hätte auch überhaupt keine Verwendung dafür.
>
> *De ira Dei*, 13.9, 13.16

Hier ist die heikle Frage aufgeworfen, wie weit das Böse seinen Einfluß oder seine Herrschaft auf ein Menschenkind erstrecken darf, eine Frage, die der Manichäismus durch die Annahme zweier gleichwertiger Götter zu beantworten trachtete, einem guten, einem bösen, in immerwährendem gegenseitigem Kampf verstrickt. Während diese Lösung von rechtgläubigen Theologen zurückgewiesen wurde (nicht immer ohne inneren Kampf, wovon der Fall des heiligen Augustinus Zeugnis ablegt), drückte sie vielen nachfolgenden theologischen Auseinandersetzungen ihren Stempel auf, wohl nirgendwo offensichtlicher als in Angelegenheiten, die die Magie betrafen.

Um es so einfach wie möglich auszudrücken: Katholiken und Protestanten waren sich in der Hexenfrage in bezug auf die Allmacht Gottes einig und sahen auch beide die Notwendigkeit, daß Gott zustimmen müsse, bevor Satan, seine bösen Geister und ihre Bundesgenossen, die Magietreibenden, in irgendeinen Pakt eintreten könnten, der außergewöhnliche Wirkungen hervorrufe, die für den Einzelnen oder Gemeinschaften entweder nützlich oder schädlich seien. Die Protestanten neigten dann der Auffassung zu, daß jede Macht, die Satan oder einer seiner Anhänger in der Schöpfung ausübe, Teil von Gottes Gesamtplan für die Menschheit sein müsse, da Gott ja allmächtig sei. Jeder, der unter der Aufmerksamkeit der Hexen oder böser Geister leide, müsse daher all sein Vertrauen in Gott setzen und geduldig warten, bis es ihm gefalle, diese Heimsuchung aufzuheben oder zu mildern. Im Gegensatz dazu legten die Katholiken den Schwerpunkt mehr auf die tätliche Teilhabe des Teufels an der Welt und daher auf den ursprünglichen Schaden, den Satan und seine Günstlinge anrichteten. In der Folge beleuchteten sie die Tätigkeit der Hexen als klaren, unverkennbaren Beweis, daß Satans Macht tatsächlich gegen die Welt entfesselt worden war. Beide Konfessionen nutzten das Buch *Hiob* als gebündelten, ihren Standpunkt stützenden Bericht, wobei das Buch dazu dienen kann, die Unterschiede zwischen ihnen zu verdeutlichen. Die Protestanten würden, sagen wir, Nachdruck legen auf Hiobs Geduld während der ganzen Zeit, die er von Gott geprüft wurde, wenn sie ihre besondere Sicht der Dinge offenlegen sollten, während die Katholiken es vorzögen, die Natur der Leiden Hiobs herauszustellen und die Pein, die er aufgerufen war zu erdulden. Es war fast eine Frage der Notwendigkeit, verschiedene Standpunkte einzunehmen, denn wenn die Protestanten die eine Position bezogen, waren die Katholiken natürlich genötigt, eine andere zu wählen. So fanden sich die Magietreibenden, darunter alle Arten von Hexen, in einem konfessionellen Streit über Gut und Böse gefangen, dessen Gehalt alt gewesen sein mag, dessen Einzelheiten aber unter sehr besonderen Umständen behandelt wurden.

Drittens: Obwohl die Magie seit den Zeiten der Griechen und Römer einen Teil des allgemeinen intellektuellen Diskurses in Westeuropa besetzt hatte, war es doch erst im ausgehenden 15. Jahrhundert soweit, daß die gebildete Klasse Europas, die in diese theologischen Schlachten eingebunden war, sich eng in damit verwandte Spekulationen verwickelte, welcher Natur denn die erschaffene Welt sei. Nun neigten diese Gelehrten – man denkt an Namen wie Johannes Trithemus, Francesco Pico della Mirandola, Marsilio Ficino und Cornelius Agrippa von Nettesheim – immer mehr dazu, die Magie in drei Klassen einzuteilen: natürlich, dämonisch, (be)trügerisch. Letztere stellte das dar, was wir Zauber- und Bühnentricks nennen würden. Die zweite Klasse haben wir bereits ausgiebig behandelt, nämlich jene Magie, deren Wirksamkeit von der Mitwirkung böser Geister abhing. Die erste umfaßte jedoch Aspekte einer Vielzahl verschiedener Disziplinen – Technik, Physik, Chemie, Biologie. Sie enthüllte die verborgenen („okkulten") Gesetze der Natur, versuchte ihre Wirkungsweise zu ergründen und zugleich die praktischen Nutzanwendungen zu ermitteln, die der Mensch aus den Ergebnissen dieser Entdeckungen ziehen mochte. Aus uneingeschränkter religiöser Absicht heraus sollte das Studium der natürlichen Magie ein wenig mehr von Gottes Plan herausfinden. In einigen Unterarten dieser Magie, die man „Hermetismus" oder „zeremonielle Magie" nannte, wurden selige Engel oder gute Geister angerufen, die für Teile der Erde zuständig waren (wie andere für bestimmte Planeten), mit der gleichen Absicht. Cornelius Agrippa und John Dee sind die vielleicht bekanntesten Beispiele, wie Gelehrte diese Form der Magie für ebendiese Zwecke betrieben.

Theologisch gesehen war diese Vorgehensweise natürlich nicht ungefährlich. Von der natürlichen Magie konnte man unversehens in die dämonische Magie geraten, weswegen der Hl. Thomas von Aquin sie ebenso verurteilt hatte wie die Debatte im Zusammenhang mit Fragen der Zauberei, ob man diese Magie mit dem rechtgläubigen Katholizismus versöhnen könne. So wurden Magie und Theologie im geistigen Meinungsaustausch während des 16. Jahrhunderts auf eine Weise miteinander verknüpft, wie dies nie zuvor geschehen war. Deshalb gerieten, nachdem die protestantische Gegenbewegung nach einer Generation immer noch bestand und jeder begriffen hatte, daß sie so schnell nicht verschwinden würde, alle Betreiber der Magie unter anhaltenden Beschuß von beiden Seiten. Denn sie schienen mehr als andere jene tief verstörenden Fragen zu verkörpern, die auf verschiedene Weise jedermann beschäftigten, nicht nur die universell Gebildeten, sondern durch die Wirkung des Religionswechsels sowie der Bücher, Druckschriften, Predigten und Gespräche auch die ungebildete breite Masse.

Aber auch wenn diese drei Faktoren in der zweiten Hälfte des 16. Jahrhunderts dazu beitrugen, das geistige Klima für die ausdauernde Verfolgung der Betreiber der Magie empfänglich zu machen, so erklären sie trotzdem nicht, warum die Verfolgungen gerade dort und gerade dann aufgenommen wurden. Um diese Frage zu klären und eine Auswahl möglicher Antworten zu sammeln, werden nun lokale und regionale Untersuchungen benötigt, und dies ist, zumindest in Teilen Europas, glücklicherweise die Hauptrichtung innerhalb der Methoden, in der die Untersuchungen der Hexerei vor sich gehen. Ein Rückblick wie dieser, der möglichst kurz ausfallen soll, kann dem Reichtum der besorgten und dargebotenen Auskünfte nicht Gerechtigkeit widerfahren lassen, aber eine oder zwei schnelle Skizzen mögen helfen, einige der Bahnen, in denen das gegenwärtige Denken sich bewegt, zu verstehen.

Der Jesuit Friedrich von Spee (1591–1635) schrieb in seinem Buch über die Hexenprozesse: „Siehe Deutschland, die Mutter so zahlreicher Hexen [*sagae*]!“ Eine farbenfrohe, feierliche Anrede, vielfach mißverstanden; denn man muß sich begreiflich machen, daß „Deutschland“ in diesem Beispiel ein Sammelbegriff ist, kein modernes geographisches Gebiet, sondern eine Ansammlung Hunderter verschiedener Gebilde, jedes auf seine eigene, wenn auch begrenzte rechtliche Eigenständigkeit unter dem Schutz und Schirm des Heiligen Römischen Reiches bedacht. Jedes hatte seinen eigenen Regenten – Kurfürst, Fürst, Erzbischof oder ein Dutzend anderer Titel. Einige Staaten wurden kirchlich, andere weltlich regiert. In der zweiten Jahrhunderthälfte waren von den Bewohnern die einen Katholiken, die anderen Lutheraner oder Calvinisten. Der Gelegenheiten, sich in der Behandlung der Hexen und anderer magischer Anwender zu unterscheiden, waren daher viele. Überhaupt sollte man nicht vergessen, daß in der Anfangszeit der protestantischen Reformation die Bauernkriege ganze deutschsprachige Gebiete verheerten und die radikale Wiedertäufersekte Eingriffe in das religiöse Bewußtsein der Deutschen vornahm. Deshalb gab es in den in Mitleidenschaft gezogenen Gebieten wenig Neigung, Betreiber der Magie in welcher Form auch immer zu verfolgen. Weder das katholische Tirol noch das calvinistische Kurfürstentum in der Oberpfalz noch beispielsweise das Gebiet um Jülich, Kleve und das Bergische Land wiesen nennenswerte Hinrichtungszahlen auf, obwohl es in Jülich Schwierigkeiten mit Werwölfen gegeben zu haben scheint, die man auf die Beschäftigung mit der Hexerei zurückführte.

Die eingehendsten Verfolgungen haben wohl in der Tat dort stattgefunden, wo die Herrscher in besonderer Weise gewillt waren, allgemeine Forderungen danach zu erfüllen. So übernahmen die katholischen Erzbischöfe von Köln, Mainz und Trier bei einer großen Anzahl von Prozessen und Hinrichtungen während der vier Jahrzehnte ungefähr zwischen 1580 und 1620 den Vorsitz, ebenso die katholischen Bischöfe von Eichstätt, Bamberg und Würzburg, während die lutherischen Amtswalter von Schaumburg, Lippe und Büdingen sowie der calvinistische Amtsträger in Nassau, obwohl sie nicht für so zahlreiche Hinrichtungen wie ihre katholischen Gegenüber verantwortlich zeichneten, es immerhin fertigbrachten, zusammen gegen 2500 Hexen zu verurteilen. Es sollte jedoch betont werden, daß niemand von ihnen einer widerstrebenden oder gleichgültigen Masse seinen Willen aufzwang. Es war vielmehr so, daß die Masse unbedingt wollte, daß diejenigen, welche sie als verantwortlich für die Krisen in ihrer gesellschaftlichen, wirtschaftlichen oder religiösen Umgebung ansah, ausgemerzt wurden und ihre Machthaber die Fälle folglich vor Gericht – und auf den Scheiterhaufen brachten. Die Inhaber der Gewalt entsprachen dem entgegenkommenderweise.

Warum beeilten sie sich, so zu verfahren? Einige Herren wie der Erzbischof von Köln, Friedrich von Bayern, waren von strenger Frömmigkeit und sich der teuflischen Mächte, die die Welt, in der sie lebten, bedrohten, nur zu bewußt. Bestimmte Juristen hingegen sahen in Hexenprozessen einen möglichen Weg, um Karriere zu machen, und auch da, wo dies nicht der Fall war, mochte das Bewußtsein, daß die zuständige Regierung es bevorzugte, wenn Hexen entdeckt und hingerichtet wurden, wohl doch einige Wirkung auf Verhörmethoden wie Prozeßführung gehabt haben. Inwieweit der Druck auf Befehl von oben zurückging, hing von örtlichen, aber auch allgemeineuropäischen Gegebenheiten ab. Im Jahre 1625 sah sich das Kurfürstentum Köln zum Beispiel in der Landwirtschaft einer ganzen Kette von Schwierigkeiten ausgesetzt, die zu hohen Getreidepreisen, schließlich zu einer Hungersnot und in deren Gefolge zu einer beträchtlichen Sterblichkeitsziffer führten. Das alles mochte mit der eifrigen Verfolgung und großen Zahl der Hinrichtungen wegen Hexerei in diesem Gebiet zu tun haben. Wichtig in diesem Zusammenhang ist vielleicht auch die Stärke oder Schwäche der örtlichen Verwaltung. Bei einer schwachen konnte die Masse ohne weiteres ihre Furcht auf jene abwälzen, die sie für deren Verursacher hielt, und die zuständigen Beamten wirkungsvoll nötigen, etwas gegen sie zu unternehmen. Es ist deshalb nicht möglich, die Hexenverfolgung allgemeingültig zu erklären, weil sie jeweils vor Ort ausbrach und immer lokale Gründe hatte.

Das gleiche galt auch für andere europäische Staaten. Dänemark etwa verzeichnete in der Zeit von 1617 bis 1625 den Höchststand an Hexenprozessen vor dem Gerichtshof der Grafschaft Jütland, als es im ganzen Lande wirtschaftliche Schwierigkeiten gab. Verschiedenen jütländischen Bauern gereichten die hohen Getreidepreise dieser Zeit zum Vorteil, anderen nicht; beiden aber, von den Stadtbewohnern, die unter der Teuerung besonders zu leiden hatten, gar nicht zu reden, konnten die unsicheren wirtschaftlichen Bedingungen nicht entgehen, und so scheinen sie sich ihre Angst vor der Zukunft mit der Verfolgung einzelner Anwender der Magie, über deren unheilvollen Einfluß und böse Absichten allgemeine Übereinstimmung bestand, ausgetrieben zu haben. Die örtlichen Machthaber, eifrig bedacht, sich ihrer Führung zu überlassen, und ängstlich, daß, wenn sie ihnen einen Strich durch die Rechnung machten, dies zu einer Empörung gegen Beamte und Regierung führen könnte, beeilten sich, dem zu willfahren und den Wunsch des Volkes zu unterstützen, sich jener aus Rache zu entledigen.

Ein weiterer Auslöser dieser Verfolgungswelle war zweifellos König Christian IV. feindseliger Erlaß von 1617, der sich mit den Betreibern der Magie und ihren Komplizen befaßte. Es sollte aber festgehalten werden, daß die Richter des obersten Gerichtshofs in Jütland sehr viel leichtere Strafen verhängten als die in den Amtsgerichten, womit wir wieder auf unsere Beobachtung des Einflusses *örtlicher* Gegebenheiten im Zusammenhang mit den Hexenprozessen stoßen. Das läßt sich auch an der Einstellung einflußreicher Persönlichkeiten ablesen. Das gab es zum Beispiel in Seeland in den 1540er Jahren den Bischof Peder Palladius. Er brannte darauf, in seiner Diözese die Hexen und Zauberer auszurotten, wie das Protokoll seiner Visiten für das Jahr 1544 verdeutlicht. Dort hält er die große Zahl derer fest, die jüngst in Malmö, Köge und anderen Orten verbrannt worden waren, und drängt seine Gemeinde, die Betreffenden bei der Obrigkeit anzuzeigen. Ein knappes Jahrhundert später schrieb sein Nachfolger Jesper Brochmand jedoch, daß der Teufel unfähig sei, echte Wunder zu vollbringen, weil er nicht die Macht dazu habe und gewisse außergewöhnliche Wirkungen, die ihm zugeschrieben würden, entweder lediglich auf Einbildung beruhten oder auf Gründe zurückzuführen seien, die niemand verstehe. Brochmand setzte auch keinen Glauben in die Behauptung der Nekromanten, sie könnten die Seelen der Toten herbeirufen und in die Lage versetzen, mit den Lebenden zu reden[4]. Andererseits war es gerade zu der Zeit, da Bischof Brochmand, skeptischer als der Rest, in Seeland Einfluß ausübte, daß die Hexenverfolgungquote den Höchststand erreicht hatte; ein Umstand, der darauf hinzudeuten scheint, daß hinter den Verfolgungen nicht die Kirche stand, sondern ein Bündnis aus der Laienschar und den weltlichen Machthabern.

In einigen Gegenden Europas dauerte es bis weit ins 17. Jahrhundert, bis die Verfolgungswellen am höchsten schlugen. In Schweden fand der schlimmste Ausbruch im Sommer 1668 statt und setzte sich mit Unterbrechungen bis zum Sommer des Jahres 1676 fort. Die Prozesse verdienen wegen der Einbeziehung von Kindern als Opfern und Zeugen besondere Beachtung. Hunderte von ihnen wurden vorgeladen, um auszusagen, sie seien auf magische Weise zum Berg Blåkulla gebracht worden, wo sie Zeugen der Schrecken des Sabbats geworden seien, und die schiere Menge dieser Aussagen produzierte Gewicht genug, um die Verurteilung von 18 Frauen als Hauptangeklagten vor dem Amtsgericht in den Jahren 1668/69 abzusichern. Elf Urteile wurden vom Appellationsgericht in Stockholm aufgehoben, aber es war ein Präzedenzfall geschaffen worden. Jetzt wurden die üblichen Sicherungen, die in das schwedische (und dänische) Recht eingebaut waren, um Unrecht zu verhüten, das aus böswilligen und falschen Beschuldigungen oder der Beweisaufnahme mit Hilfe der Folter hervorging, mißachtet, hauptsächlich wegen der offensichtlichen Notlage und des Leidens so vieler Kinder. Doch erneut tritt klar zutage, daß der Anstoß für die Verfolgungen zu Beginn und danach vor allem von der örtlichen Bevölkerung ausging. So sandte der Pfarrer von Mora im August 1669, mitten in der ersten Verfolgungsphase, eine Abordnung nach Stockholm, die um strengere öffentliche Maßnahmen zum Schutz ihrer Kinder vor Hexen und Zauberern nachsuchen sollte. Erst zögerte die Regierung, aber dann handelte sie so, wie Regierungen zu handeln pflegen, wenn sie sich einem hartnäckigen Problem gegenübersehen: Sie setzte eine königliche Kommission ein. Diese konnte die allgemeine Angst trotz aller Anstrengungen nicht bewältigen, die sich prompt in Panik verwandelte und weitere Prozesse auslöste, die weiterhin durch Zeugenaussagen von Kindern angeheizt wurden.

Wenn wir uns nun vom Norden Europas dem Süden zuwenden, dann treffen wir auf Länder wie Spanien, Portugal und Italien, in welchen Magietreibende gezwungen waren, sich dem Heiligen Offizium zu stellen, besser bekannt als „die Inquisition". Diese Versammlung von Ausschüssen – es gab nämlich im Gegensatz zu volkstümlichen modernen Vorstellungen mehr als eine Inquisition – entwickelte nicht nur eine klare Haltung gegen Anwender der Magie, sondern auch eine besondere juristische Methode, sie zu behandeln. Im Gegensatz zur antikatholischen Propaganda einiger Schriftsteller des 19. und frühen 20. Jahrhunderts, die sich mit diesem Thema befaßten, ließ die Inquisition nicht wahllos Unschuldige foltern, damit so viele von ihnen wie möglich zu Tode kamen. In Wirklichkeit erlebten eine verdächtige Hexe oder ein Zauberer vor einem Inquisitionstribunal eine gerechtere Verhandlung als vor vielen europäischen Gerichtshöfen, und wenn er oder sie überführt wurde, dann fiel die Strafe fast immer leichter aus. Das lag daran, daß das Heilige Offizium strenge Richtlinien für die Gerichtshöfe für die Hexen (*striges*), Wahrsager (*sortilegii*) und Schadenzauberer (*maleficii*) erließ und sein Bestes tat, diese aufrechtzuerhalten, wie eine Anweisung aus dem späten 16. Jahrhundert zeigt, die sich besonders an Inquisitionstribunale in der Provinz richtete. Das Hauptanliegen der Inquisitoren, wenn sie einem Betreiber der Magie gegenüberstanden, war einfach: Schloß die Beschuldigung gegen diese Person Ketzerei ein oder nicht? Falls nicht, dann war es mehr als wahrscheinlich, daß die Inquisitoren den Teil der Anklage, der der Zauberei galt, als Beweis für die Dummheit oder Unwissenheit des Beklagten behandelten und ihn oder sie mit einer Erklärung, warum diese magischen Handlungen unerwünscht seien, sowie einer Warnung, diese nicht zu wiederholen, entließen.

In Malta gab es ein interessantes Beispiel für die Erfahrung Südeuropas mit der Magie. Die Anbetung des Teufels – die einleuchtendste häretische Handlung im Sortiment der magischen Betätigungen und zugleich die unverwechselbarste Begebenheit auf dem Sabbat – trat kaum in Erscheinung. Der Teufel mochte durchaus besonders zu Frauen in Beziehung treten, aber als Person zur Person, oftmals im Zusammenhang mit der Sexualität. Betta Caloiro behauptete zum Beispiel am 25. Juni 1601 im Verhör, sie habe mit ihm ein intimes Verhältnis, seit sie zwölf war. Sie nannte ihn einen *farfarello*, ein Nachtgeist, der dem Gemüt und den Gefühlen der Menschen Streiche spielt, und verband ihn gedanklich mit Feen (*fati*), die ihr ebenfalls bei Nacht erschienen. Ähnliche Bekenntnisse finden sich auch in schottischen Protokollen. Nichts von alledem konnte weiter entfernt sein vom verderblichen und zerstörerischen Diabolismus des Sabbats, und deshalb kann man auch verstehen, warum das Heilige Offizium, anders als die schottische Kirche, die diese Begegnungen als „der Regel entsprechende" dämonische Hexerei deutete, gewillt war, eine verhältnismäßig milde Bewertung der Überzeugungen und Handlungen vorzunehmen, die so sehr von der „der Regel entsprechenden" dämonologischen Lehre abwichen.

Die Zauberer Maltas wagten sich wie ihre Kollegen überall in Europa auch an die Heilung Kranker, indem sie Beschwörungen der verschiedensten Art durchführten – viele davon stützten sich auf katholische Gebete – oder Namen der Heiligen anriefen, die die Schutzpatrone der Krankheit waren. Eine ihrer gefragtesten Künste war, etwas gegen den bösen Blick zu unternehmen. Helena, die Frau des Pietro Periano, behauptete, seine Auswirkungen abzumildern oder zu heilen, indem sie ihren Patienten wusch, dann ausräucherte und zum Schluß das Vater unser, das Ave Maria und das Glaubensbekenntnis, das Credo, aufsagte sowie einen Zauberspruch in maltesischer Sprache, der sicherlich nicht der Religion geschuldet war, aber auch nichts mit dämonischem Beistand zu tun hatte. Eine solche Mischung aus katholischem Gebet und magischem Beiwerk war unter maltesischen Frauen, aber auch anderen Mittelmeerbewohnerinnen die bevorzugte Methode, Krankheiten zu behandeln. Die Antwort der Kirche war, diese Gewohnheiten zu verurteilen. Sie unternahm auch energische Anstrengungen, ihren Gebrauch zu unterbinden, doch ging das Heilige Offizium nie dazu über, Menschen, die die Mittel anwandten oder darum nachsuchten, zu vernichten.

Im Jahre 1617 beispielsweise wurde Sulpitia de Lango auf frischer Tat ertappt, als sie in der Großmeisterkrypta der Hospitaliterkirche in La Valletta ein Liebeszauberutensil unter das Altartuch schmuggeln wollte. Sie wurde mit drei weiteren Personen, die ebenfalls in die magische Operation verwickelt waren, vor die Inquisition zitiert, um sich für ihre Tat zu verantworten. Einmal mehr genügte es den Inquisitoren, der Sache auf den Grund zu gehen, so daß sie folgendes Urteil fällten: Alle vier sollten die Beichte ablegen und für vier Jahre an bestimmten Feiertagen die Kommunion empfangen. Sulpitia allerdings, die bereits bei zwei Gelegenheiten unter der Anklage, Magie zu betreiben, vor der Inquisition gestanden und zweimal ihr Versprechen, dem abzuschwören, gebrochen hatte, wurde verurteilt, ausgepeitscht und danach für acht Jahre eingekerkert zu werden. Nachdem jedoch zwei Jahre vergangen waren, legte sie erfolgreich gegen diesen Teil des Urteils Berufung ein und wurde freigelassen.

Solch vernünftige Bestrafung und bereitwillige Milde sind wohlgeeignet, den Grad zu veranschaulichen, in dem die Inquisition, weit davon entfernt, ein Unterdrückungsorgan zu sein, als Bremse für weitverbreitete Forderungen aus Laienkreisen nach größerer Strenge diente. In der Tat schrieben ranghöhere Inquisitoren häufig an Provinztribunale, um sie zu großer Sorgfalt bei der Beweisaufnahme anzuhalten, besonders *bevor* ein Verdächtiger inhaftiert oder gefoltert wurde. Von daher ist es interessant, festzustellen, daß weltliche Gerichtshöfe sich in der Mitte des 17. Jahrhunderts beklagten, das Heilige Offizium sei viel zu nachlässig in der Verfolgung der Hexen, und deshalb versuchten, ihre eigene, strengere Jurisdiktion auf diese Fälle auszudehnen.

Als die Neue Welt entstand – Neuspanien in Zentral- und Südamerika, Neuengland weiter und Neufrankreich noch weiter nördlich –, hatten die Europäer vorgefaßte Meinungen darüber, was es zu entdecken gab. Griechische, römische und mittelalterliche Schriftsteller hatten sie mit einer wunderlichen Vorschau auf fremde Länder mit fremdartigen Bewohnern versehen, indem sie tatsächliche Erfahrungen falsch wiedergaben oder sich in Spekulationen ergingen, um ihre lückenhaften Kenntnisse aufzufüllen; aber indem sie so verfuhren, hatten sie die Entdecker, Kaufleute und Missionare immerhin auf die Erkenntnis vorbereitet, daß die Erde eine Vielzahl an Sehenswürdigkeiten und Wundern enthielt. Diese wollten natürlich erklärt sein, und bei diesem Bemühen gelangten die Besucher ihrer Neigung entsprechend zu den üblichen theologischen und soziologischen Annahmen. Diese Annahmen gründeten jedoch oftmals auf der Lektüre jener antiken und mittelalterlichen Autoren, und der Bezug auf die Vergangenheit, um eine exotische Gegenwart zu erklären, war eine intellektuelle Gewohnheit, die weiterbestand, als, lange nachdem die erste Generation europäischer Einwanderer den amerikanischen Kontinent aus eigener Anschauung erlebt hatte, Völkerkundler ihre Abhandlungen und Missionare ihre Berichte verfaßten.

> Ich habe mich nicht damit begnügt, die Wesensart der Wilden zu ergründen und mich mit ihren Sitten und Gebräuchen zu befassen [schrieb der Jesuitenmissionar Joseph Lafitau 1724]. Ich habe in ihren Sitten und Gebräuchen vielmehr Spuren des fernsten Altertums aufzufinden getrachtet. Mit Sorgfalt habe ich deshalb diejenigen der ältesten Schriftsteller gelesen, welche sich mit den Sitten, Gesetzen und

> Gepflogenheiten der Völker befaßten, über die sie einige Kenntnis hatten. Ich habe die Gebräuche der Antike und der Wilden miteinander verglichen und bekenne, daß, wenn die Autoren der Antike mir einige Einblicke verschafft haben, um verschiedene Mutmaßungen in Hinblick auf die Wilden zu stützen, die Gewohnheiten der Wilden mir einiges Verständnis verschafft haben, um die klassischen Autoren besser zu verstehen und mir verschiedene Stellen in deren Schriften zu erläutern.
>
> *Moeurs des sauvages Ameriquains* 1.3–4

An erster Stelle unter den Gegenständen, die nach Aufklärung verlangten, stand die Religion. Hier saßen die Europäer wirklich in der Klemme, denn sie vermochten die Glaubensbräuche der Eingeborenen nur mit unverhülltem Schrecken zu betrachten wie etwa der spanische Theologe und Geschichtsschreiber Ginés Sepúlveda, der behauptete, daß der barbarische Götzendienst der Indios Grund genug für eine Strafexpedition in ihr Gebiet sei. Man konnte aber auch die Glaubensbestandteile heraussuchen, die der europäischen Vorstellung von „Gut" entsprachen, und die eliminieren, die als „schlecht" erkannt wurden. Lafitau tat in bezug auf letzteres sein Bestes. Zur Eingeborenenreligion bemerkte er, daß sie, seit man sie kenne, „lediglich in der Phase ihres Verfalls zu uns gekommen ist, so daß sie uns immer nur als eine schändliche Religion erschien. In der Tat ist sie von der ganzen Finsternis des Götzendienstes und den Schrecknissen der Magie umhüllt, welche die ergiebigsten Quellen der schlimmsten Verbrechen, der beklagenswertesten Geistesverwirrung sowie der größten Unordnung des Gemütes sind". Aber trotzdem sei, wie er hinzufügte, dieser Verfall nicht so allgemein, daß man in dieser Religion nicht einige Grundsätze fände, die dem Verfall entgegenstünden, eine Anschauung, die sein Jesuitenkollege José de Acosta (1540–1600) anerkannt und vielleicht sogar mit Beifall bedacht hätte. Dieser Acosta hielt mehr als ein Jahrhundert früher fest, daß man die Geschichte der Völker Amerikas nicht einfach als eine Kette diabolischer Wahnvorstellungen begreifen, sondern bedenken solle, daß auch die Griechen und Römer Rituale durchgeführt hätten, die nun als entwürdigend und sogar verbrecherisch angesehen würden.

Man konnte die Neue Welt damals leicht entweder als einen Ort betrachten, der unter Satans Herrschaft schmachtete, oder als eine wilde, fremdländische Gegend, die von edlen Wilden bevölkert wurde, deren rauhe Kanten einfach nur nach dem richtigen Schliff durch den Umgang mit dem christlichen Europa verlangten. In jedem Fall wartete

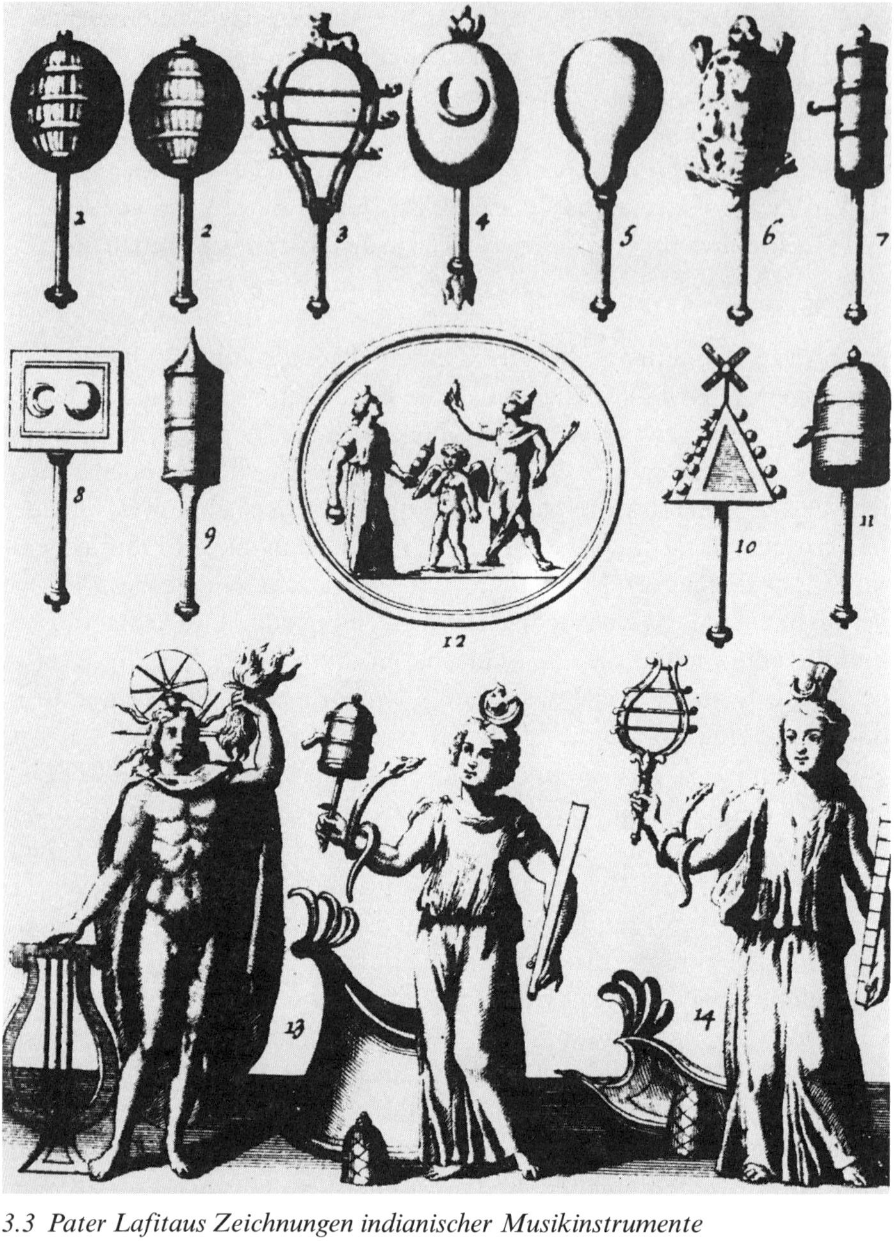

3.3 Pater Lafitaus Zeichnungen indianischer Musikinstrumente

3.4 Der „Dämon" Pachacamac spricht zu Indios in Peru

jedoch viel Arbeit auf die Missionare, und selbst zwei Generationen nach der Ankunft des Christentums hatte die neue Staatsreligion die althergebrachte nicht abgelöst, so daß die beiden sich als unterschiedliche, unruhige Nachbarn Seite an Seite lebend wiederfanden. So beklagte der Jesuit Pablo José de Arriaga 1621 denn auch das Ausmaß, in dem eingeborene Peruaner sich dem „Aberglauben" hingaben, womit er unter anderen Beispielen Frauen meinte, die sich bei der Entbindung der Hilfe von Hexen (*hechiceros*) versicherten, die den alten Göttern opferten, oder die ekelhafte Praxis, die Toten, die auf dem Kirchhof lagen, auszugraben und anderswo zu bestatten, um dem Leichnam die gestörte Ruhe in einer christlichen Grabstätte zu ersparen[5].

Wie aber begegnete die Kirche diesen Herausforderungen und teilweisen Mißerfolgen? Die Inquisition vor Ort konnte unbarmherzig in der Beseitigung gefährlicher Widersacher der neuen christlichen Herrschaft sein. In Mexiko beispielsweise wurde ein führender eingeborener Aristokrat der weltlichen Gerichtsbarkeit übergeben und verbrannt, weil er in seinem Haus ein Bildnis verborgen hatte, das die Inquisitoren als dämonisch einstuften. Dies ereignete sich 1539. Das gleiche widerfuhr im Jahr darauf einem Martín Ozelotl, der aber eine Erhebung geplant und das Ende der Welt vorausgesagt hatte. Beide Todesfälle waren ebenso der Politik wie der Religion geschuldet. Es gab aber auch solche wie den götzenanbeterischen Juan Luis, der 1598 verkündete, er glaube, daß der Teufel mächtiger sei als Gott, oder wie Juan Francisco, der 1608 aus Gotteslästerung vier Bilder von einem katholischen Altar schlug, die die Inquisition bewogen, mit aller Heftigkeit herausfinden zu wollen, ob ihre Taten Ausdruck eines weitverbreiteten Teufelskults waren, der die Standfestigkeit des christlichen Glaubens bedrohen konnte, oder nicht – eine argwohngetränkte Reminiszenz an zeitgenössische Befürchtungen in Europa, die Hexen könnten Teil einer riesigen Verschwörung sein, die Satan gegen die Kirche eingefädelt hatte und beherrschte.

Aber diese Angeklagten waren Männer und ihre Vergehen nicht typisch für die Zauberei oder Hexerei, die vor die mexikanische Inquisition kam. Weit zahlreicher waren deshalb Anklagen wegen Liebeszaubers, die gegen Frauen vorgebracht wurden. Der Grund dafür scheint ganz einfach die Übertragung kastilischer Besorgnisse quer über den Atlantik zu sein. Denn die spanische Magie war wie im übrigen Europa keine einheitliche Garnitur von Übung und Anschauung. Dabei hatten Zauberei und Hexerei in Nordspanien eine größere Ähnlichkeit mit denen im restlichen Europa, während sich in Südspanien die Hexen mehr dadurch definierten, Männer durch magische Veränderung ihres sexuellen Verhaltens zu beherrschen. Deshalb das Überwiegen von Liebeszaubersprüchen.

Die Hexenkunst Mexikos war deswegen der in Südspanien sehr ähnlich, nicht so sehr wegen einer zwangsläufigen Ähnlichkeit zwischen den beiden, sondern weil sie vielmehr dem entsprach, was die europäischen Beamten zu sehen und zu hören glaubten. Man kann dies sehr gut an ihrer Erwartung beobachten, bestimmte magische Praktiken in bestimmten gesellschaftlichen Gruppen anzutreffen. In Südspanien vermutete man in den Mauren oft Heiler, in Mexiko wurden Kreolen, Mischlingen, hispanisierten Indianern und Negersklaven gerne übernatürliche Kräfte zugesprochen. Diese Bevölkerungsteile waren auf jeden Fall der Zucht der Inquisitoren unterworfen, während die reinblütigen Indianer durch Erlaß von der Kontrolle durch die Inquisition befreit waren, um ihnen die notwendige Zeit einzuräumen, in den neuen Glauben zu finden und dort Wurzeln zu schlagen. In der katholischen Neuen Welt widmete die Inquisition sich den Magietreibenden mit der gleichen Hingabe und aus den nämlichen Gründen wie in Europa. Ungleich der weltlichen Gewalt, die dem oder der Angeklagten eine persönliche Verantwortung dem Gesetz gegenüber wegen des Vergehens, dessen er oder sie angeklagt war, nachzuweisen wünschte, ging das Bestreben der Inquisition dahin, das Gewissen und damit die Reue des Einzelnen zu wecken, und war das erstere erst einmal erleichtert und die letztere ausgedrückt, dann war die Absicht der Inquisition erst einmal erreicht.

Wenn wir unseren Blick jetzt nach Norden richten, dann werden wir jedoch ziemlich veränderte Verhältnisse antreffen. Die Jesuitenmissionare bei den Huronen und Irokesen stießen nicht nur auf Eingeborenenmagie, sondern wurden zuweilen selber beschuldigt, Hexenmeister zu sein. Beide Völker glaubten, daß eine Krankheit auf einen von nur zwei Gründen zurückging. Sie konnte entweder natürliche Ursache haben. Dann wendeten sie auch natürliche Heilmittel an, obwohl die Gewinnung und Zubereitung der erforderlichen Kräuter, wie Lafitau von den Irokesen behauptete, von „einer Auswahl gebräuchlicher abergläubischer Vorstellungen" begleitet wurde – mit anderen Worten von magischen Klängen und Gebärden, ganz ähnlich denen, die in Europa gang und gäbe waren. Die Krankheit konnte aber auch durch Schadenzauber oder Hexerei verursacht sein. Dann wandte der Erkrankte oder seine Familie sich an einen Medizinmann, dessen Aufgabe es war, die übernatürliche Ursache der Krankheit zu entdecken und damit zu bestätigen, um sie zu beseitigen und auf diese Weise die Heilung zu bewirken.

Nach dem Glauben der Huronen und Ojibwa hatte die Hexe das Werkzeug seines oder ihres Schadzaubers, meist ein kleiner Gegenstand wie ein Haarbüschel oder die Kralle eines Tieres, in den Körper des Erkrankten praktiziert. Um es wieder loszuwerden, mußte man den Patienten erbrechen lassen, es aus seinem oder ihrem Fleisch heraussaugen oder eine magische oder symbolische Operation mit dem Messer durchführen. In manchen Teilen erinnert der Vorgang an die gängigen Symptome eines Europäers, der von einem bösen Geist besessen ist und kleine Gegenstände wie Nadeln, Haare oder Steinchen erbricht, ein Zeichen der Besessenheit, gleichzeitig aber auch der Erleichterung. Irokesische Heiler, von denen der holländische Wundarztbarbier oder Barbierwundarzt Harmen van den Bogaert 1634 einmal einige beobachtet hatte, machten sich daran, den für die Erkrankung verantwortlichen bösen Geist zu erhaschen und zu Tode zu trampeln. Dies unternahmen sie, indem sie zuerst Baumrinde zu Staub zerstampften, welchen sie in alle Richtungen bliesen. Dann ergriff einer von ihnen einen Otter, saugte an Hals und Rücken des Kranken und spie dem Otter ins Maul. Leider sah van den Bogaert nicht mehr von der Zeremonie, weil er es mit der Angst bekam und weglief. Aber er erfuhr von der Zauberkunst der Irokesen immerhin genug, um uns zu hinterlassen, daß Hexen, die Männer oder Frauen sein mochten, während ihres Schadzaubers Tiergestalt annehmen konnten und anderen die Verletzungen aus Neid zufügten, ein Beweggrund, der den Hexen auch von den Huronen nachgesagt wurde. Im Gegensatz dazu pflegte der Neid in Europa mehr mit dem bösen Blick als mit der Hexerei als solcher in Verbindung gebracht zu werden, weshalb derjenige mit dem bösen Blick nicht notwendigerweise eine Hexe zu sein brauchte.

Die Huronen wie die Irokesen waren darauf eingestellt, ihre Hexen zu töten, um der Verbreitung des Schadzaubers entgegenzuwirken. Bei den Huronen hatte jeder, der sich durch eines anderen Zauber bedroht fühlte, theoretisch das Recht, ihn oder sie zu töten. In der Praxis war dieses Recht jedoch dadurch beschnitten, daß dem Verdächtigen Zeit gelassen werden mußte, auf diese Gefahr zu reagieren, sein Verhalten, das ihn hauptsächlich verdächtig gemacht hatte, zu ändern und sich so aufs neue in die Gemeinschaft einzugliedern. Aber ab und zu trat diese Hexenfurcht entweder in Verfahren wegen Hexerei vor den Häuptlingen und Ältesten des Dorfes oder in förmlichen Brandmarkungen durch den Häuptling oder den Dorfrat in Erscheinung. In beiden Fällen folgte einem Schuldspruch aller Wahrscheinlichkeit nach das Todesurteil, und in den Fällen, in denen der Beschuldigte geheim und in Abwesenheit verurteilt worden war, wurde ein Scharfrichter bestimmt, der die Hexe ohne Warnung zu töten hatte, sobald er ihrer ansichtig wurde.

Zwischen 1634 und 1640 wurden die Huronen von einer Reihe von Epidemien heimgesucht. Anfangs beschritten sie ihre vertrauten Wege, um dem zu begegnen. Da sie von Anfang an mehr oder weniger vermuteten, die Ausbrüche seinen durch Hexerei verursacht, leiteten sie Anklagen wegen Schadzaubers in die Wege. Einige der Beschuldigten wurden gemartert, um sie geständig zu machen und so die Wirkung ihrer Magie aufzuheben, andere getötet. Aber auch die Vermutung, die Jesuitenmissionare steckten hinter der Krankheit, war unter den Indianern weit verbreitet. Der Umstand, daß die Jesuiten unverheiratet waren und unbedingt unter den Huronen leben wollten, außerdem häufig der Macht der eingeborenen Medizinmänner durch Abhaltung eigener Rituale gegen die weitere Ausbreitung der Epidemie zu begegnen suchten, wurde als Zeichen genommen, daß die Patres nicht so sehr gütige Priester wie ausgemachte Hexenmeister waren. Die Bilder in ihren Kapellen, die konsekrierten Hostien, die sie in der Kommunion spendeten, das Wasser, das sie zur Taufe gebrauchten, selbst die Lebensmittel und Arzneien, die sie an die Bedürftigen verteilten, waren in den Augen der Huronen lediglich fremdländisches Zauberwerk. Aus diesem Grunde wuchs der Druck gegen die Jesuiten, sich aus dem Gebiet der Huronen zurückzuziehen, und 1637 und 1640 ging unter den Huronenhäuptlingen sogar die Rede, die Jesuiten-Hexenmeister vom Leben zum Tode zu befördern.

Die Erfahrungen des katholischen Europa in Neuspanien und Neufrankreich und was man aus ihnen machte, bieten einen interessanten Gegensatz. Wo die Inquisition herrschte, übernahm die Kirche die Kontrolle des Lebens der Eingeborenenvölker. Daraus erwuchs eine eigentümliche Vermischung magisch-religiösen Glaubens und Handelns. Hexerei wurde mehr oder weniger wie in der Alten Welt behandelt – eine Sache von Dummheit und Unwissenheit, die Tadel und Bestrafung verdiente, aber wohlgemerkt nicht die Todesstrafe zur Folge hatte, weil sie nicht als Beweis für eine von Satan in seinem apokalyptischen Kampf mit Gott errichtete Gegenkirche angesehen wurde. Neufrankreich allerdings verließ sich eher auf die Arbeit der Missionare ohne den Beistand eines Inquisitionsgerichtshofs. Die dortigen Indianer wurden daher nicht so leicht Gegenstand der religiösen Vorherrschaft, es gab dort keine Verschmelzung der Religionskulturen, und die wohlgemeinten Bemühungen der Jesuitenpatres, ihren Gegenübern die Magie nach dem Vorbild der Behandlung von Pharaos Magiern durch Moses auszutreiben, schlugen entweder fehl oder hatten gleich die entgegengesetzte Wirkung.

Im protestantischen Neuengland verhielten sich die Dinge wieder anders. Die Quellen sind recht spärlich, verraten aber genug. Techniken der Wahrsagung, Heilung, des Schadenzaubers und des Schutzes dagegen hatten den Atlantik überquert und sich überall in diesen nördlichen Kolonien üppig ausgebreitet. Eines der frühesten erhaltenen Protokolle teilt uns beispielsweise mit, daß Margaret Jones, eine gerissene Frau aus Massachusetts, nicht nur die Kranken heilen oder ihre Genesung aufhalten, sondern ebenso die Zukunft vorhersagen konnte. Als sie unter der Anklage der Hexerei festgenommen wurde, ergab die Leibesvisitation, daß sie eine Zitze an der Vulva hatte, und Zeugen sagten aus, sie hätten sie als Hausgeist in Gestalt eines kleines Kindes gesehen, das auf unerklärliche Weise verschwand, wenn es verfolgt wurde. Margaret wurde 1648 hingerichtet. Sie beteuerte ihre Unschuld bis zuletzt; es ist aber sehr gut möglich, daß sie sich, wie so manche angeklagte Hexe, schuldig gemacht hat, zumindest bis zu einem gewissen Grad die Magie in der einen oder anderen Form betrieben zu haben.

Die Geistlichkeit sah diese Aktivitäten naturgemäß in einem düsteren, wenn nicht zu sagen scharfen Licht. Es war ganz ausgeschlossen, daß sie ihren Gemeinden gestattete, sich mit Gegenzauber zu schützen. Sie zog den allein maßgeblichen protestantischen Beschwörungstext vor. Gott prüfte jedes Einzelnen geistliche innere Kraft und bestrafte seine oder ihre Sünden. Der einzige gebührende Schutz gegen eine Magieattacke war deshalb, seine Verfehlungen zu erkennen und sich Gott im Glauben zuzuwenden.

> Das Gebet [äußerte der Geistliche Deodat Lawson] ist das am besten geeignete und stärkste Gegengift gegen der alten Schlange gehässige Machenschaften. Wenn Legionen von Teufeln auf uns herabkommen, dann sollte eine Vielzahl von Gebeten zu Gott emporsteigen. Satan, der schlimmste aller unserer Feinde, wird in der Schrift ein Drache genannt, um seine Bosheit zu beachten; eine Schlange, um seine Schläue zu beachten; ein Löwe, um seine Stärke zu beachten. Doch nichts davon kann über dem Gebet stehen.
>
> *Christ's Fidelity*, 1692

Neuengland war jedoch keine gleichförmige Religionsgesellschaft. Nicht jeder war Puritaner – Goodwife Glover aus Boston etwa war katholisch und übte mit Flickenpuppen Gegenzauber aus –, und nicht jeder Puritaner war auch fromm. Die Ermahnungen der Geistlichkeit fruchteten deshalb nicht immer. Eigentlich trug die Art der Religion, die von solchen Geistlichen verkündet wurde, ihren Teil zu Unsicherheit und Unbehagen unter den Zuhörern bei. Als der puritanische Prediger Cotton Mather sein Traktat „Eine Anspornung und Notwendige Ansprache an ein Land, was nun wegen der Wut des Teufels in außerordentlicher Besorgnis schwebt" veröffentlichte, welche Reaktion hatte er da von seiner Kirchengemeinschaft zu erwarten? Er spulte seine Aussage „der Teufel ist mit großer Wut unter uns gefahren" immer wieder ab und richtete Warnungen und Ermahnungen an sie, von denen der moderne Leser nur annehmen kann, daß sie fast ausschließlich darauf berechnet waren, im Zuhörer die äußerste Angst zu erzeugen:

> Auf viele Arten, in vielen Jahren hat der Teufel versucht, dieses Königreich unseres Herrn Jesus hier mit Stumpf und Stiel Auszurotten ... Teufel haben die Macht übernommen, um das Aussehen harmloser Leute anzunehmen und in dieser Erscheinung anderen Leuten Leid zuzufügen ...

> Laßt die Teufel *mit großer Wut über uns kommen*, damit wir *mit großem Kummer vor den Herrn kommen* ... Um wieviel mehr müssen wir uns nun *demütig* unter die *Mächtige Hand* dieses Gottes stellen, der den Teufel wahrlich *in Ketten gelegt*, die Kette aber schrecklicherweise ausgelassen hat! ... Fürchtet Euch, denn die Kinder *Neuenglands* haben *heimlich* vielerlei getan, was den Teufel gefreut hat. Man sagt, in manchen Städten ist es ein gewöhnlich Ding gewesen, Verletzungen mit *Zaubersprüchen* zu heilen oder abscheuliche Beschwörungen durchzuführen, mit *Sieben, Schlüsseln* und *Erbsen*, und *Nägeln,* und *Hufeisen,* und ich weiß nicht, mit welchen weiteren Gerätschaften, um die Dinge zu ergründen, für die eine verbotene und eine gottlose *Wißbegierde* herrscht. Das geschieht in Teufels Namen, daß solche Dinge gemacht werden; und in Gottes Namen prangere ich sie heute an, als niederträchtige Schandtaten ... Der Teufel ist ein Fürst, jawohl, der Teufel ist ein Gott unter den Unbekehrbaren; und leider gibt es *Eine Ganze Welt von ihnen*. Einsame Sünder, bedenkt, welch ein schrecklicher Herr das ist, bei dem Ihr Euch selbst versklavt habt.
>
> *Die Wunder der Unsichtbaren Welt*, 1692

Wahrscheinlich hatte sich in Neuengland damals so etwas wie ein Belagerungskomplex entwickelt. Die Bewohner beschäftigten sich, das zeigt ihr häufiges Zurückgreifen auf verschiedene Arten der Magie, mit der Bekämpfung ihrer Furcht und einem wirksamen Schutz vor den Übergriffen der allgegenwärtigen Mächte der Finsternis; wir müssen uns daran erinnern, daß sie alle unter zu großer Angst mit greifbaren Ursachen litten, die zu ihrer Unsicherheit beitrugen: drohende Indianerangriffe, ihre eigenen politischen Auseinandersetzungen und, wenn sie frisch aus der Alten Welt eingetroffen waren, die natürlichen Schwierigkeiten, die in ihrer neuen Umgebung über Weiterkommen oder Scheitern entschieden. Die Geistlichen für ihr Teil waren bestrebt, alle Anzeichen magischer Überzeugungen und Betätigungen zu ersticken, und noch ihre offene Feindschaft gegen Machenschaften, die ihrer Herde Verteidigungsmechanismen, Trostquelle, Linderung ihres Unbehagens und Fernrohr in eine unsichere Zukunft waren, trugen nur dazu bei, die Spannung zu steigern und den Menschen ihre wachsende Hilflosigkeit gerade in dem Augenblick bewußt zu machen, da Satan sich anschickte, seine Truppen auf ihre Gemeinschaft vorrücken zu lassen.

Die Hexenprozesse von Salem in Massachusetts im Jahre 1692, die die Behandlung mit der Hexerei in Nordamerika so sehr beherrschen (vorzüglich weil ihre Protokolle so ausgefallen ausführlich sind), liefern in der Tat ein gutes Beispiel, wie innere Spannungen nach außen dringen und ein örtliches Gemeinwesen bedrohen können. Diese Spannungen äußerten sich unterschiedlich. Zwei Familien, die Putnams und die Porters, lagen mehrere Jahre miteinander in Streit, bevor die angebliche Hexerei in Erscheinung trat. Natürlich hatten beide Familien ihre Gegner und Befürworter. Die Porters hatten irgendwann begonnen, sich eines gewissen wirtschaftlichen Erfolges zu erfreuen, während die Putnams dies in einem Zusammenhang mit ihrem eigenen relativen Niedergang sahen. So begannen die Streitigkeiten. Dann traf ein neuer Geistlicher, Samuel Parrish, in Salem ein. Dessen Vater war Kaufmann in Barbados gewesen, und sein Sohn war ihm zunächst im Handel gefolgt. Doch Mitte der 1680er Jahre hatte er beschlossen, ins geistliche Amt einzutreten. Am Ende des Jahrzehnts ließ er sich, hauptsächlich auf Einladung der Putnams, die seinem besonderen Zweig des Puritanismus anhingen, in Salem nieder.

Parrish brachte eine Sklavin, Tituba, mit, die von ihrer Zeit in Barbados her in der karibischen Magie wohlbewandert und daher in der Lage war, in Notfällen jeden, der das wünschte, mit einem Gegenzauber zu versehen. Bald schon wurde ihre Hilfe gebraucht. Parrish' Tochter Elisabeth, neun Jahre alt, und ihre elfjährige Cousine Abigail Williams begannen unter höchst dramatischen Umständen Symptome der Besessenheit von bösen Geistern zu zeigen. Andere folgten, und alle schuldigten sie Bewohner der Gemeinde an, für ihren Zustand verantwortlich zu sein. Der Arzt der Stadt und die Geistlichkeit waren sich einig, daß diese immer besorgniserregenderen Vorfälle auf Hexerei zurückgingen, und es dauerte nicht lange, da fand sich eine große Zahl der Anklage ausgesetzt, die betroffenen Kinder und Halbwüchsigen behext zu haben. Nicht jeder wurde auch vor Gericht gestellt, doch gab es Angeklagte genug, um die Verhandlungen zu einer Sensation zu machen.

Die auf der Anklagebank saßen, antworteten auf die Beschuldigungen, so gut sie konnten. Oftmals geschah das unter theatralischen Anfällen und dem Geschrei der Ankläger. Susanna Martin etwa, deren Sache am 29. Juni 1692 verhandelt wurde, ließ sich selbst von der peinlichen Befragung nicht einschüchtern. Eine der Anklagen befaßte sich mit den Auswirkungen ihres bösen Blicks. Bei ihrer ersten Vernehmung durch die Richter hatten ihre Ankläger darauf, daß sie sie anblickte, reagiert, daß sie sich wie vom bösen Blick getroffen zu Boden warfen. Cotton

Mather hat den anschließenden Wortwechsel zwischen Susanna und dem Richterkollegium dokumentiert:

> *Richter*: Sag, was fehlt diesen Leuten?
> *Martin*: Das weiß ich nicht.
> *Richter*: Aber was denkst du, was ihnen fehlt?
> *Martin:* Darüber möchte ich kein Urteil abgeben.
> *Richter:* Meinst du nicht, daß sie behext sind?
> *Martin:* Nein, ich meine nicht, daß sie es sind.
> *Richter:* Dann sage uns, was du von ihnen hälst.
> *Martin:* Nein, meine Gedanken gehören mir, wenn ich sie für mich behalte, aber wenn sie draußen sind, sind es andere. Ihr Meister –
> *Richter:* Ihr Meister? Was meinst du, wer ihr Meister ist?
> *Martin:* Wenn sie sich mit der Schwarzen Kunst befassen, möchtet Ihr das so gut wie ich wissen.
> *Richter:* Also, was hast du diesbezüglich gemacht?
> *Martin:* Überhaupt nichts.
> *Richter:* Was, das bist du oder deine Erscheinung.
> *Martin:* Ich kann nicht helfen.
> *Richter*: Ist das nicht *dein* Meister? Wie kommt deine Erscheinung dazu, diese zu verletzen?
> *Martin:* Wie kann ich das wissen?

Es ist interessant zu sehen, wie Susanna ihr Bestes tut, um dem Versuch des Gerichts, sie dazu zu bringen, sich selbst zu belasten, ebenso auszuweichen wie der Vermutung, ihre Ankläger betrieben selbst Magie; ihr Widerstand stellte sich aber als vergeblich heraus, denn sie wurde für schuldig im Sinne der Anklage befunden und am 19. Juli gehenkt.

Die Salem-Prozesse fesseln die Aufmerksamkeit des Lesers, denn sie enthüllen in mehr Einzelheiten als allgemein üblich genau die Merkmale, die wir aus den Hexenprozessen in Europa kennen: die angebliche Besessenheit vorpubertärer Kinder und junger Erwachsener, die verheerende Wirkung der Zeugenaussagen von Kindern, wenn sie bei leichtgläubigen Erwachsenen auf fruchtbaren Boden fallen (wie die Beispiele der Befragungen in jüngster Zeit über angeblichen Mißbrauch von Kindern durch den Satan zeigen), die wachsende Panik in einer Gemeinde mit ihren bestehenden Spannungen zwischen Nachbarn und in der Familie und die Begriffsverwirrung zwischen den Beamten und jenen, deren Verhalten diese zu regeln trachteten. Die Hexenprozesse von

Salem haben im Kern wirklich nichts spezifisch Amerikanisches, und eine Gemeinde, deren Nerven blank lagen, die in sich zerrissen war im Versuch, die Spannungen zu lindern, die unerträglich geworden waren, hätte man auch fast überall in Europa finden können, wo die Belastung vor Ort das notwendige Maß erreicht hatte. Ungleich der Lage in Neuspanien oder Neufrankreich mit ihrer Wechselwirkung zwischen den Auffassungen der europäischen Einwanderer und der eingeborenen Völker über die Magie scheint man sich in Salem, vielleicht nicht überraschend, mehr benommen zu haben wie ein englischer Priester, der seinen Blick zur Auflösung der selbsterzeugten Panik lieber nach innen als nach außen richtet.

4

Hexenprobe

Erst die unbestechliche moderne Wissenschaft hat für ein beginnendes, klareres Verständnis für jene gesorgt, die Gefahr liefen, der Hexerei angeklagt zu werden. Unsere Quellen sind zahlreich und reichhaltig, aber der verfügbare Platz gestattet mir nur, mich mit einer oder zwei von ihnen zu befassen, wobei jedoch eine beträchtliche Sorgfalt angewandt werden muß. Vergleichbares ist bis heute noch nicht geschehen, bisher hat immer die Sensationslust über die geschichtliche Wahrscheinlichkeit triumphiert.

Gerichtsprotokolle unterscheiden sich beispielsweise beachtlich in ihren Einzelheiten. Manche sind nur stark gekürzte Zusammenfassungen eines Prozesses und enthalten nur den Namen des Angeklagten, einen allgemeinen Hinweis auf die Anklage oder die Anklagen gegen ihn oder sie und vielleicht einen Vermerk über den Urteilsspruch und die Strafe, obwohl betont werden muß, daß wir in sehr vielen Fällen, möglicherweise in ihrer Vielzahl, nicht wissen, ob der Angeklagte für schuldig oder für unschuldig befunden wurde. Der Anteil der Urteile auf „Nicht schuldig" konnte hoch sein. Im obersten Justizgericht in Schottland zum Beispiel hat man ihn auf 50 Prozent geschätzt. Man kann auch für gewöhnlich, wenn mehrere Anklagen gegen eine einzelne Person vorlagen, unmöglich herausfinden, ob der Angeklagte jeder oder nur einer Anklage für schuldig oder eben unschuldig befunden wurde. Zudem waren in Westeuropa und den beiden Amerika unterschiedliche Rechtssysteme im Einsatz. Es wäre für den Angeklagten ein sehr verschieden Ding gewesen, vor einem für die Wahrheits- und Urteilsfindung verantwortlichen Einzelrichter oder mehreren Richtern zu erscheinen oder vor einem Gerichtshof zu stehen, dessen Geschworene Schuld und Unschuld abwägten und der einen Anwalt nicht nur gestattete, sondern auch besorgte.

Ebenso wichtig war, ob man es mit einem guten oder schlechten Richter zu tun hatte. Nicht nur der polnische Bischof Kasimir Czartorinski beklagte sich 1669 bitterlich, daß die unzweideutigen Vorschriften für die Vernehmung verdächtiger Hexen, die Anwendung der Tortur und die Prozeßführung nur zu oft beiseitegeschoben oder aus Unkenntnis mißachtet wurden. Die Aufzeichnungen hingen daher in Teilen davon ab, was unternommen wurde, wer das tat und von den näheren Umständen, unter denen das Verhör oder der Prozeß stattfanden. War es ein einzelner Fall angeblicher Hexerei oder einer in einer schlüssigen Verbindung? Tagte der Gerichtshof mitten in einer Hexenpanik und hatten die Richter dann genügend Mut und Ansehen, um dem Volkswillen zu widerstehen, die Angeklagte sei, weil schuldig, unverzüglich hinzurichten? Setzte sich das Gericht aus Geistlichen oder Laien oder aus einer Kombination aus beiden zusammen? Die das Verhör und die Verhandlung umwabernde Atmosphäre durfte die Beteiligten nicht beeinflussen, tat es aber, auch die, deren Aufgabe es war, niederzuschreiben, was gesagt und unternommen wurde.

Wir müssen auch Wissensstand und Fähigkeiten des Notars bedenken sowie der Ausschüsse, deren Verfahrensweise er schriftlich niederlegte. Die meisten von ihnen scheinen, bewußt oder nicht, die Worte des Inquisitors aus dem 14. Jahrhundert, Bernhard Gui, beherzigt zu haben, daß Notare lediglich solche Wörter niederzuschreiben hätten, die den Sinn des Verhandelten genau erfaßten und die Wahrheit am besten auszudrücken schienen (*Practica inquisitionis heretice pravitatis*). Es fand somit eine Zensur statt, die dazu führte, daß das Schlußdokument uns verrät, was der Schreiber für das passende hält, nicht etwa, um uns etwas zu verheimlichen, sondern einfach, weil es der Gewohnheit entsprach sowie aus der verständlichen Notwendigkeit, zu kürzen. Des weiteren faßten die Notare, per definitionem gebildeter als viele der Angeklagten, deren Verhöre und Verhandlungen sie zu Papier brachten, vorschrifts- oder gewohnheitsgemäß die Protokolle in lateinischer Sprache ab. Das hieß, daß sie aus der Landessprache übersetzen mußten, und wenn der Angeklagte Fragen zudem in seiner oder ihrer Mundart beantwortete, mußten diese Antworten unter Umständen zunächst in eine Umgangssprache übertragen werden, die vom Gericht einfacher verstanden wurde, wovon die Notare dann eine Kurzfassung ins Lateinische übersetzten. Wenn wir das Ergebnis heute lesen, dann kann sich das beträchtlich vom Originaltext der Hauptdarsteller des Falles entfernt haben.

Man muß sich überhaupt fragen, was es war, das die Gerichtsbeamten schriftlich niederzulegen wünschten. Der Richter hatte seine Tagesordnung, der Beschuldigte ebenfalls. Bis die Beweisaufnahme erfolgen konnte und die Zeugen bereit waren, auszusagen, war bereits viel Arbeit darauf verwendet worden, Schilderungen auf das Wesentliche zurückzuführen und mit den Erwartungen des Gerichtes in Einklang zu bringen (oder es zumindest zu versuchen). Das konnte bedeuten, daß, wenn ein Angeklagter, sagen wir, erzählte, Feen begegnet zu sein, was an manchen Orten ein gebräuchliches Merkmal des Eingeständnisses war, Hexe zu sein, die Befrager oder Richter dann dazu neigen konnten, jene „Feen" für „böse Geister" zu halten, weil dies nicht nur der frühmodernen Hexentheorie entsprach, sondern auch die zu behandelnde Anklage vereinfachte. Unter Druck mochte der Beschuldigte diesem Rückschluß beistimmen oder bei seiner oder ihrer Version bleiben. Deshalb ist das, was wir in Gerichtsprotokollen lesen, eine Kette ineinandergreifender Schilderungen, die man zuvor Verhältnissen, über die wir wenig oder gar nichts wissen, angepaßt hatte und später auf die eine oder andere Art für bestimmte Zwecke ummodelte. Daher dürfen wir mit diesen Dokumenten nicht umgehen, als gäben sie den Wortlaut einer Begebenheit photographisch genau, ungestellt und getreulich in jeder Einzelheit wieder. Diese Dokumente vermitteln vielmehr nur Impressionen von gekürzten aufeinanderfolgenden Zusammenfassungen, deren Inhalt nicht immer in der Muttersprache der Beteiligten ausgedrückt wird.

Abhandlungen über die Hexerei wurden von gelehrten Männern zur Belehrung und für den Gebrauch anderer gelehrter Männer verfaßt. In ihnen wurde versucht, eine ganze Reihe theologischer Probleme zu erklären und zu beschreiben. Wie groß ist der Umfang der Macht Satans in der Welt der Schöpfung? Warum räumt Gott ihm Bewegungsfreiheit ein? Was veranlaßt gewisse Menschen, sich von Gott ab- und Satan zuzuwenden? Was ist für diese Leute noch erlaubt, und wo liegt die Grenze? Wie ist das Verhältnis zwischen Natürlicher und Weißer Magie? Inwieweit kann die erkennbare Wirkung der Magie auf Taschenspielerei, dämonische Illusion oder körperliche und Geisteskrankheit zurückgehen? Ist es statthaft, zur Magie Zuflucht zu nehmen, um unerwünschte Magie oder Schadenzauber abzuwehren? Was kann die menschliche Gesellschaft am besten gegen magische Unternehmungen tun, und worin bestehen die gesetzlichen Mittel, mit denen sie sich dagegen schützen kann? Alles tiefernste Fragen, die von jedermann mit dem nötigen Ernst behandelt wurden.

Nun trägt jede Abhandlung, wie man wohl erwarten darf, den Stempel des Mannes, der sie geschrieben hat. Martín del Rio (1551–1608) war Jesuit und in den klassischen Wissenschaften bewandert. Er legte eines der umfassendsten und einflußreichsten Werke über die Magie vor, nachdem er auf den Fall eines Benediktinermönches, Jean del Vaulx, aufmerksam geworden war, den man 1597 der Hexerei angeklagt hatte. *Disquisitiones Magicae* (Untersuchungen der Magie), 1599/1600 veröffentlicht, beleuchten jede Seite des Gegenstands und bekunden, anders als man dem Verfasser oft nachgesagt hat, durchaus eine gewisse Skepsis oder zumindest Reserve gegenüber gewissen Einzelheiten der Zauberei wie etwa dem Hexenzeichen oder der Schwimmprobe. Von enzyklopädischer Belesenheit, dabei peinlich genau in der Wiedergabe, bietet del Rio seinem Publikum eine enorme Arbeit, die mit Entschiedenheit zeigen soll, wie falsch, wie gefährlich, wie raffiniert im Vorgehen alle Arten der Magie sind. Doch indem er die Magie fest mit der Ketzerei verkettete, war sein Werk auch, und sollte es sein, eine mächtige Waffe der Verfechter der katholischen Sache in ihrem Kampf mit den Protestanten. Dessen sollte, wer das Buch liest, immer gewärtig sein und beachten, wie del Rio seinen Kommentar über die Magie und ihre Betreiber aufbaut.

Nicht jeder jedoch, der über die Magie schrieb, war Theologe. Vier französische Juristen, Jean Bodin (1529–1596), Nicolas Rémy (um 1530–1612), Pierre de Lancre (1533–1631) und Henri Boguet (um 1550–1619) schrieben aus persönlicher Erfahrung über die Hexenprozesse. Sie alle waren überzeugt, daß die Hexen eine so große Gefahr für das innere Gefüge der Gesellschaft darstellten, daß es die schiere Notwendigkeit sei, sie mit Stumpf und Stiel auszurotten. Bodin, der ebensogut ein Staatsphilosoph von großer Reputation wie Jurist war, hob diesen Punkt besonders hervor. Seine mehr in Französisch als auf Latein verfaßte Abhandlung *De la démonomanie des sorciers* (Der Dämonenwahn der Hexer) unterstrich auch die Schwierigkeit, der sich jeder bewußt war, nämlich das Problem, die Anklage auf Hexerei mit den gleichen Mitteln zu beweisen, wie sie für andere Kapitalverbrechen verlangt wurden. Bodin machte sich dafür stark, den üblichen Schutz, den das Gesetz bot, in diesem Falle aufzuheben. Aussagen von Kindern sollten zum Beispiel gehört und beachtet werden. Peter Binsfeld (um 1540–1603), katholischer Bischof von Trier, ermunterte gleichfalls zur Strafverfolgung auf breiter Ebene. Sein Buch, *Tractatus de confessionibus maleficorum et sagarum* (Traktat über die Geständnisse von Schadenzauberern und Hexen), erschien 1589 als Ergebnis seiner besonderen Beschäftigung mit dem Prozeß des Dietrich Flade, der, ein bekannter Trierer Laie, Zweiter Bürgermeister der Stadt und Rektor der Universität, während der Säuberungen, die der damalige Bischof von Trier, Johann von Schönenburg, in den 1580er Jahren gegen Ketzer, Juden und Magietreibende durchführte, der Hexerei angeklagt wurde.

Persönliche Erfahrung in Hexenprozessen regte auch den Jesuiten Friedrich von Spee (1591–1635) zu seiner *Cautio Criminalis* (Was man in Kriminalverhandlungen vorsichtshalber beachten muß) von 1631 an. Entsetzt über die Methoden der Beweisaufnahme, veröffentlichte er eine leidenschaftliche Bitte um Wiederherstellung des Rechtswesens und lieferte wie der protestantische Arzt Johannes Wier (1515–1588) anschauliche Beispiele, wie die deutschen Rechtsvorschriften umgangen wurden. Wier schrieb zwei Bücher über die Hexen. In *De praestigiis daemonum et incantationibus ac veneficiis* (Die irreführenden Täuschungen der bösen Geister, der Beschwörungen und des Giftzaubers), das er 1563 herausbrachte, gab er der Vermutung Ausdruck, daß viele Hexen vielleicht unter Unausgeglichenheit des Gemüts, besonders unter schwarzen Gedanken litten, die schließlich zu ausgeprägter Schwermut führten[1]. Auf diesen Gedanken war Wier jedoch nicht von selbst gekommen. Im fraglichen Kapitel zitiert er ausführlich den italienischen Universalgelehrten Girolamo Cardano, und die Erklärung der vorgeblichen Hexenkunst mit Wahnvorstellungen und Geisteskrankheit findet sich auch in anderen medizinischen und juristischen Schriften jener Epoche. Tatsächlich bildete sie zwischen den Schriftstellern, die sich mit Magie und Hexenkunst befaßten, einen nicht einmal unbedeutenden Gegenstand.

Zu diesen beiden Hauptinformationsquellen sind noch Predigten, manche davon am Ort der Hinrichtung gehalten, Chroniken, Reiseerzählungen, Gedichte, volkstümliche Pamphlete, Privatbriefe und natürlich Bilder zu ergänzen, die wiederum alle unter gewissen Vorzeichen zu betrachten sind und nicht einfach als unbestimmter Bericht über Personen und Ereignisse. Als die *Brevísima relación de la destrución de las Indias* eines katholischen Autors, Bartolomé de las Casas, in englischer Übersetzung erschien, da wurde seine mitleidige, gefühlvolle Beschreibung indianischer Bedrückung in der Hand europäischer Kolonisatoren mit neuem Titel – *Das Pfaffentum in seinen blutigen Farben wahrhaftig geschildert* – flugs in antikatholische Propaganda umgewandelt. Es war im 16. und 17. Jahrhundert eben Brauch, daß die Literatur sich religiösen und politischen Zwecken dienstbar machte oder gemacht wurde, was der Betrachter niemals vergessen darf. Das gilt auch für das vorliegende Material zum Thema Hexerei, welches für den unvorsichtigen und nicht mit der nötigen Sorgfalt vorgehenden Leser zahlreiche Fallstricke bereithält.

Was die Bilder betrifft, so stellen diese ein eigenes, interessantes Problem dar. Bücher über die Hexerei enthalten häufig Bilder, die Ort und

Zeit nicht auseinanderhalten können – eines der Bilder Goyas, das neben einem Text erscheint, der sich mit dem Deutschland des 16. Jahrhunderts befaßt, ist ähnlich unpassend wie Constables *Heuwagen* in einem Kapitel über mittelalterliche französische Landwirtschaft. Bilder sind, das ist eine Tatsache, genauso schwierig zu deuten wie ein Text. Die Abb. 4.1 zeigt zum Beispiel die verschiedenen Schritte, denen sich eine Hexe zur Vorbereitung auf ihren Flug zum Sabbat unterzieht. Sie rührt sich ihre Hexensalbe an, reibt sich damit ein und fliegt dann auf einem Besenstiel zum Schornstein hinaus. Das Bild stammt aus dem Buch von Thomas Erastus *Deux dialogues touchant le pouvoir des sorcières et de la punition qu'elles meritent* (Zwei Gespräche über die Macht der Hexen sowie die Bestrafung, die sie verdienen). Nun ist es wichtig, folgendes zu wissen: Daß Erastus Arzt und als Theologe ein Anhänger Zwinglis war; daß er Deutscher war; daß sein Buch 1570 erschien, also deutlich vor der Ausbreitung der Hexenverfolgungen in Süddeutschland; daß er die Skepsis seines deutschen Arztkollegen Johannes Wier heftig mißbilligte; daß er glaubte, Hexen würden aus sich heraus nichts vermögen, sondern vollständig auf Satan angewiesen sein, um ihre magischen Wirkungen zu erzielen; und daß er der Meinung war, daß jene, die Magietreibende konsultierten, ebenso verdammenswürdig wie diese handelten. Durch all diese Dinge wird der Blick des Lesers auf die Abbildung beeinflußt.

Es gibt aber noch weitere Fragen, die wir beantworten müssen, bevor wir das Bild gebührend betrachten können. Wer hat es geschnitten, der Verfasser oder jemand anders? Wenn das Bild von jemand anderem stammt, haben die zwei Männer einen Dritten zu Rate gezogen? Hat der Illustrator das Buch zuvor gelesen, oder haben wir ein Bild vor Augen, das ganz und gar vom Begleittext getrennt ist? Gibt das Bild den örtlichen Volksglauben oder eine gelehrte dämonologische Theorie wieder, oder ist es einer Laune des Illustrators gemäß seinen persönlichen Überzeugungen entsprungen? War dieser Illustrator katholisch oder evangelisch? Was hat es mit dem Mann auf sich, der durch eine Türritze lugt? Steht dieser Mann für den Leser, oder soll er ihn auf eine bestimmte Geschichte einer bestimmten Hexe hinweisen? Nicht jedes Buch über die Hexerei war illustriert, deshalb dürfen wir uns, wenn wir auf Bilder stoßen, nicht den Luxus oder die Schwäche erlauben, einen schnellen Blick darauf zu werfen, bevor wir uns wieder auf die Worte allein konzentrieren. Der Autor fügte Bilder immer zu einem bestimmten Zweck bei, und schon einfache Fragen, die wir dazu stellen, können unseren

4.1 Die verschiedenen Stufen des Fluges einer Hexe zum Sabbat

Blick für weitergehende Bedeutungen der Botschaft der Bilder schärfen, die uns andernfalls vielleicht entgangen wären.

Heute gilt das Klischee, und in gewissem Maße galt es schon im Mittelalter und in der frühen Neuzeit, daß die weibliche Hexe alt, häßlich und arm sei. Was die Illustrationen betrifft, kann dieses Klischee nicht aufrechterhalten werden. Damit kein Mißverständnis entsteht – solche Bilder waren gebräuchlich genug, aber ihr Zusammenhang ist sehr wichtig. Bei Holzschnitten, die volkstümliche Flugblätter schmückten, konnte man sich auf diese krude Verkürzung verlassen. Das entspricht ungefähr der Behandlung Homosexueller durch die moderne Boulevardpresse: Jeder Homosexuelle ist darin schwach im Handgelenk, weibisch und zieht womöglich Frauenkleider an, auch wenn die Leser aus persönlicher Erfahrung genau wissen, daß das Unsinn ist. Besagte Holzschnitte entsprechen aber nicht immer dem Muster der Boulevardpresse. Sie können beispielsweise Hexen als junge Frauen oder Frauen mittleren Alters darstellen, die nach ihren Lebensumständen gekleidet sind, so daß wir uns fragen müssen, ob sie die unterschwellige Botschaft beför-

4.2 Zwei Bilder mit häßlichen alten Weibern:
(a) Eine Hexe und ihr dämonischer Begleiter
(b) Holzschnitt der Hexe von Newbury, 1643

dern sollen, daß Hexen nicht alt oder an den Rand gedrängt zu sein brauchen, sondern überall zu finden sein können? Wenn das so ist, dann gab die Botschaft das wieder, was der Leser aus Erfahrung nur zu gut wußte: die Hexe oder gerissene Person konnte durchaus ein Nachbar sein, der genauso aussah wie er oder sie.

Junge, schöne weibliche Hexen waren aber auch, losgelöst vom gedruckten Text, Bestandteil der formellen Malkultur. Hans Baldung Grien (um 1484–1545) zum Beispiel malte 1523 *Die Wetterhexen,* zwei Hexen, die Unwetter heraufbeschworen. Beide befangen, mit sinnlicher Eleganz, die um des Betrachters ungeteilte Aufmerksamkeit buhlt. Eine Hexe hat sich niedergelassen, ihr scheint es zu obliegen, mit Hilfe eines Kinddämons den Sturm hervorzurufen. Die andere schaut uns verführerisch über die Schulter an, ihre Blöße, die wir nicht sehen *können,* bedeckt sie mit einem Tuch, welches sich penisartig von dem halb verborgenen Ziegendämon erhebt und wie zufällig den seitlichen Ausblick auf ihr Bein gestattet. Sie erinnert uns an Eva oder Venus, eine Bild gewordene Botschaft aus dem *Malleus Maleficarum:* weibliche Hexen fangen die Männer in der

Gründtlicher warhaff-
tiger Bericht/ was sich am tag Kungun-
dis den [illegible] Märtz/ zwischen etlichen Dienstmägden
auff dem Feldt/ nicht weit von dem Dorff Poppen-
reuth/ eine kleine Meyl wegs von der Stad Nü-
renberg gelegen/ Für eine Wunderliche Erschröck-
liche Geschicht/ verloffen vnnd zugetragen. Mit
angehengter Warnung vnnd Vermanung/ Das
sich menniglich vor dergleichen leichtfertig-
keit/ verachtung GOTTES Worts/
vnnd der Heiligen Sacramen-
ten/ fleissig hüten wolle.

Erstlich zu Nürenberg durch Valentin
Geyßlern gedruckt.

TRACTAT
Von Bekanntnuß der Zau-
berer vnd Hexen. Ob vnd wie viel
denselben zu glauben.
Anfängklich durch den Hochwürdigen Herrn
Petrum Binsfeldium, Trierischen Suffraganien/ vnd
der H. Schrifft Doctorn/ kurtz vnd summarischer
Weiß in Latein beschrieben.
Jetzt aber der Warheit zu stewr in vnser Teutsche Sprach
vertiert/ durch den Wolgelerten M. Bernhart Vogel/ deß löblichen
Stattgerichts in München/ Assessorn.
EXOD. XXII. CAP.
Die Zauberer sölt du nicht leben lassen.

Gedruckt zu München bey Adam Berg.
ANNO DOMINI M. D. XCI.
Mit Röm: Kay: May: Freyheit/ nit nach zu drucken.

4.3
Weniger stereotype Hexenbilder:
(a) Eine Hexe und ein geflügelter Teufel
(b) Elegant gekleidete Hexen auf dem Sabbat
(c) Anne Bodenham betreibt Magie, 1688

Sündenfalle, indem sie sie zur Lust verführen. Baldung Grien war jedoch nicht katholisch, sondern vielmehr ein glühender Anhänger Luthers, der seine Kunst bei Dürer erlernt und von diesem gewissermaßen auch sein Gefühl für die Hexe als einer Gestalt mit enormer Macht und Kraft und sexueller Unordnung geerbt hatte. Dürer seinerseits war wohl durch die Holzschnitte in Ulrich Molitors Abhandlung über die Hexerei von 1489 beeinflußt. So setzte sich die Haltung in bezug auf die optische Wahrnehmung der Hexen fort, ob der einzelne Maler sie nun einfach kopierte oder bewußt in eine bestimmte Richtung veränderte. Wenn er den ersten Weg einschlug, verrät uns das nicht, daß das Publikum, welches er bedienen wollte, weder Volk noch Hofkreise, seine Anschauung die ganzen Jahre über nicht wesentlich geändert hatte? Wenn den zweiten, sollen wir auf Wechsel schließen, und wenn ja, auf welchen?

Baldung Griens Zeitgenosse aus Italien, Dosso Dossi (um 1486–1542), diente zwei aufeinanderfolgenden Herzögen von Ferrara als Hofmaler. Sein Bildnis der antiken „Hexe" Circe [Abb. 4.4] aus den Jahren 1511/12 stellt ebenfalls eine unbekleidete, junge und schöne Frau dar. Aber die Wirkung ist eine andere als in Griens Gemälde mit den Wetterhexen. Circe scheint auf den ersten Blick ruhig, gelassen zu sein, eingebettet in ein nahezu erstarrtes Landschaftsbild, das bemerkenswert dem Hintergrund gleicht, vor dem Grien seine Hexen wirken ließ – ein drohender Himmel mit einem mißtönenden Schwefelgelb, das in ein unruhiges Goldgelb übergeht. Natürlich ist Dossis Hexe auch eine Frau, die alles beherrscht, was sie umgibt. Die Tiere um sie herum waren ursprünglich Männer gewesen, ihre Liebhaber, die ihre Zauberkraft in Tiere verwandelt hatte, die den Menschen entweder wie die Hunde dienstbar waren oder, wie der Hirsch und die Hindin, von ihnen gejagt wurden. Die beiden Vögel, die sich rechts und links über ihr im Gezweig niedergelassen haben, sind Raubvögel. Deshalb verzaubert Circes ruhige Herrschaft den Betrachter nicht, sondern läßt ihn frösteln, und ihre nackte Schönheit ist weniger sinnlich denn gefahrdrohend unnahbar. Die Botschaften, die Grien und Dossi in ihre Bilder gepackt haben, scheinen für Männer bestimmt zu sein. Wie aber würden weibliche Betrachter ihre Absichten aufgenommen haben? Diese Frage stellte sich ebenso in der Literatur, besonders in den beliebten Flugblättern, den Balladen und Predigten, die sich, anders als gelehrte dämonologische Abhandlungen, an beide Geschlechter richteten.

Ebenso wie Einzelbilder sind auch die Reihenbilder ein ausgezeichnetes Anschauungsmaterial. Die Holzschnitte in Francesco Guazzos *Com-*

4.4 Dosso Dossi, Circe

pendium Maleficarum (Eine Auswahl präziser Einzelheiten über Frauen, die Schadenzauber ausüben), 1608 erschienen, sind häufig gebraucht worden, um moderne Bücher über Hexerei zu illustrieren, geben aber einen gänzlich falschen Eindruck wieder, wenn man sie einzeln betrachtet. Die Abhandlung selbst ist von durchschnittlicher Qualität und wurde auch nur einmal nachgedruckt, eine gängige Aufzählung von Zitaten früherer Autoritäten, Zeugenaussagen und Empfehlungen, wie der Hexengefahr zu begegnen sei, die die Gesellschaft bedrohte. Sie setzte durchweg voraus, daß Hexen für gewöhnlich Frauen waren. Wenn man sich die Begleitbilder sorgfältig anschaut, dann merkt man jedoch, daß die meisten von ihnen einen Mann als Hauptperson zeigen, vielleicht noch eine gemischte Gesellschaft aus Männern und Frauen, die sich in ruchlosen magischen Aktivitäten ergeht. Es ist zum Beispiel ein Mann, der von Satan die Taufe erhält, ein Mann, der das Teufelsmal empfängt, und es sind Männer, die einen Leichnam ausgraben, um ihn zwecks Gewinnung von Hilfsmitteln für Schadenzauber zu zerlegen [Abb. 4.5]; dann bieten beide Geschlechter ihr Kind Satan dar, tanzen mit bösen Geistern und rösten zum kannibalischen Festmahl ein Kind über den

4.5
(a) Teufelstaufe
(b) Eine männliche Hexe empfängt das Teufelsmal
(c) Hexen, die Gräber durchwühlen

4.6
(a) Hexen bieten Satan ein Kind an
(b) Hexen tanzen mit Dämonen
(c) Hexen rösten ein Kind über dem Feuer

Flammen [Abb. 4.6]. Guazzos Holzschnitte scheinen daher im Widerspruch zur offiziellen Erwartung, was das Geschlecht der Hexen betrifft, zu stehen, in Wirklichkeit aber geben sie die Geschlechterverteilung wieder, wie sie in den meisten Gerichtsprotokollen verzeichnet ist. Im wirklichen Leben waren die Männer im Gegensatz zur gelehrten Theorie in weit größerer Zahl in die Hexerei eingebunden, als man sich das gemeinhin vorstellte.

Aber was geschah wirklich mit jemandem, der der Hexerei angeklagt wurde? Was widerfuhr ihm oder ihr von der Anklage zu Beginn bis zum letztendlichen Verdammungsurteil oder Freispruch? Wenn man modernen volkstümlichen Erzählungen glauben darf, dann scheint die allgemeine Annahme die, daß alle angeklagten Hexen mit dem Gericht mehr oder weniger die gleiche Erfahrung machten; aber schon eine kurze Überlegung legt nahe, daß es so nicht gewesen sein kann. Verschiedene gesetzliche Zuständigkeiten mit einer Vielzahl von Gesetzbüchern oder einem einzigen Kodex mit verschiedenen Abwandlungen in verschiedenen Epochen bedeuteten, daß die Erfahrungen einer italienischen Hexe des 15. Jahrhunderts nicht die gleichen waren wie die einer schwedischen im 17. Jahrhundert. Sogar die Anklagen, die erhoben wurden, waren nicht notwendigerweise eine wie die andere. So war die portugiesische Inquisition etwa vorzugsweise an *saludadores* interessiert, Heilern, die behaupteten, ihr Geschäft mit Hilfe der Magie zu betreiben. Krankheitsübertragung durch Dämonen und Teilnahme am Sabbat standen unter den Fällen, die in Südwestdeutschland vor Gericht behandelt wurden, weit im Vordergrund. In Frankreich gab es im 17. Jahrhundert eine Flut von Besessenheitsfällen, eine Welle, die bis nach Quebec schwappte.

Die Art der Durchführung der Prozesse wechselte ebenfalls beträchtlich. Im England des 17. Jahrhunderts wurden Hexenprozesse häufig vor Schwurgerichten abgehandelt, denen ein Richter mit langjähriger Ausbildung und Gesetzeserfahrung vorsaß. An ihrem Hauptwohnort durften Richter keine Fälle behandeln. Die Tortur wurde nicht angewandt, um ein Geständnis zu entlocken (außer bei unbotmäßigen katholischen Priestern). Angeklagte und Ankläger saßen sich im Gerichtssaal Auge in Auge gegenüber und gaben ihre jeweilige Aussage ab, und die Rolle des Richters war ohne Anwälte, denen die Verteidigung der Angeklagten oder die Strafverfolgung oblag, in der Kontrolle des Verfahrens überragend. Es gab aber noch die Geschworenen, und wenn alle Beweise zur Zufriedenheit des Richters vorgebracht waren, dann waren die Geschworenen zum Urteilsspruch aufgerufen, auf den sie sich meist einigten, ohne den Saal zu verlassen.

Diese Verfahrensweise war aber auf England beschränkt und ist deshalb kein gutes Beispiel, um einen Überblick zu gewinnen, wie die Sache sonstwo ablief. Die Vorgänge vor einem Inquisitionstribunal waren gleichfalls uneinheitlich, und kirchliche Gerichtshöfe hatten ihre eigenen Vorschriften, einen Fall zu behandeln. Die Grundsätze des Römischen Rechts, in Kaiser Justinians monumentalem *Codex* bewahrt, waren für die meisten Gerichtshöfe Westeuropas verbindlich. Das Römische Recht verlangte, vor Prozeßbeginn die Aussagen der Angeklagten und Zeugen zu sammeln und dem Gericht einzureichen, wobei die Untersuchungsbeamten sicherzustellen hatten, daß alle wichtigen Punkte abgedeckt waren, so daß der eigentliche Prozeß im Grunde ein öffentliches Schauspiel nach einem vorliegenden Textbuch war. Im Falle der Hexerei war es, wie wir gesehen haben, besonders schwierig, eine Zeugenaussage zu erhalten, die *bewies*, daß ein Verbrechen vorlag. Der sicherste Beweis war ein Eingeständnis seitens des Angeklagten, und das Römische Recht billigte die Anwendung der Folter, um solch ein Geständnis zu erhalten, solange es mit den vorliegenden Beweisen und Zeugenaussagen übereinstimmte. So war auch hier die Rolle des Richters oder der Richter überaus wichtig. Ihre Hauptaufgabe war nicht, die Auseinandersetzung zwischen Beschuldigten und Geschädigten zu beaufsichtigen (diese Auseinandersetzung mochte zu einem früheren Zeitpunkt des Verfahrens stattfinden), sondern die schriftlich niedergelegten Aussagen zu sichten und zu prüfen, ob jeder die Vorschriften befolgt hatte und die nötigen Sicherungsmaßnahmen gegen böswillige Strafverfolgung, Lügen und Geständnisse aus Angst vor der Folter beachtete.

Nun mögen solche Gerichtshöfe keine Geschworenen gehabt haben, aber sie trugen doch oftmals auf die eine oder andere Weise für die Verteidigung des Beschuldigten Sorge. Als Francoise Bonvin 1467 unter der Anklage der Ketzerei, der Teilnahme am Sabbat sowie des Schneezaubers, um im Juli den Weinberg eines Nachbarn zu schädigen, vor Gericht stand, hatte sie einen Advokaten an der Seite, der sie vor dem präsidierenden Bischof verteidigen sollte; er muß seine Sache gut gemacht haben, denn Francoise wurde für unschuldig erklärt und in Freiheit gesetzt. Schottland, das nach der Reformation ein streng calvinistisches Land war, gebrauchte in seinen Gerichten eine Abwandlung des Römischen Rechts, und so können die dortigen Hexenprozesse uns in manchen Punkten als Vorlage für ähnliche Verfahren im übrigen Europa dienen. Dazu werde ich einen wirklichen Fall beschreiben, der noch nie veröffentlicht wurde, aus dem Archiv des obersten Justizgerichts in Edinburgh. Er betrifft eine Frau, Janet Cock aus Dalkeith, einer kleinen Stadt sechs Meilen südöstlich von Edinburgh, und fand in zwei Verhandlungen wegen Hexerei im Herbst und Winter 1661 statt. Nun sahen die Jahre 1661 und 1662 die umfangreichsten Hexenverfolgungen der schottischen Geschichte. Janet wurde daher in einer Situation festgenommen, die in bezug auf die Hexenverfolgung der in Süddeutschland noch am nächsten kommt.

Vor dem eigentlichen Prozeß – ich deute hier Details aus einer großen Anzahl weiterer schottischer Fälle der gleichen Epoche an, deren Präliminarien bis zu einem gewissen Punkt erhalten geblieben sind – würde Janet verhört werden, um Fragen zur Klage oder den Beschuldigungen zu beantworten, die bei ihrer örtlichen Kirchensession (eine wöchentliche Zusammenkunft des Pfarrers und der Kirchenältesten) eingereicht worden waren. Man hätte die Beschuldigungen angehört, die unter Eid abgegeben werden mußten, man hätte Janets Erklärungen angehört und nach einem gewissen Zeitraum, der möglicherweise mehrere Wochen gedauert hätte, entschieden, ob die Sache durch die örtliche Kirchenzucht abgegolten werden konnte oder aber ernst genug war, um zu rechtfertigen, Janet weiterhin in der Haft zu belassen. Der Priester und die Ältesten werden Janet und die Ankläger gut gekannt haben. Die meisten angeklagten Hexen hatten sich schon lange – 10, 20, manchmal 30 Jahre – einen guten Ruf für ihre Magie, wohltätig und bösartig, erworben, bevor die Anschuldigungen virulent wurden, und so würden der Pfarrer und die Ältesten den Gehalt der Sache, die gegen sie lief, gut beurteilen können.

Nachdem über die Notwendigkeit der Strafverfolgung entschieden war, würde sich der Pfarrer an das oberste Gericht in Edinburgh wenden. Damit war die Sache seiner Zuständigkeit enthoben. Anwälte würden sich nach den schriftlichen Aussagen erkundigen, die bereits aufgenommen waren, Zeugen würden befragt und ihre Aussagen niedergelegt, Janet würde vernommen und ihre Antworten würden festgehalten werden. Wenn nötig, würde sie einem oder mehreren der gegnerischen Zeugen gegenübergestellt und das Ergebnis der Auseinandersetzung dem immer dicker werdenden Dossier beigefügt werden. Dann würde ein Aufruf an namhafte Männer herausgehen, die aus einer langen Liste mit für das Geschworenenamt Geeigneten herausgesucht worden waren, und die Verhandlung nach Ort und Zeitpunkt angesetzt werden.

Das war es, was sich sicher abgespielt hatte, bevor Janet Cock am Nachmittag des 10. September 1661 im Sitzungshaus in Edinburgh vor einem Richter erschien. Sie mußte nicht selbst für sich sorgen. Schottland hatte immer Vorkehrungen getroffen, um für den Angeklagten (in Schottland der „Panel" genannt) jemanden aufzutreiben, der zu seiner oder ihrer Verteidigung sprechen konnte. Ende des 16. Jahrhunderts war dies immer ein berufsmäßiger Anwalt. Er wurde „Proloquitor für den Panel" genannt und ohne Rücksicht auf des Angeklagten Vergehen oder gesellschaftliche Stellung berufen. So konnte Janet den Richter und die Geschworenen im schönen Bewußtsein fixieren, daß zumindest eine Person im Saal ihr Wohlergehen im Auge hatte.

Es lagen zehn Anklagepunkte („dittay") vor, und es lohnt sich, sie kurz zu erfassen, damit wir die Tragweite ihrer Vergehen erkennen, deren man sie anklagte. Der erste bezieht sich auf einen Vorfall, der sich 1637 ereignet hatte, also etwa 24 Jahren vorher. Janet war im Haus von Janet Graham, die nicht lange vor Janets eigener Verhandlung wegen Hexerei verbrannt wurde. Janet Grahams Kind war krank, und es scheint, als sei Janet Cock gerufen worden, um irgendeine Art magischer Heilung zu vollbringen. Während ihrer Anwesenheit kam Agnes Spindie zu Besuch und brachte ihr eigenes Kind mit, das sich zu diesem Zeitpunkt bei guter Gesundheit befand. Aber nachdem es Janet Grahams Haus verlassen hatte, wurde es krank und starb später, während Janet Grahams Kind wieder gesund wurde. Deshalb wurde Janet Cock beschuldigt, auf magischem Wege die Krankheit von einem Kind auf das andere übertragen zu haben.

Nun wird klar, warum Janet Cock und Agnes Spindie sich so oft in den Haaren lagen. Am 22. Juni 1645 wurden die beiden wegen Trunkenheit, gewalttätiger Auseinandersetzung und Beleidigung (sie hatten sich gegenseitig „Hexe" genannt) vor die Kirchenversammlung in Dalkeith gezerrt, und die Versammlung beurteilte den Vorfall ernst genug, um die zwei Frauen der weltlichen Gerichtsbarkeit zu überstellen. Wir wissen nicht, was dort geschehen ist, aber das Geschehnis stellte Janet Cocks zweiten *dittay* dar. Danach waren beide Frauen betrunken gewesen, und Janet drohte Agnes mit Gewalt, eine Drohung, die sie wahrmachte, als sie ihr eine Woche später bei einem weiteren Zwischenfall ins Gesicht schlug. Agnes als die weitaus Betrunkenere fiel hin und mußte zu Bett gebracht werden. Der damalige Pastor Hugh Campbell suchte Janet auf und tadelte sie wegen ihres Benehmens, aber er war kaum wieder zu Hause, da befiel ihn eine Art Raserei, so daß niemand ihn lange genug festhalten konnte, um ihn ins Bett legen zu können. Unterdessen ging Agnes' Schwester zu Janet und bat sie, zu kommen und Agnes wieder gesund zu machen, aber nur, um von Janet zu hören, Agnes sei nur betrunken und werde sich bald besser fühlen. Sowohl der Anfall des Pastors als auch Agnes' Sturz wurden auf Janets Hexenkunst, die sie gegen beide angewendet habe, zurückgeführt, und die drei genannten Personen erschienen vor Gericht, um gegen sie auszusagen.

Während Agnes betrunken zu Bette lag, wurde eine junge Frau, die ihr Gesellschaft leistete, von einer ähnlichen Unpäßlichkeit ergriffen, woraufhin ihr Vater, Thomas Aitkin, vollständig die Beherrschung verlor und schwor, er werde Janet Cock in Stücke schneiden, wenn sie den Zauber, den sie offensichtlich auf seine Tochter gelegt habe, nicht aufhebe. Die junge Frau erholte sich wieder vollständig. Die Aitkins hegten jedoch weiter Groll gegen Janet Cock, denn James Aitkin beschuldigte sie, bei seiner Tochter einen Brechanfall ausgelöst zu haben, als sie eines Tages von der Schule nach Hause kam. Seine Frau bestätigte das Unwohlsein ihrer Tochter, schrieb die Erkrankung aber nicht wie ihr Mann Janet Cock zu. Aus der Zeugenaussage der Tochter erfahren wir, daß der Vorfall schon einige Jahre zurückgelegen haben mußte, denn zur Zeit der Verhandlung war Janet Aitkin 22 und konnte sich an ihre Erkrankung im Kindesalter nicht mehr sicher erinnern.

Es wird schon offensichtlich, daß Janet Cock sich in Dalkeith bereits einen Ruf als Hexe erworben hatte, oder zumindest als jemand, der sowohl Heil- als auch Schadenzauber ausüben konnte. So zum Beispiel lagen James Richardson und Janet Cock im Streit, weil er sie eine Hexe genannt hatte. Nicht lange darauf erkrankte James und begann Janet für seinen Zustand verantwortlich zu machen. Deshalb bat sein Bruder Thomas Janet, den Zauber aufzuheben und ihn von seiner Krankheit genesen zu lassen. Janet kam, aber ohne Erfolg, denn James starb noch in der gleichen Nacht. Auch als James Douglas vom Pferd fiel und sich Verletzungen zuzog, an denen er wohl später starb, machte er laut Aussage seines Dieners Janet dafür verantwortlich – „legte ihr seinen Tod zur Last", wie die Formel lautete, die in diesem Zusammenhang gewöhnlich gebraucht wurde. Der Diener, Archibald Simpson, fügte hinzu, daß sein Herr oft gesagt habe, Janet könne die Krankheit von ihm nehmen. Interessanterweise sagte James Douglas' Frau im Zeugenstand aus, sie habe nie gehört, daß Janet gegen ihren Mann jemals eine Drohung ausgestoßen habe, obwohl beide zerstritten gewesen seien und James Angst vor Janet gehabt habe.

Aber Janet hatte das Pech, gleich mit zwei Männern namens William Scott ein Zerwürfnis zu haben. Der eine war der Mann, der sie im August festgenommen hatte, der Amtsdiener von Dalkeith; der andere genoß in der Stadt einiges Ansehen und, nach dem Nachnamen zu urteilen, einige Familienverbindungen. Die Aufzeichnungen lassen aber keinen Zweifel, daß er und der Amtsdiener auf keinen Fall ein und dieselbe Person waren. Nun ereignete es sich fünf oder sechs Jahre vor Janets Festnahme, daß der zweite William Scott sein Pferd eines Nachts in den Stall stellte, und als die Stallburschen am nächsten Morgen kamen und die Stalltür öffneten, da sprang das Pferd heraus und gebärdete sich so toll, daß niemand es bändigen konnte. Woraufhin jemand William Scott den Rat gab, Zaubermittel anzuwenden, um herauszufinden, ob sein Pferd behext sei oder nicht. Scott willigte ein. Jetzt nahm man dem Pferd eines der Hufeisen ab und erhitzte es, bis es rotglühend war, mit dem Hintergedanken, daß, wenn wirklich Schadenzauber vorlag, die Hexe durch den starken Schmerz, der auf magischem Wege vom Hufeisen auf sie übersprang, gezwungen werde, zu erscheinen. Und siehe da, Janet Cock tauchte vor dem Haus auf, obwohl es für ihr Kommen gar keinen vernünftigen Grund gab.

Dieser Anklagepunkt ist besonders interessant, denn er erinnert daran, daß die Magie in der frühen Neuzeit in großem Maßstab angewandt wurde und keineswegs auf einige wenige Einzelpersonen oder Gesellschaften beschränkt war. In der Tat war es sehr wahrscheinlich, daß einige der Geschworenen in Janets Verhandlung von Zeit zu Zeit Zaubermittel gebraucht haben mochten oder sie zumindest als Universalmittel zur Lösung bestimmter Probleme anerkannten.

Die Auseinandersetzung mit William Scott mag noch weiteren Anklagen den Weg geebnet haben. Gemäß Elspeth Pringle, William Scotts Ehegattin – Schottinnen behielten ihren Namen auch nach der Heirat –, kamen Janet und andere Frauen in ihr Zimmer, als sie nach der Geburt ihres Kindes im Bett lag, zusammen mit einem schwarzen Mann (offen bleibt, ob es ein schwarzhäutiger oder ein schwarz gekleideter Mann war), und versuchten, ihr Kind an sich zu nehmen. Als sie laut Gottes Beistand anrief, verschwanden alle plötzlich durch das Fenster, das zu dieser Zeit geschlossen war.

Weitere Anklagepunkte hängen nicht so deutlich mit dem Ärger oder Streit zusammen, den Janet mit anderen hatte. James Wilson sagte aus, als er und zwei andere Christian (Christine) Wilson gerade aus Niddry zurückbrachten, um an einem Hexenprozeß teilzunehmen, sei plötzlich ein Sturm aufgekommen, der Christian zu Boden gerissen habe. Dies deutete James als magischen Versuch Janets, eine junge Hexengenossin zu retten, obwohl einer seiner Gefährten, James Blackie, sagte, daß es mit dem Wind nicht Besonderes auf sich hatte und Christian ebensogut ausgerutscht sein konnte. Es ist nicht das erste Mal in diesem Prozeß, daß ein Zeuge der Anklage an Janets Ausmaß der Verstrickung in die Handlungen, deretwegen sie vor Gericht stand, Zweifel äußerte. Es ist dies ein Hinweis unter mehreren, daß viele Leute ihr Bestes taten, um der Wahrheit die Ehre zu geben. Das galt auch für die Richter. Obwohl die Verhandlung in einer Zeit wachsender Hexenverfolgung in Schottland stattfand, gibt es kein Anzeichen von Befangenheit, Blutdurst oder Hysterie, so daß die Beteiligten ebenso wegen Diebstahls, Meineids oder Brandstiftung hätten vor Gericht stehen können.

Zum Abschluß hörte das Gericht, daß Janet, wenn man William Calderwood, dem Pastor, und William Scott, dem Büttel, glauben durfte, von verschiedenen anderen verurteilten Hexen beschuldigt wurde, eine Hexe zu sein, und sie sogar nach Calderwood geschickt und aus freiem Willem bekannt habe, eine Hexe zu sein, sich dem Teufel verschrieben und als Gegenleistung für die Macht, sich an Jean Douglas und ihren Töchtern zu rächen, die sie eine Hexe genannt hatten, sein Mal empfangen habe. Dieses Geständnis war, wie der Geistliche und die anderen Zeugen betonten, ohne Tortur und anderen Druck zustandegekommen.

Janets Verteidiger, der Proloquitor für den Panel, tat die verschiedenen Anklagepunkte verächtlich ab. Ein Mann konnte vom Pferd fallen und sterben, ohne daß Hexerei im Spiel war. Frauen im Kindbett mochten gut im Fieber falschen Einbildungen unterliegen. Es lag in der Natur der Pferde, daß sie scheu wurden, bockten und ausschlugen. Menschen starben ebenso aus natürlichen Gründen wie durch Hexerei. War da ein plötzlicher Sturm? Janet wird nicht ausdrücklich beschuldigt, diesen hervorgerufen zu haben. Was sie angeht, so bestreitet sie das. – Wir sehen hier die zwei Verteidigungslinien: (a) besser eine natürliche Erklärung der Vorfälle als eine übernatürliche und (b) juristische Haarspaltereien gegenüber dem Wortlaut der Anklageschrift. Es sind mehr oder weniger die gleichen, wie sie die Verteidigung 200 Jahre früher im Prozeß von Francoise Bonvin gewählt hatte.

Die Geschworenen, größtenteils Edinburgher Kaufleute und Arbeitsmänner aus Dalkeith, zogen sich zurück und wogen die Beweise ab. Wer sich durch die Protokolle der schottischen Hexenprozesse sowie der Voruntersuchungen liest, für den kommt der vielleicht faszinierendste

Moment, wenn er auf das Urteil der Geschworenen stößt. Solange sich nicht schon am Anfang des Protokolls die Randnotiz „Verurteilt und verbrannt“ oder aber „clengit“ oder „assoiled“ findet, was beides „freigesprochen“ bedeutet, ist es unmöglich, entweder mit Hilfe der Anklagen, die gegen den Panel vorgebracht werden, oder die durch den Proloquitor geltend gemachten Gegengründe abzuschätzen, ob die Geschworenen auf schuldig erkennen werden oder nicht. Da es an der Möglichkeit gebricht, hinter die Kulissen zu schauen und der Beratung der Geschworenen zu lauschen, kann man für gewöhnlich nicht sagen, ob der Spruch einstimmig erfolgte oder ob bei einem Punkt der Anklageschrift Einigkeit herrschte oder bei allen. Hin und wieder wird eine Randnotiz uns mitteilen „Una voce“ (einstimmig) oder „durch Stimmenmehrheit“, aber selbst dann bezieht sie sich nur auf den Spruch in seiner Gesamtheit und nicht auf einzelne Anklagepunkte.

Aber in Janets Fall sind wir weit besser unterrichtet, denn der Stimmzettel der Geschworenen ist erhalten geblieben. Die Anklage bestand aus 10 Artikeln, und es gab 15 Geschworene, die übliche Anzahl für Schottland in dieser Zeit. Der Buchstabe „c“ stand für „clengit“, Freispruch und „ff“ stand für „fylit“ (schuldig).

---

1. Artikel Freispruch

c	1	2	3	4	5	6	7	8	9	10	11	12	13	14	15
ff															

2. Artikel Freispruch

c	1	2	3	4	5	6	7	8					13		15
ff									9	10	11	12		14	

3. Artikel Freispruch

c			3	4		6	7					12	13	14	15
ff	1	2			5			8	9	10	11				

4. Artikel Freispruch

c	1	2	3	4	5	6	7	8							
ff									9	10	11	12	13	14	15

5. Artikel Freispruch

c	1	2	3	4	5	6	7	8	9	10	11	12	13	14	15
ff															

6. Artikel Freispruch

c	1	2	3	4	5	6		8						14	
ff							7		9	10	11	12	13		15

7. Artikel Freispruch

c	1	2	3	4	5	6	7	8	9	10	11	12	13	14	15
ff															

8. Artikel Freispruch

c	1	2	3	4	5	6	7	8	9	10	11	12	13	14	15
ff															

1. Teil 9. Artikel

Schuldspruch, ob von Dritten belastet

c

ff 1 2 3 4 5 6 7 8 9 10 11 12 13 14 15

2. Teil 9. Artikel

c 1 2 3 4 5 6 7 8 9 10 11 12 13 14 15

ff

10. Artikel

Schuldspruch aufgr. außerger. Geständnisses

c

ff 1 2 3 4 5 6 7 8 9 10 11 12 13 14 15

Nachdem sie den Gerichtssaal verlassen hatten, wählten die Geschworenen ihren Kanzler, wie der Vorsitzende damals genannt wurde, und setzten sich dann mit dem Gehörten auseinander. Nach angemessener Beratung kehrten sie zurück und übergaben ihr Verdikt, in welcher Form, wissen wir nicht genau. Die Aufbewahrung der Abstimmung in diesem Fall läßt erkennen, daß ein Protokoll aufgenommen und zuammen mit den Unterlagen des Prozesses eine Akte angelegt wurde, aber Janet mochte man nicht einmal die Einzelheiten mitgeteilt, sondern ihr lediglich gesagt haben, daß sie für dieses Mal freigesprochen werde. Man ging so vor, daß die Voten für „Schuldig“ und „Unschuldig“ für jeden der Anklagepunkte zusammengezählt wurden. Dann wurden die einzelnen Zahlen aufaddiert, um zu erkennen, ob sich die Waage letztendlich nach „Schuldig“ oder „Unschuldig“ neigte. In Janets Fall hatte man damals in jedem Anklagepunkt auf „Nicht schuldig“ befunden, außer als sie von anderen Hexen der Hexerei bezichtigt wurde – die Geschworenen mochten berücksichtigt haben, daß diese Bezichtigung aus Bosheit oder Verzweiflung abgegeben wurden – und bei ihrem angeblichen Geständnis gegenüber dem Pfarrer, wovon die Geschworenen einiges wiederum als unerheblich oder als Abweichung von ihren Entscheidungen in anderen Anklagepunkten zurückgewiesen haben mochten.

Ihr Proloquitor bat unverzüglich um die Dokumente, die notwendig waren, um ihre Unschuld zu beweisen und sie in Freiheit zu setzen. Dieser Prozeß trug einige bemerkenswerte Züge. In ihrem Heimatort hatte sich einige Bewohner zusammengetan, um mehr oder weniger aus persönlichem Groll Janet der Hexerei zu beschuldigen. Einige Vorfälle, die ihr zur Last gelegt wurden, beeinhalteten den Tod von Erwachsenen und Kindern. Sie hatte den Ruf, eine Hexe zu sein, der sich immerhin vierundzwanzig Jahre zurückverfolgen ließ, und war nicht nur in diesem August, sondern schon acht Jahre vorher um 1653 von anderen Hexen der Hexerei bezichtigt worden. Sie sollte zudem ihrem Ortsgeistlichen aus freien Stücken gestanden haben, eine Hexe zu sein. Das herrschende Klima war in dieser Zeit besonders feindlich gegen Hexen und Zauberei eingestellt. Doch wurde sie noch einmal freigesprochen. Das sagt viel über die Integrität der Geschworenen und ihren Entschluß aus, in Übereinstimmung mit dem, was sie an Beweisen aufgenommen hatten, Gerechtigkeit zu üben. Außerdem sollte man nicht übersehen, daß Janet durchaus hätte für schuldig befunden werden können, irgendwelche Magie zu betreiben, selbst wenn sie sich nicht so verhalten hätte, wie es in einigen Beispielen dem Gericht hinterbracht wurde. Der Vorfall mit William Scott und dem glühenden Hufeisen zeigt, daß man keine Hexe zu sein brauchte, um Magie zu treiben. Der Geschworenenspruch Janet betreffend deutet deshalb auch darauf hin, daß die Geschworenen sie nach der Beweislage und nicht aufgrund von Vorurteilen behandelten.

Aber – leider gibt es ein Aber – Janets Freisetzungsbefehl hatte eine ominöse leere Stelle, und zwar da, wo das Datum hätte stehen müssen, an dem sie im September die Freiheit wiedererlangen sollte. Den Grund erfahren wir, wenn wir ein weiteres Dokument betrachten, das auf den 18. September datiert ist, eine Woche nach Janets Verhandlung also. Sie ist immer noch in Haft und hat eine Petition an den Justizdeputierten gesandt, einmal für ihre Freilassung und zum anderen, um ihr Eigentum wiederzuerlangen, das man in der Zeit ihrer Haft für den Unterhalt im Kerker eingezogen hatte. Auf dem nämlichen Dokument findet sich jedoch auch eine Gegenpetition vom Ortsgeistlichen und der Kirchenversammlung von Dalkeith mit dem Inhalt, man solle sie nicht in Freiheit setzen, weil gegen sie neue Anklagen wegen Hexerei anhängig seien. Der Geheime Rat, bei dem die Petitionen schließlich landeten, entschied augenscheinlich, daß dem Gesuch des Geistlichen stattgegeben und gegen Janet eine zweite Anklage betrieben werde. Dementsprechend wurden die Geschworenen von Janets erstem Prozeß am 8. und 9. November erneut einberufen.

Nun zeigt der Umstand, daß zwischen dem Ende von Janets Verhandlung und der Verfügung des Geheimen Rats, der die Fortsetzung ihrer Haft anordnete, kaum eine Woche lag, daß William Calderwood, der Ortsgeistliche, schon zum Zeitpunkt, da sie freigesprochen wurde, über genügend Anklagen verfügte, die gegen sie vorgebracht werden konnten. Der zweite Prozeß fand nur zwei Monate später statt, was ziemlich bedeutsam war: Es gab neue Hexen, die anzuklagen waren, der Justizhof war ausgebucht und der 11. November somit wohl der frühestmögliche Termin der neuen Verhandlung. Da die Mühlen der Bürokratie in jener Zeit langsam mahlten, sie überhaupt einen Hang zur Schwerfälligkeit hatte, waren zwei Monate unter diesen Umständen sehr kurz.

Es lagen zwölf neue Anklagen gegen Janet vor. Sie zeigen, in welch ausgedehntem Streit sie mit Bewohnern ihrer Gemeinde lag, was zumindest teilweise damit zu erklären war, daß die Leute nicht nachließen, sie eine Hexe zu nennen – eine verständliche Anschuldigung, wenn man bedenkt, daß Janet sehr lange Zeit Magie betrieben hatte und bei Gelegenheit konsultiert wurde, um eine Krankheit aufzuheben, die durch Beschwörung verursacht zu sein schien. Das ist nicht ungewöhnlich. Man kann dieses Muster in den meisten anderen Fällen von Hexerei beobachten, die vor den Gerichtshöfen behandelt wurden.

Die zwölf Anklagen lassen sich in zwei Gruppen aufteilen. Gruppe A enthält fünf Punkte und umfaßt zwei Heilungen, zwei Krankheiten, die Janet angeblich verursacht hatte und von denen eine tödlich endete, sowie einen Vorfall, bei dem Ackergäule von einer Biene oder Wespe gestochen wurden und durchgingen, wobei sie den Pflug in seine Einzelteile zerlegten. Das Insekt, so wurde behauptet, kam auf Janets Geheiß, nachdem sie mit dem Führer des Gespanns, Alexander Smaill, in Streit geraten war, dieser sie eine Hexe genannt und heftig ins Gesicht geschlagen hatte. Gruppe B ist verschiedenartig. Zwei Menschen, darunter ein Kind, erkrankten und starben; die Milch einer Amme versiegte; eine Kuh gab Blut statt Milch; Pferde wurden krank, und ein Mann verlor bei einem riskanten Geschäft Geld. Angehängt ist eine Klage durch William Calderwood, den Pastor, daß Janet von geständigen Hexen bezichtigt wurde, ebenfalls eine zu sein und sie zudem seit langer Zeit in diesem Ruf stehe.

Ich habe die Anklagepunkte deshalb aufgeschlüsselt, weil uns erneut ein eingehendes Protokoll vorliegt, wie jeder der 15 Geschworenen bei jedem einzelnen Artikel gestimmt hat. Gruppe A betrifft die Fälle, in denen die Mehrheit Janet für schuldig befunden hat, und Gruppe B diejenigen Anklagepunkte, bei denen die meisten Geschworenen sie für unschuldig hielten.

Artikel	1	2	3	4	5	6	7	8	9	10	11	12
Andrew Haliburton	ff	c	c	c	c	c	c	c	c	c	c	c
Thomas Dick	ff	ff	ff	ff	c	c	ff	c	ff	ff	ff	ff
John Boyd	ff	c	ff	ff	c	c	ff	c	ff	ff	ff	ff
Thomas Dobie	ff	c	c	ff	c	c	ff	ff	ff	ff	ff	ff
David Livingstone	ff	c	c	ff	c	c	c	c	ff	c	ff	ff
Gilbert Hood	ff	c	c	c	c	c	c	c	ff	c	c	ff
Archibald Johnstone	c	c	ff	c	c	c	c	c	ff	c	ff	ff
John Veatch	ff	c	ff	ff	c	c	ff	ff	ff	ff	ff	ff
John Handyside	c	c	c	c	c	c	c	c	c	c	ff	ff
John Forsyth	ff	c	c	ff	c	c	c	c	c	c	ff	ff
Henry Hutchinson	ff	c	c	ff	c	c	c	c	ff	c	ff	ff
John Simpson	ff	c	ff	ff	c	c	ff	ff	ff	ff	ff	ff
Henry Mitchell	c	c	c	ff	c	c	c	c	c	c	ff	c
Robert Hamilton	c	c	c	c	c	c	c	c	c	c	c	c
John Didup	ff	c	c	ff	c	c	ff	ff	c	c	ff	ff
[Gesamt]	ff	c	c	ff	c	c	c	c	ff	c	ff	ff

Das bedeutete im einzelnen, daß Janet von der Verantwortung an zwei Todesfällen – darunter das Kind – freigesprochen, eines dritten jedoch für schuldig befunden wurde. Sie wurde für schuldig befunden, zwei Menschen durch Zaubermittel geheilt und Alexander Smaills Pferde scheu gemacht sowie seinen Pflug zerbrochen zu haben. Aber sie wurde vom Vorwurf entlastet, einige Leute und Pferde krank gemacht, die Milch einer Amme zum Versiegen gebracht, eine Kuh veranlaßt zu haben, Blut zu geben und verschuldet zu haben, daß ein Mann bei einem mißglückten Geschäft Geld verlor. Es gibt kein zusammenhängendes Muster, auch zum Beispiel keinen Zorn als Selbstläufer wegen des toten Kindes, und das Votum der Geschworenen zeigt wirklich, wie die Meinungen auseinandergehen. Ein Mann sprach sie von allen Anklagen frei, niemand erachtete sie der kompletten Anklageschrift für schuldig. Faktisch befanden sie nur sechs von den fünfzehn mindestens der Hälfte der Anklagepunkte für schuldig. Nichts hätte das hohe Niveau der Geschworenenversammlung und ihre Bereitschaft, Janet anständig, ehrenhaft und mit Blick auf die Wahrheit zu behandeln, besser wiedergeben können.

Dennoch bleibt die traurige Tatsache, daß die Mehrheit der Geschworenen sie trotz der heroischen Anstrengungen ihres Proloquitors im Sinne von fünf Anklagepunkten für schuldig befunden hatte, und obwohl man damit im Gesamtergebnis der Anklage lediglich in weniger als der Hälfte der Artikel stattgegeben hatte, reichte diese Stimmenmehrheit aus, Janet zum Tode zu verurteilen. Vielleicht trug das Bewußtsein der Tatsache, daß dies schon ihr zweiter Prozeß war und der erste bereits genug von ihrer Schuld an den Tag gebracht hatte, zur Beeinflussung des Gerichtes bei, so daß sich diesmal die Waagschale zu ihren Ungunsten neigte. Das Urteil trat am 12. November, einen Tag nach dem Prozeß, in Kraft. Es lautete auf die in Schottland übliche Strafe für alle, die der Hexerei überführt waren – Erdrosselung, Verbrennung des Leichnams und Einziehung des gesamten Vermögens. Über die Hinrichtung liegen keine Unterlagen mehr vor, aber es ist ziemlich sicher, daß das Urteil innerhalb von drei Tagen nach Verkündigung des Richterspruchs entweder in Dalkeith, woher Janet kam, oder auf dem Castle Hill in Edinburgh vollstreckt wurde.

Wollte man nach dem Schurken in diesem Stück suchen, sollte man vielleicht den Ortsgeistlichen, William Calderwood, oder William Scott, den Büttel der Stadt, ins Auge fassen. Janets zweiter Prozeß fand auf Veranlassung William Calderwoods statt, dem die Kirchenältesten zur Seite standen, und es fällt auf, daß er in diesem zweiten Prozeß Janets Bekenntnis ihm gegenüber, sie sei eine Hexe, nicht erwähnt zu haben scheint. Seit die Geschworenen dies im September unberücksichtigt gelassen hatten, hatte es keinen Zweck, es wieder aufzuwärmen; und man sollte vormerken, daß die Geschworenen im November von seiner Aussage, Janet sei von anderen Hexen als Hexe bezeichnet worden und habe sich selbst auch seit langem als Hexe betrachtet, keine Notiz nahmen. Beide Anschuldigungen entsprachen offensichtlich der Wahrheit, aber dadurch, daß sie sie schweigend übergingen, nähren die Geschworenen die Vermutung, daß sie sie für eine persönliche Schlechtigkeit hielten und den Priester wie die Kirchenältesten durch die Blume zurechtweisen wollten.

Was William Scott betrifft, so mag er eine Gestalt von mehr Einfluß und Gewicht gewesen sein. Es scheint sicher, daß die Sippe der Scotts aus Dalkeith auf verschiedene Art und Weise mit den Grafen von Buccleuch in Verbindung stand, die in der Umgebung Land und Burgen besaßen. Janet hatte mit dem Stadtbüttel, einer wichtigen Person in der Gemeinde, mehr als einen Zusammenstoß gehabt. Möglich, daß er sich über Janets Freispruch ärgerte und beschloß, sie wenn möglich zu überführen. Dazu war er natürlich in der idealen Position, auch wenn er keine Verbindung zu den Buccleuchs gepflegt hätte, und falls er, was zu vermuten ist, gewußt hat, daß William Calderwood von der langjährigen Gegenwart einer praktizierenden Hexe in seiner Pfarre nicht angetan war, dann war es für die beiden nicht schwer, sich zu verbünden und für Verhältnisse und Zeugenaussagen für einen zweiten Prozeß zu sorgen, von dem sie hoffen durften, daß er für sie besser ausging als der erste. Arrangements für verschiedene solcher Möglichkeiten sind klar ersichtlich im voraus getroffen worden. Man zaubert keine zwölf zusätzlichen Anklagen samt den erforderlichen Zeugen in nur einer Woche herbei.

Janets Töchter hegten nicht den geringsten Zweifel, daß ihre Mutter Opfer eines gemeinschaftlichen Versuchs war, sie aus dem Weg zu schaffen. Sie gaben dem Büttel die Schuld. Im August, nachdem ihre Mutter verhaftet und eingekerkert war und auf den ersten Prozeß wartete, richteten sie einen Petitionsbrief an die zuständigen Stellen der Edinburgher Justiz.

> Das bescheidene Gesuch von Mary und Janet Coldanes, eheliche Töchter der Janet Cock, Gefangene, mache demütig kund, daß, während unsere Mutter, bezichtigt von einer Hexe, deren Name Janet Paiston lautet, und allem Anschein nach aus Bosheit und Zorn, denn niemand außer ihr kann etwas zur Anklage sagen oder vorbringen, wie folgt: seit sie Hand an sie gelegt haben, sind manche Feinde gegen sie aufgestanden, die früher Freunde waren, und alle für eigenen Nutzen, weil sie gesehen haben, daß Amtsdiener Scott (der vorgab, ihr Freund zu sein, bis er sah, was Geld und Gut sie hatte) von Haß erfüllt wurde und ihr Erzfeind geworden ist.
> Und hat er es nicht allein unternommen, ihr das Leben zu nehmen, sondern geht zu jedermann, wen immer er kennt, so er auf unsere Mutter böse oder neidisch ist, und überredet sie, zu tun, wie er es ihnen vorgibt.
> Und die Leute, die nicht recht wissen, was sie tun sollen, fürchten sich vor ihm, ist er doch Anführer in der Stadt, [und] sprechen, was sie können, ihm zu Belieben unwahr gegen unsere Mutter. Und während sie wissen, daß Eure Bittsteller weder Geld noch anderes haben, um einen Advokaten oder Vertreter zu dingen, für unsere Mutter zu sprechen, noch Freunde, um etwas für uns zu tun, und daß alles, was unsere Mutter und wir haben, in Amtsdiener Scotts Hand ist: das macht ihn und solche, wo Euer Ehren

> Bittsteller Freunde gewesen, sich von Euer Ehren Bittsteller abwenden. Es ist Euer Ehren Bittsteller zu Ohren gekommen, daß Amtsdiener Scott den Tod eines Kindes unserer Mutter zur Last legt. Doch wird es Euer Ehren gefallen, zu wissen, daß er fünf andere Kinder tot hatte? Euer Ehren mögen sich erkundigen, wer ihnen der Tod war. Da ist eine Elizabeth Pringle, die sie [Janet Cock] beneidete. Sie wollte ihr Haus über ihrem Kopf haben, und meiner Mutter, nicht willens zu dieser Zeit, aus dem Haus zu weichen, sagte sie, sie werde ihr nun schaden. Aber davor wurde das niemals erwähnt. Und da war ein betrunkenes Weib, das eine Nacht betrunken war, das unsere Mutter beschimpfte, und unsere Mutter warnte sie vor der Kirche, und der Pfarrer und die eigene Versammlung machten, daß die Frau unsere Mutter um Verzeihung bat: und sie waren immer Freundinnen von dieser Zeit an. Und nun hat Amtsdiener Scott alle diese Leute gegen sie aufgebracht. Und weiter wird es Euer Ehren gefallen, daß er diesen Tag gesagt hat, daß er keinen roten Heller in der Welt haben wird, aber sie brennen gemacht hätte, und nur deshalb haben wir es unternommen, Euer Ehren zu ersuchen, daß ihr Gerechtigkeit getan, und sie nicht in Pein liegengelassen werden möge.

Es ist dies ein bewegendes Dokument, das den Ruch der Wahrheit an sich hat. Waren Marys und Janets Behauptungen also wahr? Ein Blick auf die Entscheidungen, die die zwei Geschworenenversammlung in den Prozessen ihrer Mutter gefällt haben, deutet schließlich die Möglichkeit an, daß sie es waren und daß Janet Cock einfach Pech gehabt hat, nicht ein zweitesmal das Verdikt „Nicht schuldig“ erreicht zu haben.

5

Nicht vergangen noch vergessen

Janet Cocks Prozesse wurden gegen Ende der, so könnte man sie nennen, Periode des eruptiven Ausbruchs der Hexenverfolgungen in Westeuropa abgehalten, und es ist nun an der Zeit, zu fragen, wie es zu dieser Zeit der Verfolgung überhaupt gekommen ist. Die einfache Antwort ist: Wir wissen es nicht. Es gibt mehrere ansprechende Erklärungen, jede davon bis zu einem gewissen Punkt stichhaltig, aber keine im ganzen befriedigende, in sich geschlossene.

Bestimmte katholische Gebiete – Trier, Mainz, Bamberg, Württemberg zum Beispiel – sahen machtvolle Persönlichkeiten, die ihre Beschäftigung mit der Sünde und Satans Macht auf Erden dazu brachte, des Teufels irdische Helfer auszuschalten. Sie machten sich schuldig, Verfolgungen ins Leben gerufen und durchgeführt zu haben, denen zuweilen ein beunruhigender Grad an Wildheit innewohnte. Bei der Beschäftigung mit diesen Gebieten muß man sich aber immer die sozio-ökonomischen Begleitumstände vor Augen halten, als da waren Seuchen, Erhöhung der Getreidepreise, ausgefallen hohe Kindersterblichkeit, Mißernten und vergleichbare Schicksalsschläge und Katastrophen, die sich dem Anschein nach mit unerwarteter Häufigkeit oder besonderer Schwere auf die Bewohner stürzten. Mehr noch kann man für jeden Johann Christoph, dessen Eifertum die Angstschübe auslöste, die Ellwangen zu Beginn des 17. Jahrhunderts entstellten, eine Lanze für den beruhigenden Einfluß einer Zentralregierung brechen, ganz so, wie es im Falle des Einschreitens durch Innsbruck in die Habsburger Grafschaft Hohenheim während der Verfolgungen der Jahre 1595 bis 1602 geschah.

Auch ist vermutet worden, daß kleine Städte mit schwacher Regierung zu großen Verfolgungsziffern führen konnten. Doch finden sich Ausnahmen von dieser Regel wie Mainz, das eine starke und straffe Regierung hatte, die Hexen aber fortgesetzt aufs heftigste verfolgte, bis die Ankunft des Schwedenheeres 1631 diesen Kreis durchbrach; und in Reutlingen hat man herausgefunden, daß jeder Generationenwechsel innerhalb der die Stadt regierenden Eliten grob gerechnet alle 30 Jahre mit neuer Gewalt Hexenverfolgungen ausbrechen ließ, weil die jüngeren Männer ihre Vorgänger aus dem Amt verdrängen und sich mit Hexenverfolgungen bei der Öffentlichkeit beliebt machen wollten. Eine dritte Erklärung macht geltend, daß ein Konflikt mit den Nachbarn ein zuverlässiger Antrieb sein konnte, die durch die Auseinandersetzung entstandenen augenscheinlich hartnäckigen konkreten oder psychologischen Probleme zu lösen, indem man sie anklagte, einen selbst, seine Familie, sein Viehzeug und andere Gegenstände verhext zu haben. In den Niederlanden hat die Forschung jedoch, zumindest für die Provinz Drenthe, nachgewiesen, daß die Anschuldigungen wegen Hexerei durchaus nicht immer auf Nachbarschaftsstreit zurückgingen. Die vierte Erklärung gibt der weiberfeindlichen patriarchalischen Gesellschaft die Schuld an umfassenden mörderischen Attacken auf Frauen. Sie scheint auf einer sorgfältigen Auswahl verfügbarer Beweise zu beruhen, macht aber den grundsätzlichen Fehler, vorauszusetzen, daß Hexen verfolgt wurden, weil sie Frauen waren, und nicht, weil sie Hexen und deshalb Gesetzesbrecher waren. Dieser Ansatz vernachlässigt auch mehr oder weniger die Rolle von Männern und Kindern als Hexen, deren Zahlen unter keinen Umständen übersehen werden dürfen, und erklärt gar nicht oder nur in geringem Maße ihren Opfergang in der angenommenen patriarchalischen Verschwörung gegen Ehefrauen, Töchter und Schwestern.

Quot homines, tot sententiae, sagt das lateinische Sprichwort: „So viele Menschen, so viele Meinungen", und es läßt sich natürlich auch auf die Erklärungen für den Ausbruch der gründlichen Hexenverfolgungen anwenden. Bestimmte Faktoren müssen jedoch in die Überlegung einbezogen werden, ganz gleich, welche Erklärung man sich zu eigen macht. Sozio-ökonomische Bedingungen habe ich bereits erwähnt. Nachbarstreit war natürlich weitverbreitet, aber es wird noch viel Zeit und Mühe kosten, die Natur dieser Zerwürfnisse am angenommenen Ort in der angenommenen Zeit zu untersuchen – so ist es bemerkenswert, wie wenig Satan mit ihnen etwas zu tun hat und wie selten er in den Zeugenaussagen auftritt, die vor Gericht gebracht wurden. Religiöse Voreingenommenheit oder Feindseligkeit war ebenso ein bestimmender Faktor. Sowohl die Katholiken als auch die verschiedenen protestantischen Kirchen wünschten diese Überreste heidnischen (oder, im Fall der Protestanten, katholischen) Glaubens in Wort und Tat auszumerzen, den sie gegenüber dem geistigen Fortschritt für schädlich hielten und den sie beide immer öfter „Aberglauben" nannten; doch keine Seite war sich zu schade, Teile der Magie wie die Dämonenbesessenheit als Propagandamittel gegen die jeweils andere Konfession einzusetzen. Half die Aufmerksamkeit, die Kirchenmännern jeder Art der Magie zollten, vielleicht, vorerst den Glauben des Volkes zu bewahren, dieser Gegenstand müsse allem Kanzeldonner zum Trotze von Wichtigkeit sein?

Als es dazu kam, daß die Hexenverfolgungen eingestellt wurden, da gab es hinsichtlich der Durchführung und Rechtfertigung ebenfalls große Unterschiede. Seeland etwa scheint nach 1565 keine Hexen (andere Anwender der Magie aber doch) mehr verfolgt geschweige denn getötet zu haben, während in der Schweiz die letzte Hexe 1782 hingerichtet wurde. Die schlimmsten Verfolgungen gab es in der Periode von ungefähr 1580 bis ungefähr 1665, mit Einzelfällen und kleineren gebündelten Fällen davor und danach. Diese Ausbrüche hatten jedoch nie ein ganzes Land erfaßt. Es ist ein Irrtum, anzunehmen, die Regierung eines einzelnen Landes habe mit Vorbedacht und der Hilfe seiner Jurisdiktion Massenanstrengungen unternommen, um Magietreibende, also auch Hexen, auszurotten, auch wenn Voltaire in künstlerischer Verallgemeinerung Frankreich in Verbindung mit den Hexenprozessen als „einen gewaltigen Schauplatz juristischen Gemetzels"[1] beschrieb. Verhandlungen und Hinrichtungen gab es in erster Linie jeweils für höchstens zwei Personen, die von anderen Personen aus ihrer eigenen Gemeinde angeschuldigt und vor eine örtliche Stelle der Verwaltung oder Gerichtsbarkeit gebracht wurden, der die Rechtsprechung für ihr vorgebliches Vergehen oblag. Nur wenn beträchtlich viele dieser Prozesse in verhältnismäßig kurzer Zeit durchgeführt wurden oder wenn Prozesse, die anfänglich klein gehalten wurden, eine zweite, dritte, vierte Anschuldigungswelle erlebten, die von einem anderen herrührten, dann kann man mit Fug und Recht behaupten, daß sich so etwas wie eine „Panik" ausgebreitet hatte.

Wenn wir überdies von der letzten verbürgten Hinrichtung einer Hexe lesen – 1643 in Malines, Belgien; 1699 in Estland; 1711 in Irland; 1722 in Dänemark; 1727 in Schottland; 1756 in Österreich –, dann lesen wir nicht notwendigerweise über die letzten Todesfälle wegen Hexerei, sondern lediglich über die letzten gesetzlichen Fälle. Illegale Tötungen mögen wie in der Gascogne bis in die ersten Jahrzehnte des 19. Jahrhunderts weitergegangen sein; oder der Hexerei Verdächtigte mochten während der Versuche, ihre Kräfte durch Wasser oder Feuer zu brechen, umgekommen sein, wie im Fall einer Irin, Bridget Cleary, die 1895 von ihrem Ehemann und einer ganzen Reihe männlicher und weiblicher Verwandter möglicherweise aus Versehen infolge der wiederholten Anstrengungen umgebracht wurde, ein Wesen aus dem Dämonen- oder Feenreich auszutreiben, das an die Stelle der echten Bridget getreten war.

Ein beliebter Zugang zu unserem Gegenstand ist die Annahme gewesen, daß in der zweiten Hälfte des 17. Jahrhunderts und natürlich im 18. die „Rationalität" in die dunklen Kammern des kollektiven europäischen „Aberglaubens" eingebrochen sei und diese in das Licht der wissenschaftlichen Erklärung für alles getaucht habe. Das Zeitalter von Locke, Hobbes und Voltaire machte, so meint man, ein Ende mit der Triftigkeit des Glaubens an die Hexerei, der sich daraufhin in die Niederungen der ländlichen Bezirke verlor, wo er in Stumpfheit verharrte und zu einem der Wesenszüge unwissender Bauern wurde oder sich zu einem harmlosen Überbleibsel ländlicher Überlieferung verniedlichte. Diese Vorstellung trifft in Wirklichkeit nicht einmal ansatzweise zu. Sie hat aber unter Historikern, die sich mit der Hexerei und den okkulten Wissenschaften befassen, zu einer allgemeinen Vernachlässigung der späteren Periode geführt und damit ihren Überblick getrübt, weil sie ihre Aufmerksamkeit auf die Zeit der Hexenprozesse gelenkt und beschränkt hat. So hat die uninspirierte Vermutung, das Ende der Hexenprozesse und Hinrichtungen sei, wenn auch nur bei den Gebildeten, mit dem Ende des Glaubens an die Hexerei zusammengefallen, die Leute dazu verleitet, die mit Ausrufungszeichen versehenen und oftmals mit Herablassung garnierten Ansprüche der Schreiberlinge, Ethos und *mores* ihrer Zeit zu vertreten, unbesehen zu glauben. In Wirklichkeit vertraten diese für gewöhnlich niemand anderen als sich selbst, und so ist es eine weitaus interessantere und dankbarere Aufgabe, die wirklichen Überzeugungen der breiten Öffentlichkeit aufzuspüren und zu erklären, als dem sich selbst beweihräuchernden Skeptizismus einiger weniger zu lauschen.

Wirklich waren es die gebildeten Stände als Teil der Legislative, die bestehende Statuten, die die Hexerei und Zauberei verboten, aufhoben und es für die Zukunft untersagten, Magie Betreibende zu verfolgen. Trotzdem waren die Beweggründe dieser Gesetzgeber nicht gänzlich von der Skepsis bestimmt. Im Juli 1682 verkündigte Frankreich beispielsweise in der Person Ludwig XIV. ein königliches Gesetz, das Weissagung, Magie und Beschwörung plötzlich als Formen des Aberglaubens einstufte und darauf hinzielte, die jeweiligen Betreiber als Betrüger zu bestrafen, eine Kehrtwendung, die manchen vielleicht vermuten läßt, daß der König bei seinem Entschluß von der Skepsis geleitet wurde. Ausgenommen waren im Erlaß jedoch alle, die solchen „Aberglauben" in Verbindung mit Gottlosigkeit, Frevel und Giftmischung betrieben, und es ist diese Ausnahme, die uns einen Anhaltspunkt auf die wirkliche

Anregung für dieses Dekret bietet. Denn zwischen 1676 und 1681 waren sowohl das Gericht als auch die oberen Schichten der Pariser Gesellschaft durch *l'affaire des poisons* gleichzeitig erschreckt und unterhalten worden. Diese Affäre bestand aus einer Reihe magischer Übungen mit Gift, Kindesmord, Gotteslästerung, Freveltaten und Liebeszauber, alles auf Veranlassung der Mätresse des Königs, Madame de Montespan, mit Hilfe einer dubiosen „Hexe", die als La Voisin bekannt war.

La Voisin war keine gewöhnliche Zauberin. Mit dem Anspruch, daß „nur ein anderer Gott meine Kräfte begreifen kann", leitete sie mit sorgfältig berechneter Schauspielkunst Séancen und magische Zeremonien, die in ihren Räumen in der Rue Beauregard abgehalten wurden, zu denen *tout Paris* in immer größerer Zahl strömte. So berühmt wurde sie, daß Thomas Corneille und Donneau de Visé, angeregt von ihrem Werdegang, eine Parodie schrieben, *La Devineresse*, die vier Monate lang, von November 1679 bis Februar 1680, am Théatre de Guénégaud für Furore sorgte. Die Affäre, die ihre Karriere beendete, kompromittierte die höchsten Kreise Frankreichs. Die Montespan, in der Furcht, des Königs Gunst zu verlieren, wandte sich an La Voisin um Hilfe, die zum Teil in gotteslästerlichen Messen bestand, die von einem weggelaufenen Priester auf La Montespans nacktem Körper gehalten wurden, dies ein Vorläufer der sogenannten „Schwarzen Messen" volkstümlicher Vorstellung. Während einer davon wurde nach dem späteren Zeugnis der Stieftochter La Voisins ein Kind, offensichtlich eine Frühgeburt, hereingebracht und ihm über dem Abendmahlskelch der Hals durchgeschnitten. Der kleine Leichnam wurde fortgeschafft und verbrannt, die Eingeweide aber konserviert, destilliert und mit anderen Ingredienzien zu einer Art Zaubertrank verrührt, den die Montespan am nächsten Tag aufnahm und mit sich herumtrug.

Diese Messen waren jedoch nur für den theatralischen Teil der Methoden La Voisins zuständig. Während der sich anschließenden Befragungen durch Nicolas Gabriel de la Reynie, dem neuernannten Generalprokurator der Polizei, gab sie zu, Abtreibungen vorgenommen zu haben, viele davon, weil ihre magischen Praktiken dies erforderten. Sie sagte, daß die Asche von nicht weniger als 25000 Kinderleichen im Garten ihres Landhauses nicht weit vom Pariser Stadttor nach St. Denis verstreut worden sei. Als ihr Haus in der Rue Beauregard durchsucht wurde, entdeckte man in einem abgeschlossenen Kabinett eine große Auswahl an vorwiegend giftigen Gegenständen. Im oberen Stockwerk fanden die Durchsucher Grimoires (Bücher mit Zauberformeln), Priestergewänder, schwarze Kerzen und Weihrauch: und im Garten in einem Ofen Fragmente von Kinderknochen zwischen der Asche. Handlanger von La Voisin waren Experten für Gifte und Aphrodisiaka, die auf Ingredienzien wie Froschzungen, Hoden von Hähnen und spanischer Fliege beruhten. Pülverchen aus diesen und ähnlichen Grundstoffen fanden den Weg in La Montespans Haus und waren ganz offensichtlich dazu bestimmt, vom König höchstselbst verkostiert zu werden.

Nachdem diese und andere entsetzliche Einzelheiten unter La Reynies gewissenhafter Prüfung ans Licht gekommen waren, ergötzte sich das nämliche *tout Paris*, das sich die Klinke der Tür La Voisins in die Hand gegeben hatte, nunmehr an dem Hautgout der Geschichte und dem Warten auf ihre Hinrichtung. Alles in allem wanderten an die 400 Personen ins Gefängnis, und als die Gerichte die Beweisaufnahme abgeschlossen hatten, wurden 36 hingerichtet, fünf auf die Galeere geschickt und 23 verbannt. Madame de Sévigné war, als es soweit war, neben vielen anderen Zeuge des Todes La Voisins und schrieb darüber am nächsten Tag, dem 21. Februar 1680, an Tochter und Schwiegersohn:

> Am Donnerstag, gestern also, ... wurde sie in einer Kutsche von Vincennes nach Paris gebracht. Sie erlitt einen schmerzhaften Erstickungsanfall, was ihr sehr peinlich war. Man forderte sie auf, zu bekennen, aber dazu kann ich Euch nichts Näheres mitteilen. Schlag fünf Uhr wurde sie gebunden. Dann erschien sie auf dem Karren, eine Fackel in der Hand. Sie war in Weiß gekleidet, der übliche Aufzug für jemanden, der verbrannt werden soll. Sie wirkte sehr erhitzt, und man konnte sehen, wie sie den Beichtvater und das Kruzifix heftig zurückstieß ... Vor Notre Dame weigerte sie sich entschieden, für das, was sie getan hatte, um Verzeihung zu bitten, und auf dem Place de Grève wehrte sie sich, so gut sie konnte, dagegen, vom Karren gezogen zu werden. Schließlich wurde sie mit Gewalt herabgezerrt, auf den Scheiterhaufen gebracht, zum Niedersitzen gezwungen, mit Eisenketten an den Pfahl gebunden und mit Stroh bedeckt. Sie schimpfte tüchtig und warf das Stroh fünf-, sechsmal beiseite. Zuletzt jedoch loderte die Flamme auf und entzog sie den Blicken. Ihre verkohlten Überreste hängen noch am Pfahl.

Die Giftaffäre enthielt genau jene Handlungen, die Ludwig XIV. in seinem Erlaß von 1682 anprangerte. Ganz wie Jakob VI. von Schottland, der an die 100 Jahre zuvor im Brennpunkt magischer Konspirationen gestanden hatte, war Ludwig sehr verängstigt, und diese Furcht zeigte sich nicht so sehr in den Strafen, die gegen jeden verhängt wurden, der Magie mit Giftmischen und Gotteslästerung verband – was, so muß man vernünftigerweise fragen, sollte man sonst auch erwarten? , – sondern in der Rückstufung von Weissagung, Magie und Beschwörung als abergläubischer Unfug. Weit davon entfernt, ein Beispiel für den Vormarsch des Rationalismus zu sein, erscheint Ludwigs Edikt vielmehr als ein gefühlsgeladener Versuch, der Furcht des Königs durch die Behauptung den Stachel zu nehmen, nichts von dem, was La Voisin und ihre Komplizen auf Geheiß von Madame de Montespan und einer großen Zahl gebildeter, kultivierter Aristokraten und Bürger getan hatten, sei gültig, ja wahr. Es wäre aber ein Fehler, anzunehmen, diese Leute hätten sich nur so nebenbei mit Magie beschäftigt. Wenn sie La Voisins Hilfe in Anspruch nahmen, dann erwarteten sie Wirkliches, keine Vorspiegelungen. Die Vernunft trat, wie es aussieht, damals nicht in Erscheinung.

Vergleichen wir das mit der Entwicklung in Britannien, wo das schottische Gesetz gegen Hexerei von 1563 und das englische von 1604 durch das Parlament in Westminster 1736 gleichzeitig aufgehoben wurden. Das ging auf eine Reihe verschiedenartiger, aber ineinandergreifender Gründe zurück. Da war zunächst die merkliche Veränderung der religiösen Empfindungen im Verlauf des 17. Jahrhunderts mit einer sich entwickelnden rationalistischen Theologie, die sich mit der kartesianischen Philosophie verband, um Gott eine geringere Bedeutung hinter den Kräften der Natur, an der er, wie man jetzt annahm, nur einen geringen tätigen Anteil hatte, beizumessen. Auch die Bürgerkriege in Schottland und England sorgten naheliegenderweise für eine allgemeine Absage an religiöse Begeisterung – daher das wachsende Interesse an rationalistischer Theologie – und eine neue Sicht der Gesellschaft, die sich nun weniger als geordnete Einheit mit der Welt der Zauberei als furchterregender Umkehrung sah, sondern vielmehr als eine lose Verbindung verschiedener Splittergruppen und Gemeinschaften. Die puritanische Rede von der göttlichen Vorsehung, die geholfen hatte, das intellektuelle und theologische Gespräch über eine Minusgesellschaft, wie die Zauberei sie hervorbrachte, aufrechtzuerhalten, verblaßte vor dem wachsenden Streben nach „Vernünftigkeit“ und „Angemessenheit“, und „vernünftige“ Männer fühlten sich unbehaglich gegenüber einer Theorie über die Zauberei, die eine Sicht auf das Wirken Gottes und der Natur als Grundannahme voraussetzte, die sie nicht länger als ausreichend und überzeugend empfanden.

Doch gab es auch eine tiefe Übereinstimmung, der andere angesichts einer augenscheinlich wachsenden Skepsis und der ihr angeschlossenen gesellschaftlichen Verweltlichung Ausdruck gaben. Joseph Glanvill nannte diese Schule 1681 „die lockerere Gesellschaft und die kleinen vorgeblichen Philosophen und Verstandesmenschen", während die Rechtgläubigen ihr eine Neigung zum Atheismus nachsagten. Wie John Wesley 1768 schrieb: „Die Abschaffung der Hexerei ist in Wahrheit die Aufgabe der Bibel." Ausführlicher vertraute er seine Gefühle dem Tagebuch an:

> Die Ungläubigen haben die Hexerei aus der Welt gejohlt; und die gefälligen Christen haben in großer Zahl in dies Geschrei eingestimmt. Das verwundert mich nicht so sehr, daß viele von ihnen hierüber wie Ungläubige reden; aber ich war zuweilen geneigt, mich über die kecke, freche, anstößige Art zu verwundern, in der manche von ihnen auf Männern herumtrampeln, die weit klüger sind als sie selbst; über die Art, in der sie so dogmatisch gegen etwas reden, an das nicht nur die ganze Welt, Heiden und Christen, in allen vergangenen Zeiten geglaubt hat, sondern woran auch heute noch Tausende, Gebildete so gut wie Ungebildete, fest glauben.
>
> *Tagebuch*, 1. Juli 1770

Offensichtlich war die öffentliche Meinung, waren selbst die gebildeten Stände in verschiedene Fraktionen zerfallen, deren Überzeugungen wir nicht mit allzu feiner Unterscheidung festzuhalten brauchen. Vielmehr sollten wir sie in einem Kontinuum unterbringen, das von fortbestehenden Überzeugungen aus der frühen Weltsicht, die die Gültigkeit der Magie unterbringen konnten, ja tatsächlich sogar voraussetzten, bis zur Ablehnung dieser Sicht zugunsten der Erklärung unvorhergesehener Ereignisse, Krankheit und Unglück durch die Naturwissenschaft und die psycho- und physiologischen Theorien der Medizin des 18. Jahrhunderts reicht. Doch während letzteres die Atmosphäre in bestimmten Kreisen vornehmlich in Edinburgh und London beschreibt, übte ersteres in Schottland noch bedeutende Macht aus. Hier focht die nach wie vor mächtige presbyterianische Staatskirche mit Ingrimm gegen jegliche Vorstellung, Hexen seien nicht in der Lage, übernatürlichen Schadenzauber zu bewirken, und daß die Strafen, die gesetzlich vorgeschrieben waren, um ihrem gefahrbringendem Wirken zu begegnen, eingeschränkt würden.

> Noch 1785 [schrieb Hugo Arnot] war es in der Sekte der Abweichler Brauch, von der Kanzel herab ein jährliches Bekenntnis der Sünden, der öffentlichen und privaten, zu verlesen; unter den ersteren wurde besonders der Aufhebung der Strafgesetze gegen die Hexerei durch das Parlament Erwähnung getan, da sie im Gegensatz zu den offenbarten Geboten Gottes stehe.
>
> *Eine kurzgefaßte Sammlung ausgesuchter Strafprozesse in Schottland*, 1785

Die Aufhebung der beiden britischen Gesetze gegen Hexerei war deshalb mehr oder weniger ein einseitiger Entschluß Westminsters. Die Hinweise auf das Gesetzgebungsverfahren sind unglücklicherweise spärlich; wir wissen aber, daß sich das Parlament in seiner Sitzungsperiode 1735/36 ausgiebig mit Kirchenangelegenheiten befaßt hat und als Ergebnis der Unstimmigkeiten innerhalb der Kirchenführung ein gelinder Antiklerikalismus grassierte. Die Lehre von der Hexerei hatten die Tories sich als Propagandawerkzeug zu eigen gemacht. Die Tories waren eine politische Gruppierung (man sollte in dieser Zeit wohl noch nicht von einer Partei sprechen), die unter der Königin Anne in der Oberhand gewesen, jetzt aber unter der neuen Hannoveraner Dynastie gegenüber den Whigs ins Hintertreffen geraten war. Die Aufhebungsakte selbst war so von den Whigs unterstützt worden. Einer von ihnen, George Heathcote, war in hohem Maße antiklerikal und verfügte über eine beachtliche Rednergabe sowie Vorliebe für den Republikanismus: ein Mann, der gleichermaßen anzog und abstieß.

Letzteres widerfuhr ihm mit einem Schotten, George Erskine, jüngerer Bruder des Grafen von Mar. Erskine war glühender Presbyterianer, unbeugsam in seinem Glauben an das Wirken der göttlichen Gnade in der Welt, die Existenz des Teufels und dessen Gebrauch menschlicher Helfer zur Verfolgung seiner niederträchtigen Ziele. Im Verlauf der dreißiger Jahre hatte es in Westminster scharfe Auseinandersetzungen zwischen Schotten und Engländern gegeben, und Erskine hatte sich in seinem hartnäckigen Kampf um die Wahrung der schottischen Rechte und Eigenheiten lautstark zu Wort gemeldet. Wenn wir dem tendenziösen Bericht eines liberalen Klerikers, Alexander Carlyle, der Erskine und alles, wofür dieser stand, leidenschaftlich haßte, Glauben schenken sollen, dann wurde, als Erskine sich im Unterhaus erhob, um gegen das Gesetz zu sprechen, seine Rede, noch dazu seine Jungfernrede, nicht ernsthaft aufgenommen, sondern „unter Gekicher und Gelächter".

Von Bedeutung ist noch, was wir nicht übersehen dürfen, der symbolische Nutzen, für den die Hexerei auch herhalten mußte. Denn vor allem die Attacken der Franzosen unter Führung Voltaires und der *philosophes* auf den „Aberglauben" in allen seinen Erscheinungen war in hohem Maße nur ein Vorwand für den Kampf gegen den Katholizismus und die katholische Kirche. Auch die Hinrichtungen einiger Hugenotten in den Jahren 1762 und 1764 bewogen Voltaire, ein Pamphlet zu verfassen, vorgeblich mit dem Ziel, die Ehre der Unglücklichen zu retten, aber ebenso durch den allgemeineren Zweck bestimmt, auf die Übel hinzuweisen, die von etwas stammten, was er als Fanatismus betrachtete. Zugleich zog Voltaire die Geschichte der europäischen Hexenprozesse als Beispiel für die Unwissenheit und den Fanatismus der katholischen Geistlichkeit heran. „Je unwissender und ungehobelter die Bewohner eines Landes waren, desto mehr glaubten sie an die Vorherrschaft des Teufels", schrieb er, und unterdessen bilde die Kirche sich ein, sie könne die Menschen zwingen, ihre Rechtmäßigkeit anzuerkennen, „indem sie niemals aufhört, sie durch die schrecklichsten Verleumdungen aufzustacheln, indem sie sie verfolgt und auf die Galeeren verbannt, an den Galgen bringt, auf das Rad flicht und in die Flammen wirft"[2].

In England wurde häufig der gleiche antikatholische Geist gepflegt. Geschichten von Geistern und Hexen, beobachtete der Verfasser von *Catos Briefe* aus dem Jahre 1722,

> werden in der ganzen Welt geglaubt, genau der Unwissenheit der Bevölkerung, der Integrität des Klerus und dem Einfluß entsprechend, den dieser über seine Herde hat. In papistischen Ländern gibt es in jeder Pfarrei einen Geist oder eine Hexe, ungeachtet allen Weihwassers und beständiger *pater noster*; und es gibt mehr davon in den unwissenden papistischen Ländern als in denen der Aufklärung.
>
> Nr. 79, 2. Juni

Diese Ansichten waren nichts Neues. Sie waren Teil einer langen Tradition der polemischen Auseinandersetzung, ganz gewiß nicht nur in England, denn das Gleiche kann man auch in der deutschen Literatur dieser und einer früheren Zeit beobachten. Die protestantischen Autoren unterstrichen auf der einen Seite die Rolle des Teufels als geistiges Wesen, das seine Macht gegen Seele und Gewissen des Einzelnen einsetzt, und auf der anderen führten sie ältere Vorstellungen von ihm als eine körperhafte, oft furchterregende und gräßliche Kreatur ins Feld, um in der konfessionellen Auseinandersetzung Punkte zu machen.

So können wir schließen, daß die Aufhebung des Gesetzes gegen die Hexerei verschiedene Ursachen hatte. Eine war der Parteienstreit: Wenn die Tories gegen die Aufhebung waren, dann waren die Whigs dafür; wenn die Geistlichkeit dafür war, dann war die antiklerikale Meinung dagegen. Hinzu kamen konfessionelle Vorurteile: Zauberei und Hexerei wurden regelmäßig mit der Zeit der katholischen Vorherrschaft auf dem Kontinent assoziiert. Es hielt sich auch das alte Märchen, die katholischen Länder seien im Gegensatz zu den protestantischen rückwärtsgewandt – die einen mehr, die anderen weniger. Denn, wie der bereits erwähnte *Catobrief* mit Genugtuung (und gänzlich ungenau) festhielt, „(in) England unterstützt kein Geistlicher, wes Glaubens auch immer, diese Irrtümer; und in Folge dessen ist das Reich des Teufels hierzulande so ziemlich am Ende.“ Ein weiterer Grund mag in persönlicher Antipathie bestehen – man sollte die Auswirkung von Gefühlen auf historische Prozesse niemals übersehen oder unterschätzen, besonders nicht bei schnellen Entscheidungen in aufgeheizter Atmosphäre: Eine Retourkutsche zum Nachteil eines Befürworters der Gesetze, der nicht wohlgelitten war; der das Haus mit seinem Nachdruck des Eintretens für eine Weltsicht, die mancher Abgeordnete entsprechend der neuen Mode der Skepsis, die in bestimmten Kreisen gerade vorherrschte, für abergläubisch und altmodisch hielt, in Verlegenheit gebracht oder irritiert hatte; oder der Schotte in einem englisch dominierten Parlament war, der sich an seine und seines Bruders Rolle beim Aufstand von 1715 noch gut erinnern konnte – und an dessen jüngste hartnäckige Verteidigung schottischer Rechte gegen schleichende englische Übergriffe man sich ebenfalls noch gut erinnerte.

Die Idee des Skeptizismus in Verbindung mit Magie und Hexerei in dieser Zeit sollte ebenfalls mit einiger Vorsicht behandelt werden, allein weil man sich über den Zusammenhang schon klar geworden sein sollte, bevor man in eine Diskussion über sie eintritt. „Skeptizismus“ mag sich zum Beispiel nicht auf die magische Weltsicht insgesamt beziehen, sondern auf Zweifel hinsichtlich der Wirklichkeit oder Möglichkeit bestimmter magischer Operationen. Seit dem Mittelalter gab es die laufende Auseinandersetzung, ob Hexen wirklich zum Sabbat fliegen konnten oder ob ihre Erzählungen von solchen Flügen auf teuflische Eingebungen oder aber Unausgeglichenheit des Gemüts zurückgingen, die wir heute zeitweilige psychische Störungen nennen würden. So schrieb John Webster 1677:

> Und weil da ein kopfstarker Haufen ernsthafter Hexen ist, deren Existenz wir freimütig anerkennen; so gibt es eine weitere Art, die widerstandslos dem Wahn verfallen ist und nicht weiß, oder zumindest nicht erkennt oder versteht, daß sie getäuscht wird oder unter fremden Willen steht. Das sind solche, die zuversichtlich glauben, manche fremdartigen, seltsamen und wunderbaren Dinge zu sehen, zu tun und zu erleiden, die es in Wahrheit gar nicht gibt, sondern die lediglich in ihrer verderbten Einbildung vorhanden und nichts als *melancholia figmenta* sind. Und doch werden die Bekenntnisse jener, obwohl widersinnig, sinnlos, närrisch, falsch und unmöglich, ohne jeden vernünftigen Grund von der gewöhnlichen Hexenblase für bare Münze genommen und fälschlicherweise Dämonen zugeschrieben, und seien sie Grund genug, gegen die Bekenner vorzugehen und diese zum Tode zu verurteilen, wobei alles nur tatenloser Wahn ist, an sich nur eine Aufregung des verderbten Vorstellungsvermögens.
>
> *Die Vorführung der angeblichen Hexerei*

„Skeptizismus“ mag auch vorliegen, wenn die Leute merkten, daß bei dem, was sie sahen, Betrug im Spiel war wie im Falle der Anne Gunter, die 1604 behauptete, sie sei von anderen Frauen, die sie namentlich benannte, aus ihrer Gemeinde behext worden. Eine gründliche Untersuchung ihrer Behauptung ergab jedoch, daß ihr Vater, der gegen die Verwandten einer der Frauen, die Anne angeschuldigt hatte, einen Groll hegte, sie dazu angestiftet hatte und ihr Erbrechen körperfremder Gegenstände wie Nadeln, ihre Zuckungen, ihre Wutanfälle und die anderen Anzeichen dämonischer Besessenheit, die sich einstellten, in Wirklichkeit entweder bewußt vorgetäuscht oder körperliche Reaktionen auf mit Rauschmitteln versetzte Getränke waren, die ihr Vater sie zu trinken zwang.

Zum dritten mag „Skeptizismus“ Zweifel an der magischen Weltsicht an sich bedeuten. Eine der gründlichsten Gegenschriften wurde 1584 von einem englischen Landadeligen, Reginald Scot, verfaßt; doch ist seine *Entdeckung der Hexerei* nicht einfach nur ein Versuch, den Zweifel auf die jüngste Stufe zu stellen, wie ein erstes oder schnelles Lesen dies nahelegen mag. Denn die Haupttriebkraft dieses Buches ist, gestützt durch eine bemerkenswerte Kenntnis der Kirchenväter und der Bibel, Antiklerikalismus im allgemeinen und Antikatholizismus im besonderen. Scot als gutem Protestanten, nicht notwendigerweise als Puritaner, zu dem er oft gemacht worden ist, war daran gelegen, sicherzustellen, daß nichts die direkte Verbindung zwischen einem Menschenkind und Gott verstellte, und da die gedrängt volle Geisterwelt als ein solches

Hindernis angesehen werden kann, verwirft er sie und gibt ihr den Laufpaß. Satan streitet er die Existenz nicht ab und erkennt an, daß der Teufel in der Welt große Macht ausüben kann; aber, so betont er, „die Tätlichkeiten Satans sind geistig und nicht weltlich“, und daher kann er den menschlichen Körper nicht befallen oder mit einem Menschen ein Abkommen schließen, wie die Lehre vom Pakt einer Hexe mit dem Teufel dies nahelegt. Somit ist die *Entdeckung* eine protestantische Streitschrift, die ihre Leser zum einen gegen die in Scots Augen durch den katholischen Glauben verkörperte drohende Gefahr und falsche Religion in Stellung bringen und zum andern dafür werben will, die seiner Ansicht nach falsche, beunruhigende Sicht der Schöpfung als einer von bösen Geistern bevölkerten Welt, deren menschliche Helfer aufgespürt und ausgemerzt werden müssen, zu beenden. Seine Verurteilung der Verfolgung und Bestrafung der Hexen wurzelt durchaus in der für seine Zeit üblichen religiösen Beweisführung und entspricht mitnichten dem „wissenschaftlichen“ oder voraufklärerischen Skeptizismus.

Die Skepsis derer, die damals eine Anschauung der Magie und Hexerei ausdrückten, muß sorgsam untersucht und in diesen Zusammenhang eingeordnet werden. Auch muß der Annahme entgegengetreten werden, Magie und Hexerei seien ausschließlich Gegenstand der religiösen Auseinandersetzung gewesen. Eine ihrer wichtigsten Anwendungen bestand in der Heilung von Krankheiten, und so dürfen wir annehmen, daß Ärzte sich eine Meinung über deren Rolle im Heilungsprozeß gebildet hatten. Wie bei den Theologen gab es auch bei den Ärzten verschiedene Haltungen, inwieweit körperliche oder geistige Behinderung auf teuflische Macht zurückzuführen war. Thomas Willis etwa fand sich damit ab, daß bestimmten Krankheiten eine magische oder dämonische Ursache zugeschrieben werden könne, grenzte andere aber ab.

> Daß krampfhafte Verstimmungen manchmal durch Hexerei hervorgerufen werden können, wird allgemein von zahlreichen vertrauenswürdigen Autoren geglaubt und gewöhnlich auch bekräftigt: und wenn wir in der Tat zugeben, daß häufig erstaunliche Leiden des menschlichen Körpers durch die Täuschungen des Teufels hervorgerufen werden ... müssen doch alle Arten von Zuckungen, die neben dem normalen Erscheinungsbild dieser Krankheit [der Epilepsie] außerordentlich erscheinen, nicht so bald den Beschwörungen der Hexen zugeschrieben werden, noch sollte der Teufel gegenwärtig oder immer ins Spiel gebracht werden.
>
> *Ein medizinisch-philosophischer Vortrag zur inneren Erregung*

Der deutsche Arzt Daniel Sennert stritt übernatürliche Einwirkungen jedoch in Bausch und Bogen ab und berief sich auf die Macht der Einbildung als der Quelle bestimmter körperlicher Beschwerden.

> Nichts wirkt über die Fähigkeiten hinaus, die dem eigenen Wesen innewohnen. Ähnlich ist es ein Irrtum, zu behaupten, Hexen könnten Impotenz hervorrufen, indem sie Dinge zusammenbinden, Türen verschließen und so weiter oder einige Worte murmeln. Man mag im Fall eines Mannes eine Ausnahme machen, der zum Aberglauben neigt und der, durch die Wirkung seiner eigenen Einbildung, leicht den Fluß der Geister hindert oder fördert, die dazu dienen, den Penis zu vergrößern. Was jene betrifft, die gerade geheiratet haben, so sind diese Leute oftmals durch ein Gefühl der Verlegenheit daran gehindert, den ehelichen Akt zu vollziehen. Doch Erfahrung und Vertrautheit werden diese Fesseln lösen und die Geschlechtskraft wiederherstellen.
>
> *Physica Hypomnemata*, 1637

Ob der Arzt nun einen Grad teuflischen Befalls einräumte oder nicht, seine Warnung wurde nur von Vertretern seines eigenen Berufs oder vergleichbaren Angehörigen der gebildeten Stände beachtet. Wenn sie seine Patienten heimsuchte, offenbarte die Magie noch immer ihren wohlbekannten hartnäckigen Einfluß. „Sag, was Du willst", beschwerte sich John Webster,

> sie werden Dir nicht glauben, aber Dich einen Arzt von geringem oder gar keinem Wert nennen, und was immer Du mit ihnen anstellst, es wird schwerlich anschlagen, alles wegen der Unbeweglichkeit ihrer verderbten und besessenen Einbildung. Doch wenn Du ihrer Laune nachgibst, ihnen irgendein unbedeutendes Ding um den Hals hängst und ihnen versicherst, dies sei ein höchst wirksames und mächtiges Zaubermittel, dann kann es sein, daß sich ihre Vorstellungen beruhigen, und dann gib ihnen, was wirklich geeignet ist, die Axt an die Wurzel ihrer Krankheit zu legen. Auf diese Weise kannst Du sie heilen, ganz so, wie wir das in zahlreichen Fällen bereits getan haben.
>
> *Die Vorführung der angeblichen Hexerei*

Dieser Mangel an Übereinstimmung durch die Kluft der Ausbildung und Abstammung setzte sich zumindest bis zum Anfang des 20. Jahrhunderts fort, aber seit Magie und Hexerei in den Jahrhunderten nach der Verfolgung begonnen hatten, die Aufmerksamkeit der Wissenschaft zu erregen, ist unser Vermögen, Erkenntnisse zusammenzufassen und Vergleiche zwischen einem Land und dem anderen oder sogar einer Region und der anderen zu ziehen, recht begrenzt.

Dank der bahnbrechenden Arbeit von Owen Davies ist England jedoch, was die spätere Zeit betrifft, eines der bestuntersuchten Länder. In *Hexerei, Magie und Kultur 1736–1951* bietet Davies nicht nur eine Fülle von Beweisen, daß die Magie in allen ihren Erscheinungen noch tief im 20. Jahrhundert praktiziert worden ist, sondern er führt auch eine Menge wichtiger Punkte an, die *mutatis mutandis* einen direkten Bezug auf die Untersuchung anderer Örtlichkeiten haben und deshalb wohl wert sind, an dieser Stelle wiederholt zu werden.

(i) Im 16. und 17. Jahrhundert suchten die Machthaber volkstümliche Überzeugungen mit Eifer zu verändern und Praktiken, die sie abergläubisch oder sonstwie unerwünscht dünkten, auszumerzen. Im 18. und 19. Jahrhundert begann man diese Änderungswut jedoch zu verachten, und die Gebildeten hörten auf, den Mantel ihrer Unterstützung über Gewohnheiten und Unternehmungen zu breiten, die sie nun lächerlich und ärgerlich zu finden beschlossen. (Dieser Wechsel deutet auf einen interessanten mentalen Riß in der Gesellschaft hin und erinnert mich an Änderungen in der Lebensführung seitens der Bewohner Edinburghs, wofür die Errichtung der Neustadt von 1767 an wohl ein Zeichen ist. Bis dahin hatten alle Schichten mehr oder weniger auf Tuchfühlung in den riesigen Wohnblöcken der Altstadt gelebt, so gut es ging die Schwächen und Laster der anderen ertragend. Nun aber schwand diese Nähe, und mit ihr die unterschwellige Sympahie und das traditionelle Band, die es hier, wenn auch unvollkommen, gegeben hatte.)

(ii) Ländliche Gemeinschaften gingen ihrer Stabilität verlustig, als erst die landwirtschaftliche, dann die industrielle Revolution über sie hinwegging. Die Hexerei hatte sich überwiegend gegen häusliche Ziele gerichtet – die verschiedenen Seiten der Hauswirtschaft wie Butter- und Käsegewinnung, die Gesundheit von Mensch und Tier –, doch nun wurden Butter und Käse oftmals von außen bezogen und industriemäßig erzeugt. Dieser Arbeitsteilung war es zu verdanken, daß der Verlust einer Kuh oder eines Pferdes, auch ein unvorhergesehener, langwieriger Krankheitsfall in der Familie nicht mehr notwendigerweise das finanzielle Desaster bedeuteten, das es in früheren Jahrhunderten gewesen war; und so wurde mögliche Hexerei zumindest hinsichtlich der Ziele, gegen die sie sich richtete, nicht mehr in dem Maße wie früher als Bedrohung empfunden.

(iii) Örtliche Gemeinden begannen auch ihre herkömmliche Form der Selbstverwaltung zu verlieren. So entglitt dem Ortsgeistlichen und den Dorfältesten die Polizeigewalt in dem Maße, wie sich die Berufspolizei bildete, die die Landesregierung, die sie ja vertrat, in kleine Gemeinden brachte. Diese neuen Amtsträger waren nicht mehr wie ihre Vorgänger durch örtliche Bande der Verwandschaft oder gegenseitiger Verpflichtung gebunden und daher weit weniger geeignet, bei Gesetzesverstößen wegzusehen, wenn etwa jemand, der der Hexerei verdächtig oder öffentlich angeklagt war, untergetaucht oder schwimmen gelassen wurde.

(iv) Zauberei und Hexerei waren nicht, wie Kirchenmänner und Volkskundler dies im 19. Jahrhundert behaupteten, aus Großstädten und Städten verschwunden, um ein malerisches Überbleibsel im naiveren Umfeld des Dorf- und Landlebens zu sein. Selbst in Großstädten bildete die Bevölkerung ungeachtet ihres rapiden Wachstums angesichts immer neuer Zuwandererwellen keineswegs eine einzige amorphe Masse, sondern innerhalb kleiner Gemeinden ein ineinandergreifendes Gebilde städtischer Dörfer. Eine wirkliche Entsprechung zum Dorfleben gab es allerdings nicht, was in der Natur des Beziehungsgeflechts sowohl in wie zwischen solchen städtischen Gemeinden lag. Die Nachbarschaft kam und ging wie Ebbe und Flut, so daß es den Leuten an der Möglichkeit gebrach, eine lange, vertraute Kenntnis ihrer Nachbarn zu entwickeln. In Folge dessen mochte jemand, selbst wenn er argwöhnte, daß einer von ihnen zu seinem persönlichen Nachteil Hexerei betrieb, zögern, eine strafrechtliche Verfolgung in Gang zu setzen, weil er nicht sicher sein konnte, wie ein Dritter reagieren würde. Diese Verfolgungen richteten sich dann auch, wenn es zu ihnen kam, in der Regel weniger gegen die Nachbarn, sondern gegen Angehörige der eigenen Familie des Anklägers. Es ist also nicht so, daß Magie und Hexerei aus den Großstädten verschwunden waren, sondern sie wurden anders betrieben als auf dem Lande.

(v) Davies‘ wichtigste Beobachtung betrifft die Abnahme der Hexenverfolgungen während dieser späten Periode. Man hat sich daran gewöhnt, zu behaupten, daß dies auf das Nachlassen des Hexenglaubens zurückzuführen sei. Davies bietet jedoch triftige Beweise, daß in England tatsächlich gerade das Gegenteil der Fall war. Je weniger Hexenverfolgungen es gab, desto mehr schwand der Hexenglaube, denn, wie er sagte, „einmal aus den Augen, war die Hexe sehr bald aus dem Sinn". Erziehung und Bildung, in die die Obrigkeit im 18. und 19. Jahrhundert als bestes Mittel, die neuen Männer und Frauen der Moderne zu formen, frei von Unwissen und den Auswüchsen des Aberglaubens, die ihr Leben in der Vergangenheit verunstaltet hatten, viel Zutrauen setzte, wirkten jedoch nicht wie beabsichtigt. Die wachsende Fähigkeit zu lesen bedeutete nämlich oft, daß die Leute nun Zugang zu Büchern über die Magie hatten, an den vorher nicht zu denken war.

Alle diese Gründe sind wichtig, aber man sollte nicht versäumen, Änderungen in der juristischen Verfahrensweise zu erwähnen, die sich bereits im 17. Jahrhundert ergeben hatten. Das Rechtssystem war von Grunde auf leistungsfähiger gemacht worden. Die Anwendung der Tortur war erst beschränkt, dann verboten worden, teilweise als Ergebnis der Flut juridischer Abhandlungen die Rechte des Untertanen betreffend, die Ende des 17., Anfang des 18. Jahrhunderts veröffentlicht worden waren. (Aber es soll nicht verschwiegen werden, daß in den meisten Ländern noch lange, nachdem der letzte Hexenprozeß geführt worden war, gefoltert wurde. Die letzte rechtmäßige Hinrichtung einer Hexe in Europa fand 1782 in der Schweiz statt, und rechtmäßig gefoltert wurde im Schweizer Kanton Glarus noch bis 1851.) Und so geschah es, daß die Art der Beschränkung, die die Inquisition zumindest offiziell auf die Anwendung der Tortur zu legen pflegte, nach und nach auch von der nichtkatholischen Gerichtsbarkeit beobachtet wurde. Andererseits waren der Gesetzestext wie der Richter vor Ort immer weniger geneigt, verrückte Formen der Aussage gegen angeklagte Hexen zuzulassen, sondern forderten eindeutigere Beweise für Aussagen wegen Hexerei. Auch entwickelten sie einen wachsenden Widerwillen, Geständnisse ohne feste, erhärtende Beweise von anderer Seite anzunehmen; und die Neigung der Ärzte, bestimmte Formen des Behextseins wie die dämonische Besessenheit oder die Auswirkung des bösen Blicks mit Hilfe der Psychologie zu erklären, überzeugte die Gerichte, nach anderen als übernatürlichen Erklärungen für Zwischenfälle zu suchen, die auf jemanden, der ihrer Rechtsprechung unterlag, zurückgeführt wurden. Es wurde deshalb an bestimmten Orten schwieriger und schwieriger, jemanden wegen Hexerei zu verurteilen. Diese Fehlschläge begannen dann einen Widerwillen gegen die strafrechtliche Verfolgungen zu begründen, der schließlich zu Gleichgültigkeit und Resignation führte.

Wir sollten uns im klaren sein, daß es keine bündige Antwort auf die Frage gibt, warum die Hexenverfolgung in Westeuropa während des

18. und 19. Jahrhunderts abnahm. Die erwähnten Veränderungen in der juristischen Verfahrensweise und wachsende Erwartungen an die Gerichte im Zusammenhang mit der Beweisaufnahme bedeuteten, daß leichtfertige oder böswillige Anklagen wegen Hexerei nur mehr schwer vor Gericht gebracht werden konnten, und selbst ernstzunehmende Anklagen konnten nicht mehr leicht zu einem zufriedenstellenden gerichtlichen Abschluß gebracht werden. Gesetze, die die Hexenverfolgung abschafften oder einschränkten, wurden aus einer Vielzahl von Gründen erlassen, nicht viele davon waren auf direktem Wege mit der Skepsis verbunden. Der gelehrte Skeptizismus als solcher wurde häufig in den Niederungen der konfessionellen Auseinandersetzung eingesetzt, während Priester und Mönche oftmals darangingen, als Hexenaustreiber zu agieren, eine Arbeit, die sie nur unwillig verrichteten – und manchmal unwissentlich, wenn sie etwa einen Segen erteilten oder den Exorzismus durchführten und beides vom Empfänger als eine Art Hexenaustreibung betrachtet werden mochte.

Innerhalb der späteren Zeit verlegten sich auch zahlreiche Geistliche darauf, Fälle dämonischer Besessenheit medizinisch statt übernatürlich zu erklären, und einige Ärzte führten einen Felzug gegen Zauberheiler, die sie Kurpfuscher und Betrüger nannten. Im Frankreich des 19. Jahrhunderts fand ein verzweifelter Kampf zwischen antiklerikalen Gegenspielern, zu denen viele Ärzte zählten, und Fürsprechern der Religion statt, welch letztere wiederum wie im Falle Lourdes zwischen der Verteidigung des himmlischen Besuches Mariens und der nachfolgenden Wunder an ihrer Verehrungsstätte und dem starken Vorbehalt und der Mißbilligung gegenüber einer augenscheinlichen Visionärsschwemme sowie der vor Ort zu beobachtenden Fortsetzung und Ausdehnung „abergläubischer" Überzeugungen und Handlungen zerrissen wurden. Man kann ihr Dilemma verstehen, denn es ist in diesem Zusammenhang von Interesse, festzuhalten, daß die hl. Bernadette es vorzog, von der Jungfrau als „uo pétito damizéla" zu reden, der gebräuchlichen örtlichen Bezeichnung für eine Fee; daß die Vertreter der Kirche zunächst geltend machten, die Visionen seien nicht himmlischen, sondern teuflischen Ursprungs; und daß der Quell, der entsprungen war, von Leuten probiert wurde, die diesen Ort ebenso aufsuchten wie andere Zauberbrunnen, deren Wasser Heilkraft besaßen. Lourdes bescherte kirchlichen und weltlichen Machthabern eine Fülle von Problemen, die nicht für das 19. Jahrhundert typisch waren, die aber das 19. Jahrhundert sich in seiner ureigenen Art und Weise zu überwinden aufmachte. Wo früheren Jahrhunderten die Erklärung durch die Religion an sich genügte, gingen die 1800er Jahre daran, die aufgeworfenen Fragen naturwissenschaftlich zu beantworten.

Die Skepsis entweder der magischen Weltsicht insgesamt oder nur der Wirksamkeit ausgesuchter magischer Operationen gegenüber griff natürlich in den gebildeten Kreisen um sich, wenn man auch nicht in den Fehler verfallen darf, die gebildete Elite als einen kohärenten Meinungskörper aufzufassen. Unter ihren Angehörigen gingen die Einstellungen zur Magie auseinander wie eh und je. Was dem Skeptizismus in diesen Kreisen zum Durchbruch verhalf, war der schnell wachsende Wissensumfang, den Erfinder, Entdecker, Weltreisende, Experimentatoren, Astronomen und so fort schufen, auf deren Arbeiten die gebildeten Stände unmittelbaren Zugang hatten, sofern sie das wünschten; die Gesellschaft gab sich ihre eigenen Regeln, und die Gebildeten sahen selbstgefällig auf die niederen, im besonderen Maße auf die ländlichen Stände herab, indem sie alles, was diese glaubten, als lächerlich und überholt zurückwiesen. Und der Rationalismus ersetzte die Theologie als das Werkzeug, die Gesetze der Schöpfung zu ergründen. Nicht von ungefähr war im Paris der Französischen Revolution die Göttin Vernunft als Ausdruck der antiklerikalen Gesinnung und des von den Intellektuellen der Revolution erhofften neuen *Zeitgeistes* inthronisiert worden.

„Die Vervollkommnung der Gesellschaft“ drohte so die Stelle Gottes einzunehmen; aber als die Revolution sich als Fehlschlag erwies und die Vollkommenheit sich für jedermann ersichtlich nicht einstellen wollte, zumindest was die nähere Zukunft betraf, da wurden neue Wege beschritten, und neue Wissenschaften machten sich anheischig, ihre eigene Form des Trostes zu spenden. Die Psychiatrie erschien als eine, die befriedigende Erklärungen für Entartung und Rückfälligkeit bot, die manche ringsumher zu sehen glaubten, und die Hysterie mußte als Antwort auf alle Fragen auffälligen oder sogar religiösen Verhaltens herhalten. Sie schien nicht nur den Zauber- und Hexenglauben und die Ausbrüche der von Dämonen Besessenen zu erklären, sondern auch den Trancezustand und die Inbrunst christlicher Heiliger und Mystiker. Der deutsche Arzt Johannes Wier (1515–1588) wurde so zu einer Art Paten der Psychiatrie aus dem 16. Jahrhundert gemacht, weil er es unternommen hatte, Hexen als Menschen zu erklären, die an einer Geisteskrankheit litten, somit eher eine ärztliche Behandlung als die Strafverfolgung verdienten. Das neue weltliche oder entzauberte Zeitalter war damit beschäftigt, Mythen zu errichten, die erhärten sollten, daß die Welt aus der Dunkelheit heraus ins Licht eintrete und die Zukunft nichts als Fortschritt und Verbesserung bereithalte.

Zauberei und Hexerei, von Satan und den bösen Geistern ganz zu schweigen, verschwanden in dem neuen Licht, das die Wissenschaft ausstrahlte, nicht. Es trifft aber zu, daß die protestantischen Länder eine Abnahme der Überzeugung verzeichneten, den Teufel als äußeren, um nicht zu sagen körperlichen Ausdruck des Bösen zu begreifen. Die alte Vorstellung von der Hexe, die zum Sabbat fliegt, dort auf ein Wesen trifft, das zwar aus Fleisch und Blut, aber kein menschliches Wesen ist, und mit ihm Geschlechtsverkehr hat, war im Verlauf des 17. Jahrhunderts aus den Anklageschriften wegen Hexerei verschwunden. Aber wirf Satan zur Vordertür hinaus, und er wird durch die Hintertür wieder ins Haus gelangen. Aus Platzgründen kann ich nur einen beschränkten Entwurf zur Veranschaulichung dieses Punktes bieten. Es ist aber eine wohlbekannte Tatsache, daß das Übernatürliche in Theater und Literatur des 18. Jahrhunderts eine Blüte erlebte, weil gerade die Gesellschaftsklasse, die sich selbst wegen ihrer Skepsis und Vernunft pries, in Aufführungen strömte, deren besonderer – Zauber in ihrer Angstrhetorik begründet lag, und in der zweiten Jahrhunderthälfte Schauerromane las, deren Bestreben es war, in der Stille des Arbeitszimmers oder Salons einen ähnlich beglückenden Schauder zu erzeugen.

Einen Eindruck vom hohen Stand der Schauspielkunst jener Zeit mögen die Beschreibungen zweier Schauspielerinnen, die eine Französin, die andere Engländerin, geben. Die erste kommt in Form einer Lobschrift seitens einer großen französischen Tragödin, La Clairon, an ihre Künstlerkollegin daher.

> Ich erinnere mich, daß ich seinerzeit, als ich die Ariane geben sollte, überaus unwohl war; und in der Furcht, ich würde nicht imstande sein, die Strapazen, die die Rolle mit sich brachte, durchzustehen, hatte ich erwirkt, daß ein leichter Sessel auf die Bühne gestellt wurde, der mich aufnehmen sollte für den Fall, daß ich seiner bedürfe. Wirklich verließen mich im 5. Akt, als ich meiner Verzweiflung ob der Flucht von Phaedra und Theseus Ausdruck gab, die Kräfte, und ich sank fast ohne Bewußtsein in den Sessel. Ihre *Intelligenz* gebot Mademoiselle Brilland, die meine Vertraute spielte, die Szene in dem Augenblick zu beherrschen, da die größte Aufmerksamkeit auf mich gerichtet war. Sie warf sich mir zu Füßen, nahm eine meiner Hände und netzte sie mit ihren Tränen. In der Rede, die sie nun halten mußte, folgten die Worte einander nur langsam,

> immer wieder von Seufzern unterbrochen. So verschaffte sie mir Zeit, mich zu erholen. Ihr Ausdruck, ihr Handeln rührten mich tief; ich warf mich in ihre Arme, und das Publikum, in Tränen, würdigte diese Intelligenz mit dem denkbar lautesten Beifall.
>
> J. Boaden: *Memoirs of Mrs. Siddons*, 2.66–7

Realismus, wie wir ihn verstehen, war nicht gefragt, aber die Zuschauer kamen voll auf ihre Kosten, nicht so sehr durch eine willentliche Ausschaltung des Zweifels als durch atemlose Würdigung der Technik. Was diese Technik bewirken konnte, läßt sich in einer zeitgenössischen Würdigung von Frau Siddons' Schauspielkunst erkennen, die sie mehr für das lobte, was sie nicht tat, als zu beschreiben, was sie tat. Damit werden wir in die Lage gesetzt, uns gewissermaßen den gebräuchlichen Stil des späten 18. Jahrhunderts vor Augen zu führen.

> Kein eingeübtes Kunststück, kein Auftakt läßt sich vorhersagen; kein gezwungenes Tremolieren der Gestalt läßt sich ausmachen, wo die Ausdruckslosigkeit des Auges die Abwesenheit der Leidenschaft verrät; kein mühevolles Halten der falschen Höhe, auf der die ermüdete Stimme einen hohen Ton über dem verharrt, den sie nicht erreichen kann, ist jemals gehört worden; kein künstliches Wogen der Brüste, so anekelnd, wenn die Verstellung leicht wahrzunehmen ist; keiner dieser Kunstgriffe, bei denen die Schauspielerin, und nicht die Rolle, in den Vordergrund tritt, läßt sich bei Frau Siddons finden.
>
> Boaden: *Memoirs* 1.288–9

Nun sehen wir an einem Beispiel aus Jaques Cazottes *Le Diable amoureux*, zuerst veröffentlicht im Jahre 1772, diese Extravaganzen auf die Literatur übertragen.

> Dann hielt ich die Beschwörung in deutlichem, entschlossenem Ton, und, meine Stimme anhebend, rief ich dreimal in sehr kurzen Abständen *Belzebub!* Ich fühlte, wie meine Adern von einer schrecklichen Kälte durchströmt wurden und meine Haare zu Berge standen. Ich hatte das Wort kaum ausgesprochen, als mir gegenüber an der Spitze des Gewölbes ein Zweikreuzfenster aufsprang, und ich sah einen Lichtstrahl durch die Öffnung dringen, der das Auge stärker blendete als die Strahlen der Mittagssonne. Der Kopf eines Kamels von furchterregender Form und Größe erschien in der Fensteröffnung. Die erstaunliche Länge der Ohren

> des Geschöpfes versetzte mir einen Schlag. Das Scheusal öffnete sein großes Maul und brüllte *Che vuoi?* – Was willst Du? – in einem Tonfall, der recht gut zu der Erscheinung paßte ... Alle Nachbargewölbe hallten wider von dem gewaltigen *Che vuoi?*

Diese gesteigerte Empfindsamkeit, der in modernen Ohren etwas Absurdes anhaftet, sollte nicht mißverstanden werden. Sie war ein wesentlicher Bestandteil des Zeitstils, ausufernde Gefühlsbetontheit, elegant serviert auf einer Platte, angerichtet mit Schrecken, durch Druck oder Lithographie auf kühle, bequeme Distanz gehalten. Zu ihrer vollen Wirkung bedurfte sie der wiedererkennden Übereinstimmung mit dem Publikum, wenn es las oder zusah, ganz wie die Griechen bei einer Komödie Menanders genau wußten, welche Rolle die Maske eines Schauspielers verkörperte und was man bei seinem Erscheinen auf der Bühne von ihm zu erwarten hatte. Wir können den Mechanismus hinter diesen Übertreibungen erkennen, wenn wir zwei Versionen der gleichen Geschichte von Robert Burns vergleichen. Die erste stammt aus einem Brief, den er 1789 an einen Bekannten, Francis Grose, schrieb und in dem er die Geschichte eines Bauern erzählt, der auf Hexen trifft.

> Mein Herr, unter den zahlreichen Hexengeschichten, die ich in Zusammenhang mit Alloway Kirk vernommen habe, kann ich mich nur an zwei oder drei deutlich erinnern ... [An einem Markttag macht sich ein Bauer in den frühen Morgenstunden auf den Heimweg, als er aus Richtung der Kirche ein Licht erblickt.] Obwohl er von einem Glanz erschreckt wurde, der von der Kirche herüberschien, setzte er seinen Weg umsichtig fort, ist es doch eine wohlbekannte Tatsache, daß man bei diesen Gelegenheiten ein größeres Risiko läuft, zu Schaden zu kommen, wenn man umkehrt. Als er das Tor zum Kirchhof erreicht hatte, sah er zu seiner Überraschung und Belustigung durch die Rippen und Bogen eines alten gotischen Fensters, das heute noch an der Überlandstraße liegt, einen Tanz von Hexen, den diese ausgelassen rund um ihren alten, rußigen, bösewichtigen Meister herumtanzten, der sie alle mit der Macht seines Dudelsacks bei der Stange hielt. Der Bauer, der sein Pferd anhielt, um sie ein wenig zu beobachten, konnte die Gesichter zahlreicher alter Weiber aus seiner Bekanntschaft und Nachbarschaft klar und deutlich beschreiben.

Der Ton ist launig, der Teufel wird ohne Abscheu gezeichnet und die Hexen als Bäuerinnen, die beinahe harmlos einen ländlichen Tanz auf-

5.1 Che vuoi?

führen. In Burns' nachfolgendem Gedicht über das gleiche Thema, *Tam O'Shanter* aus dem Jahre 1790, ist ihm die bloße Tanzerei zu lahm, und der Leser wird mit einer Schilderung der schrecklichen Gegenstände traktiert, die Tam in den Blick fallen, als er durch ein Fenster furchtsam in die Kirche späht.

Särge wie offene Schränk' umeinand',
Die zeigten die Toten im letzten Gewand;
Und durch ein teuflisches Zaubergesicht
Hielten alle in kalter Hand ein Licht,
Wodurch der tapfere Tam sehr schön
Auf dem heiligen Tisch konnte mancherlei seh'n:
Eines Mörders Knochen in Galgeneisen;
Ungetaufte Kinder, zwei Spannen lang, Waisen;
Ein Diebeskopf, der Mund klaffend offen,
Das letzte Geschnatter vom Beil getroffen ...
Ein Strumpfband, das einen Säugling erwürgt;
Ein Messer, das des Vaters Gurgel zerwirkt,
Dem der eigene Sohn das Leben geraubt,
Am Griff was von grauen Haaren noch klaubt.

Selbstbewußte Theatralik in Verbindung mit selbstbewußter Rührseligkeit war seinerzeit ein Grundton der Epoche, den man weder vergessen noch geringschätzen sollte, wenn man über den in voller Blüte stehenden Okkultismus nachdenkt, der das 18. und frühe 19. Jahrhundert ebenfalls bestimmte. Denn dies war die Zeit des deutschen Illuminatenordens, des französischen Martinismus, Pasquallys theurgischem *Order of Elected Cohens* und des Mesmerismus, ganz zu schweigen von der überaus starken Vermehrung der Freimaurer- oder pseudofreimaurerischen Riten und Orden, die ins Leben gerufen wurden, um das Verlangen des Adels und der gebildeten Bourgeoisie nach einer Esoterik, die sich von der überlieferten Religion freigemacht hatte, aber durch ausgedehnte Rituale eine geheime und sozusagen exklusive Schaubühne bot, zu verkörpern und zu befriedigen. „Vernunft" war ein Ideal, nach dem die Gebildeten jener Epoche strebten. Sie begann kaum ihr Gemüts- oder gesellschaftliches Leben zu durchdringen.

Dies im Hinterkopf, lohnt es sich, einen kurzen Blick auf die berühmten und übermäßig beanspruchten Bilder und Zeichnungen Goyas zu werfen, die Hexen zum Gegenstand haben. Es waren insgesamt sechs, gemalt in den Jahren 1797 und 98, um im Boudoir der Herzogin von Osuna im Landhaus der Familie zu hängen. Zwei der sechs behandeln in spielerischer Übertreibung volkstümliche abergläubische Vorstellungen, aber alle haben, und das ist auch beabsichtigt, einen Bezug auf den Zwiespalt, dem „rationalistischen" Adel zu schmeicheln, innerhalb dessen Mauern sie zum Privatvergnügen versetzt waren, und der „abergläubischen" Landbevölkerung, die den herzöglichen Besitz umgab, der wiederum zu seinem Fortbestand von ihrer Arbeit abhängig war, gerecht zu werden. Im bekanntesten Gemälde, *Der Hexensabbat* [Abb. 5.2], fällt die Wirkung eines, wie man versucht ist zu sagen, köstlichen Entsetzens auf, das sich nicht nur wegen der grotesken Erscheinung Satans als riesenhafte Ziege einstellt, sondern auch, wenn man sich die Kinder, die ihm als Opfer angeboten werden, genauer ansieht. Eines sieht richtig pummelig aus, wie frisch von der Brust seiner Mutter gerissen, deren Schulter vom unnatürlich langen linken Arm der Ziege betatscht wird; ein zweites ist jedoch zum Skelett abgemagert, obwohl seine Haltung unmißverständlich klarmacht, daß es lebt, denn es streckt ein langes, dünnes rechtes Ärmchen in kläglicher Nachahmung des Ziegenarmes darüber aus und macht einen erwartungsvollen, beinernen Schritt auf die Ziegengestalt zu. Ein drittes, gleichfalls nur noch ein Skelett, liegt tot am Boden, von den zwei Frauen vor ihm, von denen eine drei tote Feten lässig an einem Stock über der linken Schulter trägt, nicht beachtet. (Das Motiv erinnert an Hogarths *Gin Lane* [1751] mit einem Kind auf dem Bratspieß des tanzenden Kochs.) Im Vordergrund liegt eine verschleierte Frauengestalt, unter deren Mantel die dicken Beine eines Kindes hervorlugen. Es ist dies die bloße Andeutung einer Madonna, genügt aber schon, um der Szene einen besonderen Dreh zu geben.

Im Gegensatz zu diesem Schaustück, geschaffen für eine Herzogin zu deren persönlichen Ergötzen, stehen die Hexen in Goyas Bildfolge, die achtzig Drucke unter dem Titel *Los Caprichos* umfaßt und 1799 veröffentlicht wurde. Ihr Gegenstand ist das zeitgenössische Spanien, ihre Stimmung dunkel und schwarzseherisch. Sie waren für den öffentlichen Verkauf vorgesehen, und Goya war sich nicht zu schade, im Madrider Tageblatt Reklame für sie zu machen, indem er seine Besprechung mit Attributen wie „Spott" und „Phantasie" unterlegte. Der Professor für Stiche und Schnitte an der Königlichen Akademie in Madrid nannte sie obszön.

Die Bildtafel 66 [Abb. 5.3], *Allá vá eso*, zeigt, wie Goya sich den Hexenflug vorstellt. Zwei Hexen hängen gefährlich an einem Besen, so,

5.2 Goya, Hexensabbat

wie er durch die Luft fliegt. Eine ist ein Hermaphrodit, anscheinend alt, Rumpf und Arme muskulös, die Beine schlank, mit kleinen Füßen im Vergleich zu den großen Händen. Eine Hand packt den Besenstiel, die andere eine zischende Schlange. Sein/ihr Gesicht sieht nach oben zu

5.3 *Goya, Allá va eso*

einer fauchenden Katze, die, die Haare gesträubt, einen Buckel macht und den Schlangenkörper in den Krallen hält. Hinter dem Hermaphroditen kauert ein junges Weib mit flatternden Haaren, die Beine auf der rechten Seite dicht an den Leib gezogen. Sie blickt nach unten, ihr Gesicht ist fast ganz vom Unterarm der anderen Hexe verdeckt. Sie scheint einen ausgebreiteten Umhang mit sich zu führen, dessen Form an Fledermausflügel erinnert. Schwer zu sagen, ob die Hexen gerade aufsteigen oder auf das platte Land, das unter ihnen ausgebreitet ist, niedergehen.

Dies ist erneut ein Bild dramatischen Zuschnitts, jedoch vollkommen anders geartet als der *Hexensabbat*. Jetzt geht es nicht um einen Tagtraum für eine Herzogin, sondern um den sittlichen Kommentar einer der Grundzüge der maßgeblichen Lehre von der Hexerei: der Teufel als die Schlange aus der *Genesis*; die Hexe als widernatürliches menschliches Wesen, zwar weiblich, aber nicht ganz, jung so gut wie alt; eine Spur von Gestaltwechsel; ein böser Geist zur Begleitung; das Anstößige der nackten Erscheinung der Hexen; ihre übernatürliche Kraft, die sie von Satan haben – alles drohend aufgetürmt über der friedlichen Landschaft, von der sie gekommen sind oder in die sie einfallen werden. Ein tiefer Ernst schwebt um diese Zeichnung, der dem *Hexensabbat* trotz der Schrecknisse auf dem Bild abgeht. Der Umstand, daß sie für die breite Öffentlichkeit bestimmt war, deutet möglicherweise darauf hin, daß Goya die sittliche Beurteilung eines weitverbreiteten, volkstümlichen Glaubens wichtiger war als die affektierten Schauer, die dem beschränkten Kreis des Adels zugedacht waren. Das eine war die Antwort auf die Erwartungen einer bestimmten Gönnerin, das andere auf eine tiefe Strömung in der ganzen Gesellschaft.

Man muß jedoch auch festhalten, daß Goya Hexerei automatisch mit dem Lande verband. Es war dies eine Annahme (vielleicht sogar Hoffnung?) unter den Gebildeten dieser Zeit. So schrieb James Crossley in der Mitte des 19. Jahrhunderts in der Einleitung einer Neuausgabe von Potts *Aufspürung der Hexen in der Grafschaft Lancaster*:

> Der Genius des Abschieds vom Aberglauben hängt noch zwischen den altersgrauen Spitzen der Hügel, den felsigen Hängen und bemoosten Ufern, zu deren Seiten der alte Wald sich hinzieht. Hier hört man noch auf die Stimmen der Überlieferung der Ahnen, wie sie von der Tiefe seiner stillen Höhlen reden, daneben der Lauf seiner gurgelnden Bäche. Wer Pendle einen Besuch abstattet, der wird bemerken, daß Zauber-

> sprüche innerhalb der unteren Schichten noch allgemein Zuflucht gefunden haben...daß jeder Weiler seine besondere und begabte Persönlichkeit hat, die zu beleidigen gefährlich ist...daß jede Örtlichkei ihr Spukhaus hat; daß Erscheinungen immer noch ihre gespenstischen Runden gehen.

Der Tonfall ist, vielleicht unbeabsichtigt, ein wenig herablassend und zudem stark mit romantischer Sentimentalität getränkt, die dem Landleben die Last der Sehnsucht nach einer entschwundenen Vergangenheit verlieh, die es in Wirklichkeit gar nicht erfüllen konnte. Denn Britannien, England wohl besonders, war von einen Begehren beeinflußt, das ursprünglich aus Deutschland stammte, dem Wunsch nach einer Art organischer Verbindung zwischen der Natur und der vorherrschenden Gesellschaftskultur; aus diesen ungeformten Sehnsüchten, die sich mit einer sehr exklusiven Deutung des griechischen und römischen Erbes verbanden, entsprang ein Neuheidentum, das weniger eine Bewegung, sondern eher ein Gemeinschaftsgefühl innerhalb der Bildungselite war, der die unerbittliche Wirklichkeit der Industriellen Revolution körperlich und geistig wenig anziehend erschien, wenn man sie mit der natürlichen Reinheit und angeborenen Tugend des Landlebens und seiner Sitten verglich.

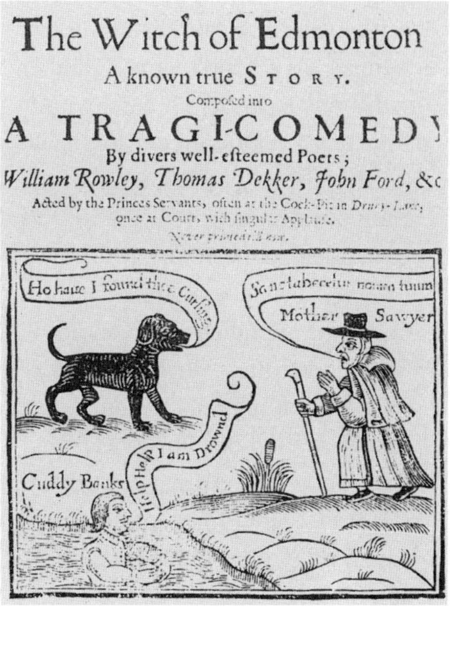

5.4
(a) Drei Hexen reiten auf einer Sau, 1612
(b) Mutter Sawyer, 1658

Als die Hexerei in die Literatur Einzug hielt, da war der Tenor jedoch nicht Crossleys Liebenswürdigkeit nachempfunden. Die onkelhafte Nachsicht verschwand zugunsten der dramatischeren Vorstellung, die die Hexen mit dem Bösen verband, so daß die Beschreibung einer Hexe sehr rasch als Zerrbild in die Machart eines Holzschnittes aus dem 16. Jahrhundert zurückfiel. Vergleichen Sie einmal Abbildung 5.4 mit dem folgenden Portrait einer Hexe aus *Der Zauberpriester und die Hexe*, ein Roman in drei Bänden von Quintin Poynet, herausgegeben 1822.

> Mutter Wolfe persönlich war groß und aufrecht, mit langen Armen, verwahrlost schmutzig, hager, knochig und unerbittlich; die Züge ihres Gesichtes, dessen Haut von Runzeln durchfurcht und dicht mit Sommersprossen und Pusteln bedeckt war, waren höchst abstoßend und unschön; ihre nußbraunen Augen schielten mit einem Ausdruck von Verschmitztheit, die schrecklich und bösartig war, unter einer sie überschattenden und überhängenden niederen Stirn und einem Paar riesiger, grauer Augenbrauen hervor. Mehrere Schlangenlocken gleicher Farbe und Beschaffenheit hingen an jeder Seite des Kopfes und Gesichtes herab, ihr Ähnlichkeit mit der sagenhaften Gorgonengestalt der Antike verleihend; ihre mißgestalte Nase war unverhältnismäßig groß, ein fürchterlicher Rüssel, der über einem Mund allergrößten Ausmaßes hing, einem Mund, der tatsächlich so groß war, daß, wenn er bis zum äußersten geöffnet war, der obere Teil des Kopfes die Verbindung mit dem unteren auf immer zu verlieren und einzubüßen schien; diese monströse Öffnung war nichts weniger als regelmäßig mit Zähnen ausgestattet, an manchen Stellen war selbst das Zahnfleisch geschwunden, so daß die inneren Vorgänge des Rachens den Blicken des Beobachters ausgesetzt waren; ihr Kinn war lang und spitz und ermangelte unglücklicherweise der Anwendung eines Enthaarungsmittels für die Entfernung der zahllosen Haare, borstig und gewunden zugleich, die auf ihm verstreut waren. Diese persönlichen Defekte sowie die Schroffheit ihres Auftretens wurden, wenn dies überhaupt möglich war, von der Unflätigkeit und Uneleganz ihrer Kluft noch übertroffen; ihr Kopf wurde von einer Haube gekrönt, die der Kopfbedeckung ähnelte, die man der berühmten Mutter Shipton zuschrieb, und das übrige Gerippe war eng in eine Art Kleid mit Pelzbesatz oder eine Tracht aus gröbstem Serge oder ein Kleid aus gelblichem Rotbraun gehüllt, jedenfalls von Schmutz und Rauch verdunkelt und von einem Band oder Gürtel aus starker, hanfener Kordel eng um die Taille geschlossen.

Gibt es in dieser Beschreibung ein Klischee, das fehlt? Natürlich befriedigt die Betonung der Häßlichkeit die Erwartung des 18. Jahrhunderts, in diesem Gegenstand manches Groteske zu finden. Die unpassende, aber bezeichnende Erwähnung der „Uneleganz" ihres Aufzugs ist übrigens ein sicheres Zeichen, daß der Verfasser ein bürgerlicher Autor der Mittelschicht war, gewohnt, mit anständig, sogar elegant gekleideten Frauen umzugehen und „Uneleganz" als unerfreuliches Merkmal der unteren Schichten zu betrachten. Doch die vollendete Übertreibung zeigt, daß wir es hier mit wenig mehr als einem Kunstbild zu tun haben, einem Kinderschreck, einer Maske in der Tradition der griechischen Komödie. So ist es wohl kein Zufall, daß dieses Hexenbild als Karikatur in Kindergeschichten weiterlebte.

Bei der Beschreibung der Handlungen, die man einer Hexe nachsagte, fallen Literatur und Wirklichkeit weit enger zusammen. Nehmen Sie den Schadenzauber, der einer Hexe im Roman *Sidonia die Hexe* von Wilhelm Meinhold, veröffentlicht 1847/48, zugeschrieben wird.

> Als nun das Gerücht, es handele sich um Hexerei, sich im Dorfe ausbreitete, strömte alles von überall her vor Trinas Haus zusammen. Und ein bleicher junger Mann drängte sich durch die Menge, um einen Blick auf die angebliche Hexe zu werfen. Als er vor ihr stand, schlug das Mädchen düster die Augen nieder, und er rief aus: „Sie ist es! Das ist die verwünschte Hexe, die mich durch ihre Hexenkünste meiner Kräfte beraubt hat und mit knapper Not den Reisigbündeln entgangen ist. Ergreift sie! Das ist Anna Wolde. Nun weiß ich, was die Holunderzweige zu bedeuten hatten, die ich heute morgen als Galgen aufgestellt vor meiner Tür gefunden habe. Die Hexe wollte mir meine Männlichkeit schon wieder stehlen – verbrennt sie! verbrennt sie! Kommt und seht die Holunderzweige, wenn ihr mir nicht glaubt!"
> So lief das ganze Dorf zu seinem Hof, auf den er gerade eine Witwe geführt hatte, die er heiraten wollte, und da steckten die Holunderzweige tatsächlich in der Form eines Galgens gerade vor seiner Tür, woraufhin der Sheriff befahl, das Mädchen mit gebundenen Händen vor ihn zu bringen.

Gegenstände, die Schadenzauber bewirken oder abwehren sollten, wurden im 19. und 20. Jahrhundert noch gefunden. Hexenflaschen, mit Dornen, Nadeln oder Nägeln gefüllt (und oftmals mit Urin aufgefüllt), wurden beispielsweise 1858 in einem Versteck auf einem Bauernhof in

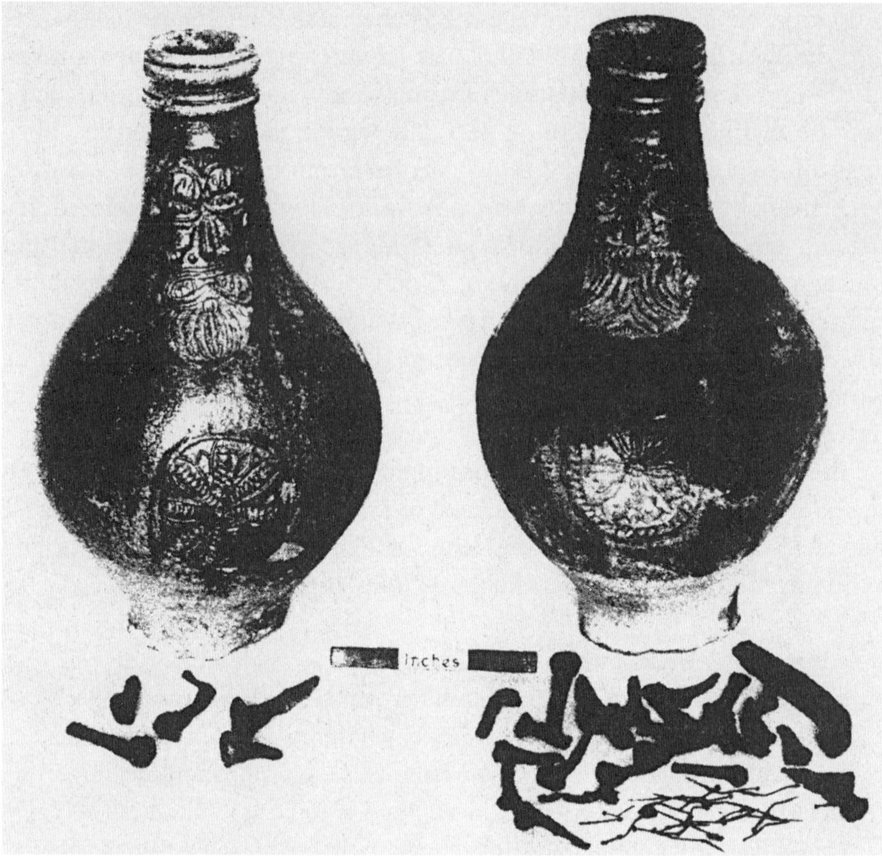

5.5 Hexenflaschen, 1650–1700

Somerset entdeckt. Vier Jahre davor hatte ein Arbeiter, der einen Teich in Yeovil reinigte, eine Flasche heraufgebaggert, die drei Figürchen in menschlicher Gestalt enthielt, die von Nadeln durchstochen waren und das Zeichen des Planeten Saturn auf der Brust befestigt hatten. Schriftzeichen auf der Rückseite jeder Puppe zeigten, daß es sich um Verwünschungspuppen handelte, ganz nach Art der gräko-romanischen *defixiones.* Es fand sich sogar ein Bleistück mit eingegrabenen magischen Zeichen, um die Analogie zu vervollständigen. Ein um einiges unerfreulicheres Werkzeug, um Schadenzauber zu bewirken, kam 1921 in Neapel ans Tageslicht, als Zollbeamte das Paket einer alten Frau beschlagnahmten und darin einen Lammkopf fanden, in den 43 Nägel getrieben waren, eine Entdeckung, die unverzüglich dazu führte, daß die Frau als Hexe erkannt und von einer wütenden Menge angegriffen wurde. Und

5.6 Eine Fluchhexe, wahrscheinlich frühes 19. Jahrhundert

1976 (nicht daß jemand denkt, ähnliche Dinge spielten sich nicht überall ab) kam in Salisbury ein Fall vor das Grafschaftsgericht, in dem ein Nachbar des versuchten Schadenzaubers bezichtigt wurde, weil er einem anderen ein Hühnerherz, gespickt mit Nadeln, per Post zugeschickt hatte.

Wir können überzeugt sein, daß der Glaube an die Wirksamkeit von Magie und Hexerei während des 18. und 19. Jahrhunderts nicht ausstarb, trotz der Behauptungen mancher Wohlmeinenden, die sich für Meinungsbildner hielten (und halten). Deshalb ist es nicht überraschend, daß sich in ihre Erklärungen bisweilen ein Hauch von Zweifel stiehlt.

> So schwach ist heute der Glaube an die Hexerei, daß er sich vielleicht nur bei halbverrückten Individuen findet, die solchen zufälligen Geschehnissen eine Art von Bedeutung beimessen, die, würden sie der Gemeinschaft zustoßen, geeignet erscheinen, wie bei früheren Gelegenheiten das Leben derer zu kosten, die sich ihrer rühmen. Dem Autor ist zumindest ein Hypochondriekranker bekannt, der glaubt, das Opfer der Nachstellungen einer Hexenschar zu sein und seine Erkrankung ihren Zaubersprüchen zuschreibt, so daß er nichts sehnlicher wünscht als einen willfährigen Richter, der die alten Vorstellungen von der Hexerei wieder zum Leben erweckt.
>
> Sir Walter Scott: *Letter on Demonology and Witchcraft*, 1830

Die Hoffnung, daß der Hexenglaube sich auf die Geisteskranken beschränke, war ein Pfeifen im Walde für ein Jahrhundert, das den Spiritualismus und die Theosophie aufkommen sah und die Gründung einer Art Zauberhochschule in England (Der Hermetische Orden der Goldenen Dämmerung), das Wachsen des Spiritismus, einer Bewegung, die den Glauben an das Übernatürliche mit den neuesten wissenschaftlichen Erkenntnissen zu versöhnen suchte, in Frankreich erlebte und in Deutschland den aufknospenden Zauber der Poltergeister. Gerissenes Volk, Astrologen, Schicksalsdeuter, Hexen – das alles blühte und gedieh auch weiterhin, denn es fehlte weder an Kundschaft, noch beschränkte sich diese auf das, was man im 19. Jahrhundert „die niedere Ordnung" zu nennen pflegte. Die Gesellschaft in ihrer Gesamtheit fuhr auf mehreren Ebenen gleichzeitig fort zu tun, was sie immer getan hatte. Die gebildeten Stände beanspruchten die Konventionen für jedermann vorzugeben (mit „Konventionen" meine ich hier die Art und Weise, wie die

Leute die Beziehung zwischen sich und dem Rest des Universums zu betrachten und zu deuten hatten); weil die Gebildeten die meisten Träger der Wissens- und Informationsverbreitung beherrschten, wurde die Bevölkerung früher oder später gewahr, was diese Konventionen voraussetzten. Im Mittelalter wurde die vorherrschende Lehrmeinung vom katholischen Glauben bestimmt und hauptsächlich durch Predigten, Wandmalereien, Buntglas und volkstümliche Lieder und Geschichten weitergegeben, die zu gegebener Zeit gedruckt wurden. Dem entsprach die Lage in der frühen Neuzeit im wesentlichen. Mit dem 19. Jahrhundert war die Naturwissenschaft jedoch der neue rechte Glauben geworden, und eine Flut von preiswerten Büchern, Druckschriften, Zeitungen sowie Vorträge vor der arbeitenden Bevölkerung waren die Hauptträger seiner Verbreitung geworden.

Doch trotz dieser Änderung der Konvention benahmen sich die Menschen zumeist so, als habe es diesen Paradigmenwechsel gar nicht gegeben, und die Gesetze des magischen Universums hatten nach wie vor Bestand. Ihr Problem war, wenn es überhaupt ein Problem war, daß der magische Standpunkt sich in früheren Zeiten, oftmals nahtlos, mit dem christlichen Standpunkt verwoben hatte, aber die neuen Wissenschaften eine solche Verquickung nicht gestatteten. So seufzte die Gesellschaft nach all den sozialen Umwälzungen, die sie bereits erduldet hatte, unter einer weiteren Verrenkung. In früheren Zeiten mochten die Gebildeten einzelne Punkte der volkstümlichen Glaubenspraxis bekrittelt haben, aber im wesentlichen nahmen sie genug von der vorherrschenden reinen Lehre hin, um mit der übrigen Bevölkerung eine gemeinsame Weltsicht aufrechtzuerhalten. Es gab Gott, es gab Satan, es gab Engel und böse Geister, und gegenseitige Einwirkungen zwischen diesen übernatürlichen Wesenheiten und den Menschenkindern waren nicht nur möglich, sondern fanden sogar statt. Im 18. und 19. Jahrhundert war der christliche Glaube in zahlreichen intellektuellen Kreisen jedoch im Schwinden begriffen, und so, wie der Glaube an die Wissenschaft den Glauben an Gott ablöste, so begann die Gemeinsamkeit ihrer Weltsicht und der der breiten Öffentlichkeit sich aufzulösen. Die Magie, die auf der Anerkenntnis einer im Universum wirkenden göttlichen Macht beruhte, wurde daher von den selbsternannten Meinungsmachern in einer Weise isoliert, wie sie das noch nicht erlebt hatte. Doch weil die Meinungsmacher ihre Hand auf die Verbreitung des Wissens gelegt hatten, zollte alle Welt ihrer Konvention Beifall oder zumindest Lippenbekenntnisse.

Kardinal Newman erkannte die Gefahr, die der Religion drohte und, wie wir hinzufügen sollten, ebenso der Magie und Hexerei.

> Ich stehe nicht an, meiner festen Überzeugung Ausdruck zu geben, daß es ein Gewinn für das Land sein würde, wenn es weitaus abergläubischer, frömmlerischer, düsterer, grimmiger in seiner Religion wäre, als es sich gegenwärtig darstellt ... Rationalismus ist das große Übel der Zeit.
>
> *Apologia Pro Vita Sua*,1864

6

Die moderne Hexe

Vorstellungen von den Hexen sind nicht verschwunden. Sie leben auch nach der Zeit ihrer größten Wirksamkeit weiter fort, und das Bild der schönen, jungen Hexe ist trotz der Klischeevorstellung vom bösartigen, häßlichen alten Weib nie in Vergessenheit geraten. So entschloß sich beispielsweise ein Kupferstecher des 19. Jahrhunderts, als er beauftragt wurde, Burns' Gedicht *Tam O'Shanter* zu illustrieren, dem Leser eine einfache junge Frau darzubieten, in ein kurzes Hemd gekleidet, dessen Ausschnitt so tief sitzt, daß er beide Brüste enthüllt [Abb. 6.1]; und Otto Greiner (1869–1916) gönnt uns einen ganzen Saal voller nackter und halbbekleideter junger Hexen – mehr eine Studie der weiblichen Bewegung als ein Bild bösartiger Veitstänze: die Szene könnte ebensogut in einem Bordell der Jahrhundertwende stattfinden, wenn man vom gehörnten Schädel absieht, der über den Fenstersturz genagelt ist.

Einen bemerkenswerten Unterschied, was Stil und Absicht betrifft, kann man jedoch an zwei Bildern aus dem 20. Jahrhundert ausmachen. Das erste ist ein Gemälde, das im Museum der Hexerei in Bayonne ausgestellt war. Es zeigt eine nackte junge Frau, die sich vor dem Flug zum Sabbat mit einer Salbe einreibt. Sie ist von Gegenständen umgeben, die an das Mittelalter gemahnen sollen, und eine schwarze Katze reibt sich hingebungsvoll an ihrem Fußknöchel. Die Wirkung des Ganzen ist nicht im geringsten bedrohlich, sondern gemütlich, wenn nicht gar putzig. Es wird nicht der Eindruck vermittelt, daß Satan im Hintergrund lauern könnte. Diese Hexe sollte trotz der Tatsache, daß sie sich offenkundig auf ein teuflisches Stelldichein vorbereitete, bei dem sie der gebräuchlichen Hexenlehre zufolge meldete, was sie Böses getan hatte, und sodann versprach, in Zukunft sogar noch Böseres zu tun, bevor sie am dämonischen Bankett mit anschließender Orgie teilnahm, sichtlich zu der sogenannten „weißen" Variante gehören und ihre Jugend und zierliche Pose Garanten ihrer im wesentlichen zuträglichen Natur sein. Das zweite, eine Zeichnung des österreichischen Künstlers Alfred Kubin (1877–1959) aus dem Jahre 1920, ist jedoch ganz anders. Unter der Vorgabe, eine junge Hexe im Prozeß des magischen Gestaltwechsels zu zeigen, wird eine verdrehte Frauenfigur abgebildet; die schreckerfüllten Augen

6.1 Tam O'Shanter wird von einer Hexe verfolgt

starren seitwärts in ein aufgeschlagenes Buch, das die Formel enthält, mit der die Umwandlung bewerkstelligt wird, der Mund ist offen, entweder, weil sie die Formel aufsagt oder aus Schmerz, weil die Verwandlung zu wirken beginnt. Die Vulva klafft weit und deutlich sichtbar, während eine Schlange darauf zugleitet. Die brutale Sexualität greift den Betrachter an.

Eine Kombination aus Schlüpfrigkeit und dem jungen, vorzugsweise nackten Frauenkörper als Erbe der klassischen Überlieferung ist ohne weiteres in der Lage, neben dem Klischee der Hexentante zu bestehen. Aber die christliche Überlieferung der Hexe als ein Menschenwesen voll Haß und Neid gegen ihre (gewöhnlich ihre) Mitgeschöpfe, irgendwie durch einen Eid an den Teufel gebunden, lebt auch in der Moderne fort. Ein Gemisch aus beidem gibt die Erfahrung von Carole Compton wieder, einer zwanzigjährigen Schottin aus Ayr, die als Kindermädchen auf der Insel Elba arbeitete und dort am 2. August 1982 unter der Anklage der Brandstiftung und des Mordversuchs festgenommen wurde. Caroles Fall kam am 15. Dezember 1983 zur Verhandlung. Sie wurde der Brandstiftung für schuldig befunden, von der Anklage des Mordversuchs aber wegen Mangels an Beweisen freigesprochen. Was die Anklageerhebung und den Prozeß aus dem normalen Rahmen hob, war, daß Carole in Wirklichkeit wegen Hexerei angeklagt wurde. Es wurde nämlich behauptet, die Feuer seien ausgebrochen, weil Carole den bösen Blick gegen den Haushalt im allgemeinen und das Baby in ihrer Obhut im besonderen eingesetzt habe.

Caraole hatte sich in einen Italiener verliebt, den sie in Ayr getroffen hatte, und war ihm, als er wieder nach Hause ging, im Mai 1982 nach Italien gefolgt. Sie hatte eine Stelle als Kindermädchen angetreten, bevor sie, wie sie hoffte, heirateten und sich niederließen. Kurz danach begannen sich merkwürdige Vorfälle zu ereignen. Im Juni fiel ein kleines Bild mit religiösem Inhalt auf den Boden, als sie vorbeiging, und wurde schlimm beschädigt. Im Juli brannte das zweite Stockwerk des Hauses, in dem sie mit der Familie ihres Arbeitgebers lebte, vollständig aus, so daß alle gezwungen waren, in eine andere Wohnung überzusiedeln. Innerhalb einer Woche stand eines der Zimmer dort ebenfalls in Flammen. Höflich aber bestimmt lehnte die Familie es nun ab, weiter mit Carole zusammenzuwohnen, und während sie sich nach Rom verfügte, fand Carole eine Stelle als Kindermädchen auf Elba, wohin sie Ende Juli übersiedelte.

Hier wohnte sie in einem Haus, das den Großeltern der drei kleinen Kinder, eines davon ein Baby, gehörte. Die Kinder vertrauten ihr an, daß die Großmutter Carole nicht möge. Innerhalb von zwei Tagen wurde im Schlafzimmer der Großeltern ein Feuer entdeckt, und obwohl bei dieser Gelegenheit kein großer Schaden entstand, fiel später im Wohnzimmer aus unerklärlichen Gründen eine kleine Statue auf den Fußboden, als Carole anwesend war. Am nächsten Tag fielen andere Gegenstände ebenso – eine Kuchenplatte sowie eine blaue Glasvase, die zerbrach. Nun gebrauchte die Großmutter zum ersten Mal das Wort *strega*, „Hexe“, und sagte, daß Carole den Teufel im Rücken habe. Nicht lange danach, am gleichen Tag, brach im Schlafzimmer der Kinder ein Feuer aus, und die Großmutter kreischte, daß Carole die Feuer verursacht habe, daß sie böse sei und eine Hexe. Das Ergebnis war, daß Carole festgenommen wurde und die Zeitungen ihren bei derlei Gelegenheiten üblichen Großkampftag hatten. Eine britische Zeitung veröffentlichte ihr Bild mit der Überschrift „Das Mädchen, das sie Hexe nennen“, und ein italienisches Magazin setzte ihr Foto auf die Titelseite und druckte „Strega“ darüber. Als Caroles Fall im Dezember des darauffolgenden Jahres endlich zur Verhandlung kam, versuchte eine alte Frau sie zu exorzieren, indem sie sie und ihre Mutter mit Weihwasser bespritzte.

Es sind die Einzelheiten, die diesem Fall sein besonderes Interesse verleihen. Carole war jung und hübsch und damit nicht das Stereotyp einer Hexe der italienischen wie auch der britischen Tradition. Tatsächlich verblaßte dieses Stereotyp nach der Zeit des 19. und frühen 20. Jahrhunderts mehr und mehr und beschränkt sich seitdem auf Karikaturen, einige Filme und Zeitungen und Weihnachtsmärchen. Abgesehen von diesem beschränkten Bereich, wo dieses Stereotyp aufrechterhalten werden soll, scheint das 20. Jahrhundert das jugendliche Bild zu bevorzugen, wofür zwei amerikanische Fernsehserien, *Behext* und *Sabrina, die jugendliche Hexe,* Zeugnis ablegen.

Die Schauplätze von Caroles angeblicher Hexerei waren hauptsächlich Schlafzimmer, und das ist wichtig. Denn das Schlafzimmer ist der wohl intimste Familienraum des ganzen Hauses, mehr als alle anderen Zimmer gegen das Eindringen Fremder abgeschirmt. Owen Davies (1999) hat gezeigt, daß auch im 20. Jahrhundert einfache Besuche selbst durch einen Nachbarn übelgenommen und bei häufiger Wiederholung trotz Abschreckung als versuchte Hexerei betrachtet werden können. Wenn das Betreten des Wohnzimmers, der Küche solche Reaktionen hervorrufen kann, wieviel empfindlicher muß dann im Falle des Schlafzimmers reagiert werden, wo der Mensch am verletzlichsten und dem eindringenden Schaden am hilflosesten ausgesetzt ist. Nicht umsonst ist der Schlafraum der Ort, der von Hexen, wie man zahlreichen Anklageschriften entnehmen kann, körperlich aufgesucht oder spirituell beeinträchtigt wird, indem sie in Wachträumen erscheinen, entweder in ihrer richtigen oder als Licht- oder Tiergestalt. Es ist deshalb nicht überraschend, wenn Caroles Schadenzauber als besonders aufdringlich und gefährlich betrachtet wurde, besonders für die Kinder.

Caroles Ankläger waren der Ansicht, daß ihre magischen Effekte durch den bösen Blick hervorgerufen worden waren. Hier stehen wir vor einem vielschichtigen Phänomen, das für jene, die mit ihm leben oder Gelegenheit hatten, unter ihm zu leiden, verschiedene Erklärungen bietet. Einige von ihnen treffen auf Caroles Lage zu. So mag der böse Blick inmitten angespannter gesellschaftlicher Verhältnisse auftreten, wenn zumindest eine der in Mitleidenschaft gezogenen Parteien befürchtet, daß ein bestimmtes kulturelles System oder eine bestimmte gesellschaftliche Grenze bedroht ist. Zu Anfang hatte sich die Großmutter über Carole geärgert und sich gefragt, warum eine Ausländerin gedungen worden sei, ihre Enkel zu beaufsichtigen. Dann mag der böse Blick eine Erklärung für von der Norm abweichende Vorkommnisse sein, in Caroles Fall ein Bild, eine Statue und eine Vase, die aus unersichtlichen Gründen auf den Boden fielen. Carole stand bei einem oder zweien dieser Ereignisse selbst vor einem Rätsel und war nicht in der Lage, sie zu erklären. Jemand anders konnte es auch nicht, auch wenn versucht wurde, sowohl die fallenden Gegenstände als auch den Ausbruch der Feuer mit einer spontan wiederkehrenden Gruppenpsychokinese zu erklären, ein Lösungsvorschlag, der niemanden wirklich zufriedenstellte. Diese Unwissenheit auf Caroles Seite ist jedoch insofern interessant, als der böse Blick als „eine Form der Hexerei, bei der die behexende Person sich der ihr innewohnenden Kraft nicht gewärtig ist und keine böse Absicht haben muß" beschrieben wurde[1]. In diesem Zusammenhang wäre es ebenfalls lehrreich zu wissen, welche Färbung Caroles Augen aufwiesen oder ob sie während der fraglichen Tage, an denen ihre angebliche Hexerei am offensichtlichsten war, vielleicht menstruierte, denn dies könnten Faktoren gewesen sein, die die feindselige Reaktion, die sie von der Familie empfing, beeinflußten, Faktoren, deren Bedeutung sie nicht richtig eingeschätzt oder an die sie sogar überhaupt nicht gedacht haben mochte.

Zum Schluß mag festgehalten werden, daß die Regenbogenpresse glücklich war, ihre Geschichte zu drucken und zu „untersuchen". Sie verfolgte die erwartete Linie, daß die Behauptung, es läge Hexerei vor, Unsinn und zu einem Gutteil auf bäuerlichen Aberglauben zurückzuführen sei – entweder wußte oder beachtete man nicht, daß eine der Hauptpersonen eine junge Geschäftsfrau war, die in der Stadt wohnte –, setzte aber zuversichtlich genug darauf, daß die bloße Erwähnung der Hexerei genüge, ihre Leser neugierig zu machen und deren Aufmerksamkeit zu fesseln. Die Hexerei hat, so scheint es, immer noch die Macht, ein Publikum anzuziehen. Das mag zum Teil deshalb so sein, weil das Thema im Westen mittlerweile das Stadium des Exotischen erreicht hat, eine Offenbarung farbiger Fremdartigkeit in einer großenteils weltlich gesonnenen, materialistischen Gesellschaft. Aber der Begriff „Hexe" hat auch einen Bedeutungswandel durchgemacht, und besonders seit der Geburt und dem Wachstum der modernen heidnischen Hexerei, besser bekannt als „Wicca", kann man nicht sicher sein, was der Begriff dem mitteilen will, der ihn hört oder liest.

Wicca geht auf ein Flüßchen zurück, das von einer Anzahl verschiedener Bäche des 18. und 19. Jahrhunderts gespeist wurde, die im Detail von Ronald Hutton beschrieben wurden (1999): (i) antikes Heidentum, das als dunkle, gewalttätige Macht angesehen wurde, unter deren Zwang Götzendiener grausamen Gottheiten Blutopfer gebracht hatten; (ii) ein würdiges gräko-romanisches Erbe, das, wie man hoffte, die Gegenwart in die Lage versetzen würde, die störenden Erscheinungen von sich fernzuhalten und den andauernden Fortschritt der modernen Gesellschaft vorwärts und aufwärts zu unterstützen; (iii) die von Madame Blavatsky bewirkte Verschmelzung moderner Wissenschaft und östlicher Mystik, um ein neues System philosophischer und spiritueller Bestrebungen, die Theosophie, zu bilden; und (iv) Neuheidentum, das aus der deutschen Spätromantik stammte und großen Nachdruck auf eine freudvolle, befreiende, nichtchristliche Kraft legte, die es „Natur" nannte. Zusammen wollten sie auf einen neuen Zugang zu einer Religion hinaus, die das traditionelle Christentum ablehnte, die Natur vergötterte oder zumindest verherrlichte und behauptete, daß jedem menschlichen Wesen ein Funke Göttlichkeit innewohne.

Aber Wicca bedurfte eines Erfinders oder Entdeckers, und diese Rolle sollte von Gerald Gardner (1884–1964) ausgefüllt werden. Gardner war über andere okkultistische Neigungen zur Hexerei gestoßen; u.a. war er Mitglied einer Gruppe gewesen, die Quasifreimaurer- und pythagoreische Rituale abhielt und, allerdings nur für ein Jahr, ein Theater eröffnet hatte, das mit den Mitteln des Dramas das Durchschnittspublikum mit dem Mystizismus vertraut machen wollte. Gardner gehörte auch dem *Ordo Templi Orientis* (Orden des Östlichen Tempels) an, der seinen Adepten eine Mixtur aus mystischer Freimaurerei, der Magie des 19. Jahrhunderts und indischem Tantra und Yoga feilbot, alles im Rahmen eines Mythos, der sich auf die Tempelritter bezog, in denen man die Bewahrer einer besonderen Lehre obskurer Kenntnisse vermutete. Dann wurde er im September 1939 seiner Version der Abläufe zufolge von einer Frau namens Dorothy Clutterbuck in die Hexenkunst eingeführt, der Hohepriesterin einer nichtchristlichen Religion, die es von der Antike in die Moderne geschafft hatte. Diese Dorothy war jedoch ganz anders, als Gardner sie beschrieben hatte, wahrscheinlich eine respektable Hauslehrerin für Musik und Sprecherziehung, die treibende Kraft hinter dem Rosenkreuzertheater, in dem Gardner, wie ich erwähnte, Mitglied war, und seine Partnerin in einer Unternehmung, die ein Hexenhaus aus dem 16. Jahrhundert „rekonstruierte", das zum Clutterbuck'schen Wohnsitz werden sollte. Nicht daß Gardners Version völlig frei erfunden war. Dieses bühnenreife Haus bot von der Atmosphäre her die passende Kulisse für einen modernen Hexenzirkel, der in den frühen 50er Jahren richtig von Dorothy (oder „Dafo", wie Gardner sie zu nennen beliebte) und diesem selbst geführt wurde.

Die Frage an diesem Punkt ist jedoch, was verstanden Gardner und seine Zeitgenossen unter „Hexen“ und „Hexerei“? Um diese Frage zu beantworten, müssen wir einige Jahrzehnte zurückgehen. Charles Leland (1824–1903), ein amerikanischer Volkskundler, behauptete, er habe bei einem seiner Besuche in Italien eine Erbhexe getroffen und mit ihr Freundschaft geschlossen. „Maddalena“ führte ihn bei anderen Hexen ein, die ihm zahlreiche Geheimnisse ihrer Kunst und Religion anvertrauten. Was er dort erfuhr, wurde Gegenstand einiger Bücher, von denen *Aradia oder Das Evangelium der Hexen*, herausgegeben 1889, das bekannteste ist. *Aradia* gibt vor, die Abschrift einer überlieferten Hexenlegende zu sein, war aber wohl eine Erfindung Lelands, obwohl die Meinungen an diesem Punkt auseinandergehen. Es enthält eine Behauptung, die spätere Untersuchungen der Hexerei stark beeinflussen sollte. Die Opfer der frühmodernen Hexenverfolgung, so wird gesagt, waren in Wirklichkeit edelgesinnte Rebellen gegen den Feudalismus. Diese romantische Vorstellung wurde aufgenommen und von nachfolgenden Schriftstellern, in der Hauptsache Engländern, eifrig betrieben, bis eine Ägyptologin, Margaret Murray (1862–1963), den englischen Lesern 1921 mit dem ersten von zwei Büchern eine neuartige Theorie zur Hexerei bot.

Der Hexenkult in Westeuropa brachte vor, daß bis zum 17. Jahrhundert ein Fruchtbarkeitskult in ununterbrochener Folge existiert habe, in dem in Gemeinschaften, die aus 13 Personen bestanden und die mit anderen Zusammenschlüssen ein weitgespanntes Netz bildeten, ein gehörnter Gott angebetet wurde. Diese Hexenzirkel trafen sich viermal im Jahr. In diesen Zusammenkünften, die Frau Murray „Esbats“ nannte, wurden Feste gefeiert, Tänze, magische Zeremonien sowie Tier- und Kinderopfer abgehalten und ritueller Geschlechtsverkehr durchgeführt. Die Angehörigen dieser Zirkel waren natürlich Hexen. Ihre Verfolgung in der frühen Neuzeit war ein Versuch der rechtmäßigen kirchlichen Amtswalter, diese letzten Reste der „alten Religion“ zu vertilgen. Dieser Darstellung folgte 1933 die Darstellung *Der Gott der Hexen,* die beanspruchte, den Ursprung und den Fortbestand des gehörnten Gottes in der europäischen Geschichte und Folklore ausfindig gemacht zu haben. Inzwischen hatte sich aber trotz der Bemühungen einiger Personen, zu zeigen, daß Frau Murray wisse, wovon sie redete, herausgestellt, daß ihre Theorie kompletter Unsinn ist, der sich aus dürftigen wissenschaftlichen Kenntnissen, Wunschdenken und dem geflissentlichen Weglassen störender Beweise, die ihre Theorie nicht stützten, zusammensetzte. Die

Gegenbeweise, die unwiderlegbar sind, haben dem Erfolg ihrer Bücher aber keinen Abbruch getan. Besonders in den vierziger Jahren schossen deren Verkaufszahlen plötzlich in die Höhe, und der Mythos, daß weibliche Hexen – die männliche Variante wird in dieser Darstellung der Geschichte fast vollständig vernachlässigt – in hellen Scharen hingemetzelt wurden, nicht zuletzt, weil sie eine nichtpatriarchalische Religion überleben ließen und zu bewahren suchten, hat sich als populär und sehr einflußreich erwiesen. Selbst die haltlose Erfindung eines aus 13 Personen bestehenden Hexenzirkels ist als Tatsache ins öffentliche Bewußtsein getreten.

Nun kannte und billigte Gardner Frau Murrays Bücher, denn er hatte eine Reihe ihrer Vorstellungen in seinem Roman *High Magic's Aid* (1949) sowie in seinem ersten nichtfiktiven Buch zu diesem Gegenstand, *Witchcraft Today* aus dem Jahre 1954, verarbeitet. Zu irgendeinem Zeitpunkt zwischen dem Erscheinen dieser Bücher hatte er in Hertfordshire einen Hexenzirkel gegründet, der jahreszeitlich bedingte Fruchtbarkeitsrituale abhielt, Nackttänze aufführte – Gardner war ein großer Anhänger der Freikörperkultur – und zu wohltätigen Zauberzwecken Geister anrief, alles Grundmerkmale der modernen heidnischen Hexerei. Die eingesetzten Rituale stammten zum großen Teil aus dem *Buch der Schatten,* einer Sammlung von Glaubensvorstellungen, Ritualen, Beschwörungen, magischen Unterweisungen und anderen Erscheinungen der Hexenkunst, die zur Führung und Anleitung einer einzelnen Hexe oder eines Hexenzirkels notwendig und nützlich war. Eigentlich gibt es von diesem Buch keine maßgebliche Ausgabe, denn die moderne Hexerei ist überaus individualistisch, und sein Umfang änderte sich bereits zu Gardners Lebzeiten, weil die berühmteste seiner Eingeweihten, Doreen Valiente, mit seiner Billigung änderte, entfernte und hinzufügte.

Die Wicca, die Gardner schuf (vielleicht sollte man besser sagen: in Bewegung setzte), war somit eine Art neuheidnische Religion mit ihrer eigenen ausgeprägten Glaubensüberzeugung und Philosophie, die ihren Urheber mittlerweile überlebt hat und ihm entwachsen ist. Wiccaner, eine Bezeichnung, die viele Hexen nicht ohne weiteres übernehmen würden, neigen dazu, Pantheisten und Polytheisten zu sein, weil sie bei ihren Ritualen eine männliche (den Gehörnten Gott) und weibliche Gottheit (die Göttin) erwähnen. Die letztere wird gewöhnlich als über dem ersteren stehend betrachtet. Die Natur wird verehrt, die Lehre, daß kein lebendes Wesen verletzt werden soll, ist ein Grundprinzip, der Gottesdienst wird häufig unbekleidet abgehalten und die Magie auf verschiedene Weise betrieben, immer mit der Absicht, das Wohlergehen von Einzelpersonen, Gruppen oder der Erde selbst zu fördern. Gardners Interesse an den sexuellen Aspekten der tantrischen Magie, auf die er während seiner Mitgliedschaft im *Ordo Templis Orientis* gestoßen sein muß, bewog ihn, den Beischlaf als Teil der Überlieferung in die magischen Operationen einzubeziehen, wobei der Akt ebenso symbolisch wie tatsächlich vollzogen worden sein mag. Zu rituellen Geißelungen wurde als Möglichkeit, sich durch Leiden zu reinigen, ebenfalls ermuntert, und die Hauptzeremonien wurden vermutlich an den Festtagen abgehalten, die Margaret Murray bezeichnet hatte.

Wicca ist jedoch ein System im Fluß. Die Form, die Gardner ihm gegeben hatte, hat sich nicht nur verändert, sondern auch schnell weitere Entwicklungen verursacht. Seit tatsächlich jeder Zirkel als autonome Einheit gedacht ist, kann es keine zentrale Autorität mehr geben, die eine einzige Theologie einsetzt oder Rituale für jedermann vorschreibt, der Hexerei betreibt; deshalb ist der Wandel ein wesentlicher Bestandteil der gesamten Religion. So wurde die Gardner'sche Tradition in den sechziger Jahren von Alexander und Maxine Sanders in Frage gestellt. Alexander (1926–1988) behauptete, er sei von seiner Großmutter in Wicca eingeführt worden, wonach er verschiedene Formen der Magie gelernt und praktiziert habe. Bis 1966 waren er und seine Frau die bekanntesten Hexen Britanniens geworden, hauptsächlich, weil sie tatkräftig die Öffentlichkeit suchten und diese auch bereitwillig gewährten. Es war natürlich eine Zeit, da die Hippies und ein kunterbuntes Allerlei an New-Age-Glauben und -Philosopie um die Aufmerksamkeit des Publikums buhlten und sich bis zu einem gewissen Grade eine allem Exotischen und Extravaganten günstige Stimmung ausbreitete. Obwohl sie ihre Hexerei auf Gardners *Buch der Schatten* gründeten, wichen die Sanders‘ nichtsdestoweniger in einer Reihe wichtiger Punkte von ihm ab. Alexanders besonderem Interesse folgend, gebrauchten sie eine Ritualmagie, die über einen Okkultisten aus dem 19. Jahrhundert, Eliphas Levi, von der Hermetischen Magie der Renaissance herleitete. Ebenfalls betonten sie nachdrücklich die Bedeutung der astralen Projektion, des Hellsehens und des Gebrauchs von Talismanen und Amuletten. Alexander war, zumindest behauptete er das, den orthodoxen Christen besonders zugetan, obwohl nicht geklärt ist, wie orthodoxe Christen auch nur einer seiner Tätigkeiten hätten zustimmen sollen. Bei einer Gelegenheit soll er sogar glaubhaft versichert haben, daß eine gute Hexe zu sein dabei helfen könne, ein besserer Christ zu sein. Doch sein einzig wirklicher (und reichlich vager) Berührungspunkt mit dem Christentum war seine Sicht der Welt in manichäischer Manier als geheimnisvolles Schlachtfeld zwischen Gut und Böse.

Die Gardner'schen und Alexander'schen Wicca-Traditionen mögen die bekanntesten sein, aber die hochindividualistische Natur der modernen Hexerei bedeutet, daß sie letzten Endes nicht mehr als zwei Traditionen unter vielen sind. „Dianische" Hexen zum Beispiel sind strenge Feministinnen und verehren mehr oder weniger ausschließlich jene Göttin. Frauenpower ist die einzige Macht, auf der ihre Tradition beruht, und ihre Mitgliederinnen betätigen sich ebenso gerne politisch wie magisch. „Erb-" und „Traditionelle" Zirkel legen Wert darauf, aus der Zeit vor Gardner zu stammen und können ebensogut von einem Priester wie von einer Priesterin geführt werden. Sie wirken bekleidet und sind sorgsam darauf bedacht, sich in den Einzelheiten ihrer Ritualpraktiken von dem, was allgemein als „Wicca" bekannt ist, zu unterscheiden. Andere modernere Richtungen umfassen „Feen", „Kelten", „Sachsen" sowie „Hexerei als Wissenschaft"; jede verteilt ihr Gewicht in Übereinstimmung mit dem, was der Titel nahelegen mag. Ebenfalls zahlreich sind einzelne Hexen, die keinem regulären Zirkel angehören.

> Moon Raven ist eine einzelne Anwenderin eklektischer Erdspiritualität. Ihre Spiritualität betont Irische Wicca (Witta), stammt aber ebenso von vielen anderen Bereichen der Spiritualität und schließt Schamanismus und amerikanische Ureinwohner ein.
>
> http:// www.amysticalgrove.com/BOS/

Dieser Eklektizismus ist ein getreues Abbild der Formen der von Einzelpersonen betriebenen Hexerei. Es könnte bei der gegebenen Freiheit, deren sich Hexen erfreuen, sich ihre eigenen Rituale zu schaffen und sich dem Göttlichen in der Schöpfung zu nähern, auch kaum anders sein. Mehr noch bedeutet das rapide Wachstum des globalen Informationsflusses, daß eine Hexe nicht allein auf das gedruckte Wort angewiesen ist, welche Bücher er oder sie auch immer sonst zu ihrer Unterweisung heranziehen mag. Die große Vielfalt der verfügbaren Fernsehkanäle erlaubt den ständigen Zugriff auf lebende volkstümliche Überlieferung, magische Zeremonien, Heil- und Schamanenriten aus aller Welt, während die ständige Vervielfachung der Webseiten des Internet es der Hexe ermöglicht, seine oder ihre phantasievollen Kunstgriffe mit den Vorstellungen und Erfahrungen zahlloser anderer Praktiker zu bereichern.

Grundsätzlich gibt es jedoch nur zwei Arten, wie die Hexerei in der modernen westlichen Welt betrieben wird. Die eine kann wohl insofern als Fortschreibung früherer Zeiten bezeichnet werden, als ihre Betreiber die Magie in ähnlicher Weise und für ähnliche Zwecke ausüben, wie sie ihren Vorgängern in der frühen Neuzeit geläufig waren. Die andere ist eine Weiterentwicklung der heidnischen Hexerei, aus der sie hervorgegangen ist und die im wesentlichen ins 19. und 20. Jahrhundert gehört. Ihr Hauptzweck ist die Gestaltung einer innigen Verbindung zwischen der Hexe und der Welt um sie oder ihn herum. Margot Adler, eine der bekanntesten modernen amerikanischen Hexen, bietet eine magische Übung, die diesen Punkt verdeutlicht.

> Vielleicht der beste Weg, um zu beginnen, die Macht hinter dem einfachen Wort *Hexe* zu verstehen, ist es, den Kreis zu betreten ... Vielleicht tun Sie das bei Vollmond, in einem Park, oder auf einer Waldlichtung.
> Sie benötigen keines der Werkzeuge, von denen Sie in Büchern über die Kunst lesen werden. Sie benötigen keine besondere Kleidung oder einen Mangel an ihr. Vielleicht möchten Sie eine einfache Beschwörungsformel bilden, eine Schnur aus den Namen der Götter und Göttinnen, die Sie aus den Märchen Ihrer Kindheit lieben oder die Ihnen von daher vertraut sind, eine einfache Schnur mit den Namen für Erde, Mond und Sterne, leicht zu wiederholen wie ein Mantra.
> Und vielleicht erscheint der Mond, wenn Sie diese vertrauten Namen sprechen und die Erde und die Luft spüren, ein bißchen näher, und vielleicht scheint der Wind, der die Blätter rascheln läßt, plötzlich den Rhythmus mit Ihrem eigenen Atmen zu teilen. Oder vielleicht scheint die Beschwörung lauter zu sein und alle anderen Geräusche weit entfernt. Oder vielleicht scheinen die Bäume fremdartig laut zu sein. Oder unerwartet still.
> Und vielleicht erscheint Ihnen die klare Linie, die Sie vom Vogel und dem Baum und den kleinen Eidechsen trennt, sich aufzulösen. Was auch immer sonst noch geschehen mag, Ihr Verhältnis zu der Welt der belebten Natur ändert sich. Die Hexe ist der Wandel der Bestimmungen und Beziehungen.
>
> *Drawing Down the Moon* (Boston, Beacon 1971), 43-4

Hier erscheint die Hexe unverblümt als ein Werkzeug in jenem Prozeß, der *re-ligio* genannt worden ist, eine Wiederverklinkung des Einzelnen mit der göttlichen Quelle des Seins, der Menschheit mit der Natur, der

Materie mit dem Geist und anderer getrennter Paare, von denen der Schöpfer wollte, daß sie in Harmonie nebeneinander lebten; eine ökologische Spiritualität, die gleichzeitig die Umwandlung und die Ermächtigung des Selbst in sich birgt; und es ist dieser Nachdruck, der auf die wechselseitige Erfahrung des Einzelnen gelegt wird, und der Glaube, daß die Art, wie jemand ein magisches Wesen wird, genauso wichtig für die moderne magische Praxis ist wie das Ziel irgendeiner magischen Operation, die vielleicht mehr als alles andere den Unterschied in der Einstellung zwischen den modernen Betreibern der Magie und Hexerei und denen früherer Zeiten kennzeichnen.

Diese Neigung, sich auf innerseelische Vorgänge zu konzentrieren, sowie das Verlangen nach Wiederherstellung der gebrochenen Verbindungen zwischen allen Teilen der Natur läßt sich an einigen Ergebnissen einer okkultistischen Befragung veranschaulichen, die vom *Hexenlehrling* in Leeds 1989 durchgeführt und veröffentlicht wurde. In Beantwortung der Frage – Unterstützt oder erhöht der Okkultismus das soziale Leben des Einzelnen? – wurde in den bejahenden Antworten vermutet, daß er ein Gemeinschaftsgefühl zwischen Gleichgesinnten stifte, einem anderer Menschen Gefühle vermittle und eine ausgewogene Sicht des Lebens, zeige, wie man anderen helfen könne und den Sinn für Spiritualität hinter allem entwickeln helfe. Nicht umsonst waren die Grünen die bevorzugte Partei der Okkultisten, die auf die Befragung antworteten. Einfühlung in die Natur ist, wie wir gesehen haben, ein kennzeichnendes Merkmal eines Gutteils der modernen Magie, besonders aber der modernen Hexerei. Wer waren die Antworter? Die meisten hatten Berufe, die zumindest einen recht hohen Stand der Ausbildung erfordern: Kinderverwahrung, Ingenieurwesen, Computerprogrammierung, Journalismus, Staatsdienst. Die meisten waren jung. Das Durchschnittsalter aller Teilnehmer total war 32 Jahre, 43,6 % der Befragten waren 20 bis 29 Jahre alt und weitere 25,74 % zwischen 30 und 39. Die meisten waren Männer (62 %). Dies mag jedoch auf die große Bandbreite okkulter Interessen zurückzuführen sein, die von der Befragung abgedeckt wurde, und man muß sich erinnern, daß die moderne Hexerei, weit entfernt, vorwiegend weiblich zu sein, in ihrem Wirken häufig die gleiche Zahl Männer und Frauen bevorzugt, um für den gewünschten Energieausgleich zu sorgen.

Die älteren Formen der Magie scheinen sehr viel weniger solipsistisch gewesen zu sein. Die hermetische oder gelehrte Magie neigte dazu, das ist wahr, sich auf das Verhältnis zwischen dem Betreiber und Gott oder dem Betreiber und höheren, geistigen Wesenheiten zu konzentrieren, die mit ihm einen Teil der Schöpfung bildeten, aber in Sphären lebten, die weit oben und daher weniger materiell als die Erde waren. Aber dieser Typ der Magie war keine Hexerei. Hexerei ist, um zu der runden Bestimmung zurückzukommen, die ich weiter oben in diesem Buch erwähnt habe, was Hexen tun, und was Hexen von frühesten Zeiten an bis zur Gegenwart gemacht haben, stellt eine praktische Magie für gute und schlechte Absichten dar. Es ist die Art der Praxis, eher für erkennbare Ergebnisse bestimmt als dafür, Teil eines persönlichen Wandlungsprozesses zu sein, die die ununterbrochene Tradition vertritt und sich von ihrem modernen heidnischen Gegenpart unterscheidet.

Daß sie ununterbrochen ist, kann leicht bewiesen werden. Die Zeitschrift *Newsweek* schrieb zum Beispiel am 21. Juli 1997, daß die Hexerei den Kommunismus in der Sowjetunion überlebt habe und im postkommunistischen Rußland, Weißrußland und in der Ukraine mit immer weiter wachsender Beliebtheit wiederaufgetaucht sei. Die Leute konsultieren ihre Hexe vor Ort aus den gleichen Gründen wie ihre Vorfahren: um Viehseuchen zu kurieren, ein Heilmittel gegen Kinderkrankheiten zu finden oder den Tod eines Konkurrenten im Geschäft herbeizuführen. Hexerei zu betreiben, kann sich auch als ebenso gefährlich herausstellen, wie es immer war; denn es wurde berichtet, daß zwischen 1993 und 1997 in Sibirien und dem nördlichen Rußland vier Hexen verbrannt und zwei totgeschlagen wurden.

Aber wenn wir einen Beweis für den roten Faden haben und Licht auf die frühen geschichtlichen Epochen werfen wollen, dann ist die wohl nützlichste Untersuchung der westlichen Hexerei in moderner Fassung jene, die zwischen 1969 und 1971 im Bocage von Mayenne von der französischen Anthropologin Jeanne Favret-Saada durchgeführt wurde. Sie hat zu dem, was sie „einen Angriff auf die Hexerei“ nennt, folgendes zu sagen:

> Eine Wortfolge, die von jemanden in einer Krisensituation ausgesprochen wurde, der später als Hexe bestimmt werden wird, ist hinterher als Einflußnahme auf Körper und Habe dessen, an die sie gerichtet waren, gedeutet worden, der aus diesem Grund sagen wird, er sei behext worden.
> (*Tödliche Worte*, 9)

Diese Betonung auf *Worte*, ob von Gesten begleitet oder nicht, ist bedeutsam für das Verständnis der mittelalterlichen und frühmodernen Erwartungen an und die Reaktionen auf die Magie, denn die übernatürlichen Wirkungen werden durch die Macht der Worte erreicht oder, wenn Sie so wollen, es wird geglaubt, daß sie erreicht werden. Daher lesen wir oft, daß eine Hexe sich von etwas (vielleicht konfrontativ, vielleicht auch nicht) „murmelnd" zurückzieht, und es war die Tatsache des Murmelns, die die Ankläger vermuten ließ, es sei ein Zauber in Gang gesetzt worden. „Hexerei", sagt Frau Favret-Saada, „ist das gesprochene Wort", und „diese gesprochenen Worte sind Kraft, und nicht Kenntnis und Unterrichtung". Deshalb ist es nicht so einfach wie es aussieht, über die Handlungen einer Hexe zu reden. Denn der Kläger oder Ankläger gibt nicht nur Informationen über eine magiegeladene Situation weiter, die er oder sie haben will. Indem er sich beispielsweise der Dienste eines Hexenaustreibers versichert, sucht der Kläger tätig den Zauber aufzuheben, der ihn oder sie umfängt. Die Aussagen des Klägers, die Beschreibung dessen, worunter er oder sie leidet, sind Teil des verbalen Prozesses, durch den die Hexe enttarnt und ihrer Macht beraubt werden soll. Soviel ergibt sich aus den Protokollen und aus Frau Favret-Saadas Beschreibung moderner Hexenaustreiber im Bocage.

Aber wir müssen im Gedächtnis behalten, daß, wenn in früheren Zeiten jemand die weltlichen oder kirchlichen Machthaber aufsuchte und gegen jemand anderen eine Anklage wegen Hexerei begründete, dies nicht anders war, als zu einem Hexenaustreiber zu gehen. Der Kläger hatte de facto im Gegensatz zum inoffiziellen Typus des Austreibers ganz einfach offiziell einen Beamten gewählt, möglicherweise aus dem Grund, daß der inoffizielle Austreiber die Situation nicht wirksam genug lösen konnte oder sich nicht sicher war, über genügend Kraft zu verfügen, um ein zufriedenstellendes Ergebnis zu erzielen. Das mag helfen, zu erklären, warum viele Jahre, oft Jahrzehnte, verstrichen, bevor jemand bei den Amtswaltern als Hexe angeklagt wurde. Es stimmt natürlich, daß Hexen regelmäßig von Angehörigen ihrer Gemeinde aufgesucht wurden, die aus ihren Zauberkräften Nutzen ziehen wollten; aber die langjährige Anwesenheit eines Feindzauber Betreibenden ohne letztendliche Anzeige kann nicht einfach durch ein vermutetes Klima der Furcht, das ihn oder sie umgab, erklärt werden. Es ist eine Frage des Nichtdarübersprechens, um die Wiederholung einer Behexung zu vermeiden, die sich bereits ereignet hatte. Darüber zu reden, gelten zu lassen, daß jemand behext worden ist, ist ein Zugeständnis, daß man schwächer ist als die Hexe, und dieses Zugeständnis bedeutet eine offene Einladung an sie oder an sonst jemanden, der die Fähigkeit oder den Wunsch hat, übernatürliche Macht gegen einen auszuüben, die gleiche

Zauberkraft einzusetzen, um einen endgültig zu vernichten. Selbst die Anerkennung, daß jemandem durch Zaubermittel nicht geschadet, sondern geholfen wurde, ist ein Eingeständnis der Schwäche im Verhältnis zum magischen Betreiber. Somit ist das Schweigen nicht so sehr eine Angstregung als eine vernünftige Vorsichtsmaßnahme.

So ist die Beschwerde über jemandes magische Tätigkeit, sogar die einfache Bezeichnung jemandes als Hexe, sei es als offizielle Anklage bei der Amtsgewalt oder als unbedachte, herausfordernde Äußerung in der Hitze einer Auseinandersetzung, in sich ein magischer Akt, weil es als Ergebnis einer (überlegten oder spontanen) Entscheidung geschieht, zum Angriff überzugehen. Frau Favret-Saada drückt es schonungslos hart aus: „Niemand entgeht der Gewalt: Wer nicht angreift, wird automatisch zum Opfer.“ Deshalb mag, wer wegen Hexerei festgesetzt und angeklagt ist, die Sache ruhig abstreiten. Einmal mehr jedoch reicht die simple Furcht vor der Konsequenz, die Wahrheit der Anschuldigung einzugestehen, nicht ganz, um das Leugnen zu erklären. Wenn ein früheres Opfer die Kraft gefunden hatte, seine oder ihre Lage in Worte zu kleiden und sich dadurch mit den geistlichen und weltlichen Mächten der Kirche oder des Gerichts verbündet hat, dann hatte ein Rollentausch stattgefunden. Die angeklagte Hexe war nun in eine Position der Schwäche versetzt worden, und allein das Schweigen wird ein gewisses Maß an Schutz gegen diesen Angriff gewähren, indem der Einzelne von dieser tatsächlich magischen Unterhaltung freigemacht wird. Denn über Magie zu reden ist, mehr oder weniger, sie in Anspruch zu nehmen.

Ziehen wir deshalb aus dem Gesagten zwei Schlüsse. Erstens, die traditionelle oder historische Hexerei, die ich eben behandelt habe, hat mit der modernen heidnischen Hexerei wenig gemein; und zweitens, das Vorhandensein beider Arten in der modernen westlichen Gesellschaft straft jene Romantiker Lügen, die seit dem 18. Jahrhundert glauben, daß vermehrte Bildung und das Vordringen der Wissenschaften die Jahrhunderte des „närrischen Aberglaubens“ beenden würden.

Zwei Beispiele werden genügen. Erstens, 1986 stellte sich bei einer Untersuchung in Westdeutschland heraus, daß 33 % der Befragten angaben, fest an die Wirklichkeit der Hexerei zu glauben. Zweitens, am 1. Dezember 1950 stand Fregattenkapitän R. H. Thompson im Unterhaus in Westminster auf, um das Gesetz über betrügerische Medien (*Fraudulent Mediums Bill*) zu unterstützen, das beabsichtigte, die Rechtsmißbräuche zu benennen, die vom Gesetz gegen Hexerei von 1735 und dem Gesetz gegen Landstreicherei von 1824 herrührten. Das

Gesetz war nicht zuletzt wegen des wohlbekannten Falls der Helen Duncan auf den Weg gebracht worden, einem schottischen Medium, das 1944 nach dem Gesetz von 1735 der Absicht für schuldig befunden wurde, das Publikum zu betrügen, und für neun Monate ins Gefängnis wanderte. Das neue Gesetz befaßte sich nun ausgiebig mit Spiritismus und der Wirkung, die die Aufhebung der beiden Gesetze auf jene haben würde, welche glaubten, sie seien auf die eine oder andere Weise in der Lage, sich mit den Geistern der Toten in Verbindung zu setzen. Kapitän Thompson drückte sich zum Gegenstand wie folgt aus:

> 1735 beendete das Gesetz gegen Hexerei amtlich das, was tatsächlich schon einige Jahre aufgehört hatte – den Glauben an die Wirklichkeit der Hexerei. Hexerei ist von Anbeginn der Zeit an betrieben worden; im 16. und 17. Jahrhundert gab es gewaltige Aktivitäten in England und auf dem Kontinent, aber mit dem Anbruch des sogenannten „Zeitalters der Vernunft“ verblaßte der Glaube an die Wirklichkeit der Hexerei.

Dazu steuerte der Abgeordnete von Clapham eine Kostprobe seines Wunschdenkens bei:

> Ich meine, daß es richtig ist, wenn alle Männer und Frauen frei sind, ihre persönlichen Gesichtspunkte auszudrücken, was immer diese sein mögen ... Die Antwort auf die falschen Philosophien, die sie, in unserer Sicht, entwickelt haben, ist nicht, diese illegal zu machen für Leute, die sie vertreten, sondern eine bessere Philosophie zu verkündigen. Die wahre Kur für die Dinge, die das Gesetz gegen Hexerei zu behandeln versuchte, ist, vollständigen Unterricht und vollständiges Wissen in immer weiteren Kreisen zu verbreiten.

Doch die Wirklichkeit ging, wie wir gesehen haben, einen anderen Weg. So viel zu den frommen Hoffnungen der Philosophen und Libertinären.

Fußnoten

„Hexen“ in Griechenland und Rom

1 *Naturalis Historia* 30.
2 Dio Cassius 49.43.5
3 Livius 39.41.5–6; 40.43.3
4 Pindar: *Pythien* 4.214.17. Horaz: *Epoden* 17.6.7; *Anthologia Graeca* 5.205
5 Antiphon 1.14–20
6 *Amores* 3.7.270–30
7 23
8 29
9 36
10 59,48
11 31
12 51
13 91
14 101
15 129
16 7.17
17 *Philosophische Fragmente* 1.9
18 *Moralia* 680d
19 Plinius: *NH* 38.39
20 Plutarch: *Moralia* 414e
21 *Persae* 619–80
22 Cicero: *In Vatinium* 14; Tertullian: *Apologeticus* 1.23.1
23 Sueton: *Nero* 34.40
24 VIII.1b und 8a-b
25 Plinius: *NH* 18.41–2
26 Tacitus: *Annalen* 2.69
27 *Symposium* 202e–203a
28 *De Iside et Osiride* 360d-e
29 Aristoteles: *Das Wesen Athens* 57.3
30 Iamblichus: *De mysteriis* 10.6
31 210–392
32 16.172
33 5.47; *Ilias* 24.343

34 *Argonautica* 4.1665–72
35 *Bellum Civile* 6.461–3
36 509
37 557–8
38 *De natura deorum* 1.43
39 *De divinatione* 2.148
40 *Elegien* 4.5.13–18
41 *Amoren* 1.8.13–14
42 *De divinatione* 1.65
43 Horaz: *Oden* 1.27.21–2
44 Ovid: *Amoren* 3.7.29
45 Martial 11.49 50.8
46 Apuleius: *Metamorphosen* 1.8–11

Die christliche Hexe tritt auf

1 *Klementinische Untersuchungen* 4.14–15
2 *De civitate Dei* 10.11
3 *De doctrina Christiana* 2.20.30
4 *Contra Celsum* 1.60
5 *De caelesti hierarchia* 7–9
6 *Apologia pro Christianis,* 24
7 3.297
8 *Anthologia Graeca* 11.427
9 *Über den Neid* 4
10 *Moralia* 680f–681a
11 Thomas von Aquin: *Summa Theologiae* 1a.117. Art. 3 Zus. 2
12 3.16.1; 9.16.1–12; 9.38.3–4, 6–8; 9.40.1; 9.42.2.4; 11.36.7; 16.5.34
13 29.1.29–32
14 26.3.3
15 28.1.14
16 29.2.25
17 29.2.28
18 *Lex Romana Raetica Curiensis* Buch 9, Nr. 13
19 *MGH Leges* 5.164
20 Not. 197,376,198
21 *MGH Leges* 2. I.222–4
22 Konzil von Elvira, 305 n. Chr.

23 Venedig 465, Rom 494
24 Seligenstadt 1012
25 Agda 506, Orléans 511, Auxerre 578
26 Braga 560–565, Narbonne 589, Cloveshoch 747
27 Braga 560–565
28 Seligenstadt 1012
29 Auxerre 578, Braga 675
30 Toledo 683
31 Toledo 694
32 Mainz 813, Aachen 836
33 Buch 3, Kapitel 17
34 *Corrector*,Kapitel 5
35 *Polycraticus* 2.17
36 *Quaestio de strigis*
37 *De bono universali* Buch 2, Kapitel 5
38 Buch 2, Kapitel 4

Hexenplage

1 *Malleus* Teil 1, Frage 18
2 Teil 3, Frage 13
3 *De potestate Papae*, Kapitel 12
4 *Universae Theologiae Systema*, Artikel 8, Fragen 14 und 15
5 *Extirpacion de la Idolatria del Piru*, Kapitel 6

Hexenprobe

1 Buch 5, Kapitel 12

Nicht vergangen noch vergessen

1 Dictionnaire Philosophique
2 *Avis au public sur les parricides imputés aux Calas et aux Sirve*, 1766

Die moderne Hexe

1 Blum & Blum, 154

Auswahlbibliographie

Behringer, Wolfgang (Hrsg.): Hexen und Hexenprozesse in Deutschland, München 1988.

Behringer, Wolfgang: Hexen. Glaube, Verfolgung, Vermarktung. München 1998.

Blauert, Andreas: Frühe Hexenverfolgungen. Ketzer-, Zauberei- und Hexenprozesse des 15. Jahrhunderts, Hamburg 1989.

Daxelmüller, Christoph: Zauberpraktiken. Eine Ideengeschichte der Magie, Zürich 1993.

Dinzelbacher, Peter/Bauer, Dieter R. (Hrsgg.): Volksreligion im hohen und späten Mittelalter. Paderborn, München, Wien, Zürich 1990.

Van Dülmen, Richard (Hrsg.): Hexenwelten. Magie und Imagination, Frankfurt/Main 1987.

Hansen, Johannes: Zauberwahn, Inquisition und Hexenprozess im Mittelalter und die Entstehung der großen Hexenverfolgung. Leipzig 1900.

Kieckhefer, Richard: Magie im Mittelalter, München 1992.

Levack, Brian P.: Hexenjagd. Die Geschichte der Hexenverfolgungen in Europa, München 1995 (Englisches Original: London 1987).

Schormann, Gerhard: Hexenprozesse in Deutschland, Göttingen ^{2}1986.

Schwaiger, Georg (Hrsg.): Teufelsglaube und Hexenprozesse, 3. durchgesehene Aufl., München 1991.

Sebald, Hans: Hexen. Damals und heute, Frankfurt/Main, Berlin 1990.

Soldan, Wilhelm Gottlieb/Heppe, Heinrich/Bauer, Max: Geschichte der Hexenprozesse, 2 Bde., Hanau 1912 (ND o.J.).

Abbildungsverzeichnis

Register

Anzeigen des Verlages

Konfuzius

Gespräche (Lun Yü)

240 Seiten
Gebunden
Schutzumschlag
Format:
11,8 x 18,5 cm

ISBN
3-88400-136-1
€ 5,00

Konfuzius (ca. 551 – 479 v. Chr.) hat die chinesische Kultur und die chinesische Welt- und Staatsauffassung über 2.500 Jahre bestimmt. Seine Lehre beruht auf einer Hochschätzung und Verehrung der Ahnen: Die unserer Neuausgabe zugrunde liegende Übersetzung von James Legge gilt nach wie vor als die philologisch beste.
Durch zahlreiche Erläuterungen und Anregungen zur Interpretation wird der Text auch dem nicht so bewanderten Leser zugänglich gemacht.

Marc Aurel

Selbstbetrachtungen

192 Seiten
Gebunden
Schutzumschlag
Format:
11,8 x 18,5 cm

ISBN
3-88400-137-X
€ 5,00

Die „Selbstbetrachtungen" des römischen Kaisers Marc Aurel (121-180 n. Chr.), sind eine leicht fassliche Einführung in die Philosophie der Stoa. Zu den stoischen Tugenden werden Tapferkeit, seelische Unerschütterlichkeit, Pflichttreue, Genügsamkeit und Friedensliebe gezählt. Aus seiner Sicht konsequent führte Marc Aurel sein Bekenntnis zu den Pflichten des Einzelnen gegenüber der menschlichen Gesellschaft zu einer Ablehnung des Verhaltens der antiken Christen als einer Auflehnung gegen die Staatsgewalt.

Balthazar Gracian

Handorakel und die Kunst der Weltklugheit

192 Seiten
Gebunden
Schutzumschlag
Format:
11,8 x 18,5 cm

ISBN
3-88400-138-8
€ 5,00

Das Handorakel des Balthazar Gracian (1601-1658), eine Sammlung von 3000 Weisheiten, Merksprüchen und praktischen Verhaltensregeln, war eines der weitverbreitesten Werke des 17. und 18. Jahrhunderts. Das Werk, das die Erkenntnis des guten Geschmacks und das Bewusstsein der Weltklugheit förderte, war kein leichtsinniger Ratgeber, sondern bot eine moralische Herausforderung, die ganz aktuelle Bezüge zu unserem modernen Karrieredenken hat.

Niccolo Machiavelli

Der Fürst (Il pricipe)

152 Seiten
Gebunden
Schutzumschlag
Format:
11,8 x 18,5 cm

ISBN
3-88400-139-6
€ 5,00

Das wichtigste Werk Machiavellis (1469-1527) liegt hier neu in deutscher Übersetzung vor. Gegenstand seiner Schriften ist die theoretisch fundierte Untersuchung der als unzureichend beurteilten politischen Praxis: Der Philosoph befasst sich mit der Staatsform der Fürstentümer und verkündet als Ziel die Erhaltung des Fürsten – nicht die des Vaterlandes; der Fürst muß mehr gefürchtet als geliebt werden; vor allem darf er sich nicht verhasst oder verächtlich machen. Die hier vertretenen Gedanken einer berechtigten Anwendung von Gewalt werden bis in die heutige Zeit kontrovers diskutiert.

Arthur Schopenhauer

Aphorismen zur Lebensweisheit

256 Seiten
Gebunden
Schutzumschlag
Format:
11,8 x 18,5 cm

ISBN
3-88400-140-X
€ 5,00

Nach der Ausgabe letzter Hand herausgegeben von K. Bock.
Als schwer zugänglich erweist sich das Werk des Philosophen Arthur Schopenhauer (1788-1860). In dieser umfassend kommentierten Neuausgabe seiner „Aphorismen" (1851) lernen wir den Philosophen von einer anderen Seite kennen: Er legt hier anhand von zahlreichen konkreten und lebensnahen Beispielen seine pessimistischen Thesen vom Wesen der Welt dar.

Friedrich Nietzsche

Also sprach Zarathustra

304 Seiten
Gebunden
Schutzumschlag
Format:
11,8 x 18,5 cm

ISBN
3-88400-141-8
€ 5,00

Nietzsche (1844-1890) verstand seinen Zarathustra immer als Sprachkunstwerk, dessen Leistung ihn neben Luther und Goethe stellen sollte. Philosophisch behandelt die Schrift die Begriffe „Übermensch" und „Ewige Wiederkehr", die, zunächst im Widerstreit erscheinend, später durch den Begriff des Lebens in Einklang gebracht werden. Leider wurde gerade der Begriff des „Übermenschen" durch Fehlinterpretationen und bruchstückhafte Zitate von späteren Generationen missverstanden und Nietzsche einmal mehr missbraucht.
Eine Einführung in Leben und Werk wurde vorangestellt.

Shakespeare wusste vom Niedrigsten bis zum Erhabensten, von der Drastik des Alltags bis zum lyrischen Zauberspiel und bis zur erschütternden Tragik der großen, an der Wirklichkeit zerschellenden Persönlichkeiten die Vielfalt der Schöpfung in Gestalten zu verdichten, die ungemein wahr und lebendig sind. Shakespeare wird heute auf allen wichtigen Bühnen der Welt gespielt. Seine Popularität, vor allem in Deutschland, verdankt er dabei auch der bis heute unübertroffenen Nachdichtung – von Übersetzung kann man hier nicht sprechen – wie sie in der vorliegenden, vor allem von Wilhelm August Schlegel, Ludwig Tieck, Ferdinand Freiligrath und Karl Simrock präsentiert wird.

WILLIAM SHAKESPEARE

SÄMTLICHE WERKE

1388 Seiten,
Gebunden
Schutzumschlag
2003
Format: 14,5 x 21,5 cm

ISBN 3-88400-008-X
€ 12,95

Komplette Shakespeare Ausgabe mit allen Stücken, Sonetten und Poems. Auf der Grundlage des Alexander-Textes. Mit Verszählung, ausführlichem Glossar und Bibliographie sowie einer Einleitung von Anthony Burgess und Alec Yearling und einer Biographie Shakespeares von Germaine Greer.

Lizenz von
Harper Collins Publishers,
Glasgow.

COMPLETE WORKS OF WILLIAM SHAKESPEARE

2 Bände, zusammen
1472 Seiten,
Broschur
2003
Format: 12,5 x 19 cm

ISBN 3-88400-006-3
€ 12,95

Magnus Verlag

Im Teelbruch 60-62 · D 45219 Essen
Ruf: 02054 - 5080 · Fax: 02054 - 83762 · e-mail: magnus-essen@t-online.de